Über dieses Buch Über das schwierige Verhältnis von Müttern und Töchtern ist in den letzten Jahren viel nachgedacht und geschrieben worden. Die Mütter, so schien es, waren für alle Fehlentwicklungen und Probleme verantwortlich. Dieses Buch behandelt die nicht minder problematische Vater-Tochter-Beziehung und die tiefreichenden Konflikte, die aus ihr entstehen können. Die Folgen der Verletzung, die ein Mädchen durch eine belastete Vater-Beziehung davonträgt, sind gravierend, denn der Vater spielt eine zentrale Rolle für die Tochter. Von ihm, dem ersten Mann in ihrem Leben, lernt sie, wie Männer denken und handeln. Er ist ihr Vorbild und oft der Gegenpol zur Mutter. Wird z. B. durch einen strengen patriarchalischen Vater die Eigenart des Weiblichen abgewertet, so kann die Tochter in die Rolle passiver Unterwerfung gedrängt werden (das »ewige kleine Mädchen«). Töchter vernachlässigender oder lebensuntüchtiger Väter versuchen dagegen, sich mit einem Panzer zu umgeben, Männliches zu imitieren und um jeden Preis erfolgreich zu sein (die »geharnischte Amazone«).
Ausgehend von ihrer persönlichen Geschichte, stellt Linda Leonard die verschiedenen Lebensmuster von Frauen, die eine verletzte Beziehung zu ihrem Vater hatten, aus tiefenpsychologischer Sicht dar und zeigt Wege zur Heilung. Sie kann gelingen, wenn z. B. das »ewige kleine Mädchen« ihre unterdrückte Stärke und Selbständigkeit entwickelt und die »geharnischte Amazone« ihre Weichheit und ihre Schwächen annehmen kann. Worauf es ankommt, ist die Integration unserer nicht gelebten Gegensätze.
Ein anregendes, fesselndes Buch, konstruktiv und ermutigend, wichtig nicht nur für Töchter/Frauen , sondern auch für Väter/Männer.

Die Autorin Linda Leonard studierte Philosophie und lehrte an den Universitäten Denver/Colorado und San Diego/Kalifornien. Am C. G. Jung Institut Zürich machte sie eine Ausbildung zur Analytischen Psychotherapeutin. Sie arbeitet heute in den USA in freier Praxis.

Linda Leonard

Töchter und Väter

Heilung einer verletzten Beziehung

Aus dem Amerikanischen von
Susanne Schaup

Fischer
Taschenbuch
Verlag

Die Frau in der Gesellschaft
Lektorat: Ingeborg Mues

33.–44. Tausend: April 1992

Veröffentlicht im Fischer Taschenbuch Verlag GmbH,
Frankfurt am Main, September 1990

Titel der amerikanischen Originalausgabe:
»The Wounded Woman«,
erschienen bei Swallow Press Books,
published by Ohio University Press, Athens, Ohio

Lizenzausgabe mit freundlicher Genehmigung
des Kösel-Verlages, München
Für die deutsche Ausgabe:

Umschlaggestaltung: Susanne Berner, Heidelberg
Druck und Bindung: Clausen & Bosse, Leck
Printed in Germany
ISBN 3-596-24745-4

Für meinen Vater

Inhalt

Vorwort: Eine verwundete Tochter

Als ich ein kleines Mädchen war, liebte ich meinen Vater sehr. Er war warmherzig und liebevoll, und er war mein liebster Spielgefährte. Er brachte mir Baseball bei und lehrte mich Mathematik. Als ich sieben Jahre alt war, nahm er mich jeden Samstag in die Bibliothek mit und bezirzte die Bibliothekarin, so daß sie mir erlaubte, vierzehn Bücher pro Woche auszuleihen, doppelt so viel, als üblich war. Weil mein Vater nicht die Möglichkeit gehabt hatte, Abitur zu machen, und dem Wissen einen so hohen Wert beimaß, vermittelte er mir diese Wertschätzung, und gemeinsam mit meiner Großmutter verbrachte er viele Stunden mit mir, half mir beim Lernen, bei der Erweiterung meines Wortschatzes, spielte Ratespiele mit mir und so weiter. Im Winter ging er mit mir rodeln, und ich entdeckte den zauberhaften abendlichen Schimmer des Schnees und das Entzücken einer rasanten Fahrt den Hügel hinunter. Er nahm mich auch zu Pferderennen mit, wo ich die Aufregung des Rennens und Wettens kennenlernte. Mein Vater liebte Tiere, und so wurden sie auch meine Freunde. Und wenn wir zusammen Spaziergänge machten, begegneten wir immer neuen Menschen, weil mein Vater so freundlich und kontaktfreudig war. Ich war die Tochter meines Vaters, und er war so stolz auf mich, daß ich immer ein strahlendes Lächeln hatte. Auch meine Mutter lag ihm besonders am Herzen. Jedes Wochenende führte er uns in verschiedene ausländische Restaurants der Stadt, in der wir lebten, zum Essen aus, und dann ging mein Vater oft bis spät in die Nacht mit meiner Mutter tanzen. Obwohl wir nicht viel Geld hatten, schien das Leben ein großes Abenteuer. Es gab immer so viele neue und interessante Dinge zu sehen und zu tun.

Aber irgendwo und irgendwann änderte sich dies alles. Mein Vater fing an, abends lange wegzubleiben, und wenn er zurückkam, wachte ich oft durch sein zorniges Geschrei auf. Am Anfang kam das nur gelegentlich vor, doch bald darauf einmal, dann zweimal in der Woche und schließlich fast jede Nacht. Zuerst war ich verwirrt und wunderte mich, daß meine Mutter am Sonntagmorgen mit meinem Vater so sehr schimpfte. Er tat mir so leid. Aber als ich neun Jahre alt war, wurde mir alles klar. Mein Vater war der Trunkenbold unserer Gegend! Er konnte sich an keinem Arbeitsplatz halten, und jetzt schämte ich mich schrecklich um seinetwillen. Um diese Zeit wurde von mir ein Foto gemacht, und der Kontrast zwischen diesem Bild und meinem früheren strahlenden Selbst sticht in die Augen. Jetzt sah ich wie ein verlassenes, heimatloses Kind aus. Kein Lächeln, keine sprühenden Augen mehr, nur noch niedergeschlagene Augen und herabhängende Mundwinkel. Während der nächsten Jahre waren meine Gefühle für meinen Vater sehr verwirrt. Ich liebte ihn. Ich litt um ihn. Ich schämte mich für ihn. Ich begriff nicht, warum er in einem Augenblick so wunderbar und im nächsten so gräßlich sein konnte.

Ich erinnere mich besonders deutlich an einen Abend. Mein Vater kam oft spät nachts heim, wenn er betrunken war, und drohte, meiner Großmutter (seiner Schwiegermutter) etwas anzutun. Meine Mutter und ich mußten oft die Polizei rufen, um ihn aus dem Haus zu schaffen. Gewöhnlich war ich es, die den Anruf machte. Manchmal, wenn mein Vater so gewalttätig war, daß ich nicht zum Telefon konnte, lief ich auf die Veranda hinaus und rief um Hilfe. An einem dieser besonders gewalttätigen Abende kam die Polizei und fand mich schluchzend und zusammengekauert in einer Ecke. Ein Polizist drehte sich nach meinem Vater um und sagte: »Wie können Sie das nur Ihrer Tochter antun?« Die Erinnerung an die Anteilnahme dieses Fremden und seine Frage an meinen Vater ging mir viele Jahre nicht aus dem Kopf. Vielleicht wurde sogar in diesem Augenblick irgendwo tief in meiner Seele der Keim zur Niederschrift dieses Buches gelegt.

Als ich in die Pubertät kam, gerannen meine verwirrten Gefühle für meinen Vater zu Haß. Ich liebte ihn nicht mehr, ja, ich bemitleidete ihn nicht einmal. Sein Verhalten ekelte mich an, und ich haßte ihn inbrünstig. Ich erzählte meinen Lehrern und Freunden Lügen über ihn, und es war unmöglich, irgend jemanden zu mir nach Hause einzuladen. Niemand außer unseren unmittelbaren Nachbarn wußte, daß mein Vater ein Säufer war. Und es sollte auch niemand wissen, soweit es in meiner Macht stand, das schwor ich mir. Ich wandte mich vollkommen von ihm ab und versuchte, in jeder nur möglichen Hinsicht das Gegenteil von ihm zu sein.

Um mich zu schützen, führte ich ein Doppelleben. In der Schule war ich eifrig und ernst und bekam die besten Noten. Obwohl ich der »Liebling aller Lehrer« war, kam ich auch gut mit meinen Mitschülern aus, weil ich gefällig und lustig, scheu und anpassungsfähig war. Äußerlich war ich liebenswürdig und ernst, aber in meinem Inneren herrschte entsetzliche Verwirrung – der wütende Haß auf meinen Vater, die unendliche Schmach, daß ich seine Tochter war, und die Angst, daß jemand dahinterkommen würde, wer ich wirklich war. Die einzigen Anzeichen, daß etwas mit mir vielleicht nicht stimmte, war ein nervöser Tick im Gesicht, den ich mit vierzehn Jahren bekam, und die Tatsache, daß ich im Unterschied zu anderen Mädchen nicht mit Jungs ausging. Aber da ich ein Jahr in der Schule übersprungen hatte und kleiner und jünger als die anderen war, wurde das akzeptiert. In der Schule brachten mein Arbeitseifer und mein angenehmes Wesen mir etwas Trost und Erfüllung. Aber zu Hause war das Leben ein Alptraum. Ich wußte nie, wann ich von dem Verrückten, der mein Vater war, aus dem tiefen Schlaf gerissen würde. Ich fürchtete immer, daß er eines Nachts mit einem Gewehr nach Hause kommen und uns alle erschießen würde.

Als ich älter wurde, entschloß ich mich zur Flucht. Zu Hause zu bleiben, das wußte ich, wäre mein Tod. Um mich vor dem fürchterlichen Chaos meines Zuhauses zu schützen – von der gewalttätigen, parasitenhaften Abhängigkeit meines Vaters und von den emotionalen Ansprüchen, die meine Mutter an mich stellte, um die Lücke zu füllen, die mein Vater nicht füllen konnte –, flüchtete ich mich zu meiner Verteidigung in die Welt des Intellekts und des logischen Denkens. Dies gab mir auch die nötige Distanz zu meiner Mutter, denn ich erkannte, daß die Erfüllung ihres Wunsches, mich in dieser Situation bei ihr festzuhalten, mich für immer an das Gefängnis der Vergangenheit binden würde. Ich versuchte, aus der Identität sowohl mit meiner Mutter als auch mit meinem Vater und letztlich aus allem auszubrechen, worüber ich keine Kontrolle hatte.

Viele Jahre bewährte sich mein Rückzug in eine distanzierte, intellektuelle Haltung. Ich ging von zu Hause fort und arbeitete als Reporterin bei einer kleinen Tageszeitung in Colorado. Dann studierte ich Philosophie, um mein Denken zu schulen und die Frage nach dem Sinn des Lebens tiefer zu ergründen. Um diese Zeit heiratete ich auch einen Intellektuellen, einen von meinem Vater so grundverschiedenen Mann, wie ich nur einen finden konnte. Mein Mann ermutigte mich, bis zum Doktorat weiterzustudieren, und so wurde auch mein Leben zu einem Leben des Intellekts.

In dieser Zeit wurde die Trunksucht meines Vaters progressiv schlimmer. Aber er faßte den Entschluß, mir zu meinem einundzwanzigsten Geburtstag einen Ring mit einem Opal, meinem Geburtsstein, zu schenken. Obwohl er arbeitslos war und jeden Groschen vertrank, den er kriegen konnte, gelang es ihm irgendwie, fünfundzwanzig Dollar für diesen Ring zusammenzusparen. Es war das erste Geschenk, das er mir in vielen Jahren gemacht hatte, und der Ring war schön und hatte das magische Glitzern der Opale. Aber ich vermochte ihn nicht zu tragen. Die wenigen Male, die ich während der noch verbleibenden Lebenszeit meines Vaters zu Besuch nach Hause kam, fragte er mich immer nach dem Ring und ich gab ihm ausweichende Antworten. Trotz großer Schuldgefühle brachte ich es einfach nicht über mich, den Ring anzustecken. Erst nach vielen Jahren, nachdem er gestorben war und ich begonnen hatte, dieses Buch zu schreiben, war ich in der Lage, den Opalring mit meinem Geburtsstein zu tragen. Jetzt trage ich ihn immer und hoffe, die schreckliche Leere zwischen meinem Vater und mir damit zu überbrücken.

Während meiner Ehe brach mein eigenes unterdrücktes Unbewußtes hervor – geheimnisvoll und unkontrollierbar, in Form von Angstzuständen und Depressionen. Um diese Erfahrungen zu verstehen, wandte ich mich den Existenzphilosophen Heidegger und Kierkegaard zu, Romanschriftstellern wie Dostojewski, Hesse, Kafka und Kazantzakis, Dichtern wie Rilke und Hölderlin und schließlich der Psychologie von C. G. Jung. Immer noch mit professioneller Abwehrhaltung und unter dem Vorwand, mich selbst zur Psychotherapeutin auszubilden, ging ich nach Zürich und begann eine Jungsche Analyse. Plötzlich trat meine verdrängte dionysische Seite hervor. Mein Initialtraum, der erste, der mir nach Beginn der Analyse kam, war ein schrecklicher Alptraum, der mich mitten in der Nacht aufweckte. In diesem Traum hing Alexis Sorbas am Hals vom Balken eines Schiffes, das sich an Land befand. Aber er war nicht tot! Er rief mir zu, daß ich ihm herunterhelfen sollte, und während ich fummelte, befreite er sich mit ungeheurer Anstrengung selbst. Dann umarmte er mich.

Obwohl dieser Traum mich tief beunruhigte, war Alexis Sorbas für mich auch ein Symbol der Lebenslust – einer unbeschwerten und spielerischen, dionysischen Beziehung zur Welt. Aber diese Welt hing auch mit meinem Vater zusammen, und ich hatte erlebt, wie destruktiv und degeneriert die Reise ins Irrationale für ihn gewesen war. Da ich diese irrationale Seite meines Selbst bewußt verleugnete, indem ich eine innerliche Trennung von meinem Vater vollzog, erschien mir das Reich Sorbas' zuerst als chaotisch, erschreckend und primitiv. Jung hat den Weg ins Unbewußte eine »Nachtmeerfahrt« genannt, eine Reise in den Tod und in die Verstümmelung, eine Zeit des Schreckens und Bebens vor dem furchteinflößenden Unbekannten. Das war auch meine Erfahrung. Um die Welt meines Vaters zu betreten, brauchte ich Mut, aber daß ich den Sprung in den Abgrund wagte, ist nicht mein Verdienst. Er drängte sich mir so gewiß auf, als hätte eine stumme Gestalt hinter mir gestanden und mich über den Rand eines Abgrundes gestoßen, an dem ich stand. Dort in der Tiefe wurde ich mit meiner eigenen Irrationalität, meiner eigenen Trunksucht und Wut konfrontiert. Ich war also doch

meinem Vater ähnlich! Und oft benahm ich mich genauso wie er. Ich betrank mich auf Partys, und eine wilde, verführerische Seite von mir kam zum Vorschein.
Angesichts des Irrationalen, innerlich zerrissen wie der mythische Dionysos, begann ich meine qualvolle dunkle Seite auszuleben. Auch meine Erscheinung änderte sich, als ich meinen professionellen kurzen Haarschnitt in einen langhaarigen Hippiestil wachsen ließ. An den Wänden meiner Wohnung hingen die bunten, jedoch grotesken und erschreckenden Bilder der deutschen Expressionisten. Wenn ich auf Reisen war, suchte ich mir ein Zimmer in einem billigen Hotel in den gefährlichen Gegenden fremder Städte aus. Hatte ich die Welt meines Vaters vorher gemieden, so stürzte ich mich jetzt kopfüber hinein. Und nun empfand auch ich die Schuld- und Schamgefühle, die scheinbar nur zu meinem Vater gehört hatten. So verrückt und zwanghaft all dies zu sein schien, so wußte ich doch irgendwie, daß in diesem Verhalten ein Schatz zu finden war. Einmal hatte ich in dieser chaotischen Zeit folgenden Traum:

Der Eingang zum Haus meines Vaters war eine kleine schäbige Kellertür. Drinnen erschauerte ich, als ich die Tapete in vergilbten Fetzen von der Mauer hängen sah. Schwarze glänzende Kakerlaken rannten auf dem rissigen Boden umher und die Beine eines angeschlagenen braunen Tisches hoch, des einzigen Möbelstücks in dem kahlen Raum. Der Ort war nicht größer als eine Zelle, und ich staunte, daß irgend jemand, sogar mein Vater, hier leben konnte. Plötzlich wurde mein Herz von Angst überschwemmt, und ich suchte verzweifelt nach einem Ausgang. Aber die Türe, durch die ich eingetreten war, schien in dem dämmrigen Licht verschwunden zu sein. Es verschlug mir beinahe den Atem, meine Augen irrten krampfhaft im Raum umher, als ich schließlich gegenüber der Stelle, wo ich eingetreten war, einen schmalen Gang erblickte. Es drängte mich, diesen ekelhaften und schrecklichen Raum zu verlassen, und ich eilte durch den dunklen Gang. Als ich ans Ende kam, waren meine Augen von dem Licht zuerst geblendet. Doch dann betrat ich den prächtigsten Garten, den ich jemals gesehen habe. Blumen, Springbrunnen, Marmorstatuen von herrlicher Gestalt erglänzten vor meinen Augen. Der quadratisch angelegte Garten war in Wirklichkeit der Mittelpunkt eines palastartigen orientalischen Tempels, und an den

Ecken ragten vier tibetische Türme empor. Erst dann erkannte ich, daß auch dies alles meinem Vater gehörte. Mit Angst und Zittern, Ehrfurcht und Staunen erwachte ich von dem Traum.

Es gab tatsächlich einen Durchgang von dem schmutzigen, von Ungeziefer wimmelnden Keller im Hause meines Vaters zu dem glänzenden, prachtvollen tibetischen Tempel – wenn ich ihn nur finden könnte.

Obwohl ich während dieser verrückten und zwanghaften Periode oft ins Chaos stürzte, gelang es mir zum Glück irgendwie, in der Welt des Alltags zu funktionieren. Doch allmählich kam mir zu Bewußtsein, daß es eine andere, mächtigere Wirklichkeit gab. In dieser verheerenden Zeit hatte ich auch einige mystische und wunderbare Naturerlebnisse. Das Reich der Kunst, der Musik, der Dichtung, der Märchen, die Welt der schöpferischen Phantasie öffneten sich mir allmählich. Von der scheuen, introvertierten Intellektuellen wandelte ich mich zu einem Menschen mit mehr Spontaneität und der Fähigkeit, Wärme und Gefühle auszudrükken. Allmählich gewann ich auch ein Maß an Selbstbehauptung und brauchte nicht mehr zu verbergen, wer ich wirklich war.

Mitten in dieser Zeit stießen meiner Familie zwei traumatische Ereignisse zu. Mein Vater war trinkend und rauchend eingeschlafen und hatte ein Feuer entzündet, das unser ganzes Haus bis auf die verkohlten Grundmauern niederbrannte. Meine Großmutter konnte aus ihrem Schlafzimmer im ersten Stock nicht mehr heraus und kam in dem Feuer um. Mein Vater hatte zwar versucht, sie zu retten, aber es war zu spät, und er wurde mit ernsten Verbrennungen ins Krankenhaus gebracht. Wie muß er deswegen und wegen eines ganzen Lebens voll selbstzerstörerischer Handlungen gelitten haben! Und doch konnte oder wollte er nicht darüber sprechen. Vielleicht war sein Verfall durch das lebenslange Trinken schon zu groß. Zwei Jahre später starb er schließlich.

Der Tod meines Vaters war ein großer Schock für mich und berührte mich tief. Jetzt konnte ich nicht mehr mit ihm sprechen, ihm nie mehr sagen, wie sehr es mich bedrückte, daß ich ihn abgelehnt hatte und daß ich endlich Mitgefühl für sein Leben voller Leiden empfand. Unsere ungelöste Beziehung war eine offene Wunde in meiner Psyche.

Kurz nach seinem Tod, an meinem achtunddreißigsten Geburtstag, steckte ich den Opalring an, und dann begann ich dieses Buch zu schreiben. Die Frage, ob es wirklich veröffentlicht werden könnte, stellte sich mir nicht. Ich wußte nur, daß ich über die verwundete Vater-Tochter-Beziehung schreiben *mußte*. Vielleicht würde der Akt des Schreibens meinen Vater und mich einander näherbringen. Nähe war auf der äußeren Ebene unmöglich gewesen, aber vielleicht vermochte ich auf einer inneren Ebene durch diese Niederschrift meinen »inneren Vater« zu erlösen.

Das Schreiben war ein langer und schwieriger Prozeß für mich. Wenn ich schreibe, habe ich vorher keine Ahnung, was ich sagen werde. Ich mache mir keinen Plan, sondern muß einfach warten und darauf vertrauen, daß etwas kommt. Das Schreiben erforderte Hingabe und einen Akt des Glaubens, daß etwas aus der Tiefe meiner Psyche erscheinen würde, das ich benennen und, wenn auch noch so flüchtig, mit Worten ausdrücken konnte. Gleichzeitig weiß ich, was ich auch schreibe, wird zwar die Wunde in der Vater-Tochter-Beziehung beleuchten, aber auch ihren Schatten werfen. Es wird immer eine Dunkelstelle geben, eine Seite, die meine begrenzte Endlichkeit nicht einfangen kann. Ich war gezwungen, diese Mischung von Begrenztheit und Möglichkeit, dieses Paradox, das die Nemesis meines Vaters war, zu akzeptieren. Im Verlauf packte mich oft der Zorn, und ich brach in Tränen aus. Meine Wut und meine Tränen stehen hinter jeder Seite, auch wenn das Endprodukt noch so gelassen scheint.

Als ich anfing, dieses Buch zu schreiben, sah ich zuerst hauptsächlich das Negative. Ich war mir des Erbes meines Vaters bewußt – seiner Selbstzerstörung durch Alkohol und ihrer Auswirkung auf mich. Obwohl ich wußte, daß es auch eine positive Seite gab – meines Vaters und seines Einflusses auf mich –, konnte ich diese in den Anfangsstadien dieser Niederschrift nicht finden. Das letzte Kapitel meines Buches, »Die Erlösung des

Vaters«, blieb ungeschrieben. Ich begann mit einem theoretischen Standpunkt, und das half mir, meine Konflikte in einer Perspektive zu sehen. Indem ich die verschiedenen Muster und die darunterliegende archetypische Grundlage beschrieb, konnte ich besser verstehen, wie diese Muster sich in meinem Leben und dem Leben meiner Klientinnen auswirkten. Erst als ich meine persönliche Geschichte niederschrieb, kamen meine positiven Gefühle für meinen Vater ganz zum Vorschein. Ich erkannte die Verheißung des Magisch-Zauberhaften, die er mir gegeben hatte, als ich ein kleines Mädchen war, die Verheißung, die später in meinem Traum von Alexis Sorbas, von dem tibetischen Tempel und in dem Opalring zutage trat. Mein Vater besaß die Verheißung des magischen Flugs. Aber er war wie der mythische Ikarus, der seine Grenzen nicht kannte und so nahe zur Sonne flog, daß das Wachs, das seine Flügel zusammenhielt, in der Hitze schmolz und er ins Meer hinab in seinen Tod stürzte. In ähnlicher Weise hatte mein Vater seine Magie im Alkohol ertränkt. Er gab mir seine Magie, und das war der positive Teil seines Vermächtnisses. Doch als ich sah, wie er sich veränderte, sah ich auch, daß die Magie zur Degeneration verkam. Ich reagierte, indem ich diese Verheißung zuerst verleugnete, indem ich alles zu kontrollieren suchte. Und dann, als die Kontrolle rissig wurde, identifizierte ich mich mit der selbstzerstörerischen Seite meines Vaters. Es gab scheinbar nur die Alternative zwischen steriler Kontrolle und dionysischer Auflösung. Die Wahrnehmung dieser beiden gegensätzlichen Extreme in mir veranlaßte mich, die psychischen Muster zu analysieren, die ich das ewige Mädchen *(puella aeterna)* und die geharnischte Amazone nenne. Doch die Lösung, die Er-lösung lag in den Bildern von Alexis Sorbas, im tibetischen Tempel und in dem Ring, den mein Vater mir geschenkt hatte. Der Weg zurück zur Magie meines Vaters bestand darin, diesen Bildern zu erlauben, in mir zu leben.

Dies ist die persönliche Geschichte meiner Verwundung als Tochter. Aber in meiner Arbeit als Therapeutin habe ich entdeckt, daß auch viele andere Frauen an einer verwundeten

Beziehung zu ihren Vätern leiden, auch wenn die Einzelheiten sich unterscheiden und die Wunde auf tausenderlei Weise schmerzen kann. Von zahlreichen Klientinnen bekam ich meine eigene Geschichte zu hören – der Vater, der Alkoholiker war, das daraus resultierende Mißtrauen gegen Männer, das Problem der Scham- und Schuldgefühle, das mangelnde Vertrauen. Von anderen erfuhr ich, daß Väter, die streng und autoritär waren, ihren Töchtern vielleicht Stabilität, Struktur und Disziplin gaben, aber sehr wenig Liebe, emotionalen Rückhalt und Wertschätzung des Weiblichen. Andere hatten Väter, die sich Jungen wünschten und ihre Töchter (meistens die Erstgeborenen) zu Söhnen machten, indem sie von ihnen die Leistungen erwarteten, die sie selbst in ihrem Leben nicht erreicht hatten. Dann gab es die Töchter, deren Väter sie zu sehr liebten, so daß die Töchter zum Ersatz für die Geliebte wurden, die sie entbehrten. Diese Frauen waren gewöhnlich von der Liebe ihrer Väter so stark gebunden, daß sie sich nicht frei fühlten, andere Männer zu lieben, und daher nicht in der Lage waren, in eine reife Weiblichkeit hineinzuwachsen. Ich habe die Geschichten von Frauen gehört, deren Väter Selbstmord begingen und die dann mit dem Vermächtnis von Todessehnsucht und Selbstzerstörung zu ringen hatten. Frauen, deren Väter früh starben, tragen eine Wunde des Verlusts und der Verlassenheit. Und Frauen, deren Väter oft krank waren, wurden wegen dieser Krankheit oft mit Schuldgefühlen belastet. Es gibt Töchter, deren Väter ihnen mit Brutalität begegneten, durch Schläge oder sexuelle Annäherungen. Und es gibt Töchter, deren Väter einer übermächtigen Mutter nicht gewachsen waren und daher der Mutter erlaubten, das Leben der Tochter zu dominieren.

Die Liste der Verwundungen könnte fortgesetzt werden, aber darin liegt die Gefahr, dem Vater für diese Wunden die Schuld zu geben. Denn damit würde man einen anderen Faktor übersehen, nämlich daß diese Väter selbst verwundet waren, sowohl in Beziehung zu ihrer weiblichen Seite als auch in ihrer eigenen Männlichkeit. Auf dem unsicheren Boden der Schuldzuweisung gibt es für Frauen keine Heilung. Die Einstellung der Schuldzuweisung kann uns für immer auf die Rolle von passiven Gefangenen festnageln, von Opfern, die nie die Verantwortung für ihr Leben übernommen haben. Ich meine, daß es für eine solche verwundete Frau wichtig ist, die gescheiterte Verheißung ihres Vaters und die Auswirkung seiner mangelnden Väterlichkeit auf ihr Leben zu verstehen. Töchter brauchen die Wiederannäherung an ihren Vater, damit sie ein positives Vaterbild in ihrem Inneren entwickeln können – ein Bild, aus dem eine Frau Kraft und Führung beziehen kann, das es ihr möglich macht, die positive Seite der Männlichkeit in der inneren wie in der äußeren Welt zu würdigen. Sie müssen die verborgene Perle, den Schatz finden, den der Vater bieten kann. Wenn die Beziehung zum Vater beschädigt ist, ist es für die Frau wichtig, diese Verwundung zu begreifen, damit ihr der Mangel klar wird und sie das Fehlende in ihrem Innern entwickeln kann.

Erster Teil: Die Verwundung

Mein Vater stand nicht im Telefonbuch
meiner Heimatstadt;
mein Vater schlief nicht mit meiner Mutter
in unserem Haus;
mein Vater kümmerte sich nicht darum,
ob ich klavierspielen lernte;
mein Vater kümmerte sich nicht darum,
was ich tat;
und ich dachte, mein Vater sei schön, und ich liebte ihn und
fragte mich,
warum
er mich so viel allein ließ,
so viele Jahre,
und dennoch machte
mein Vater
mich zu dem, was ich bin,
zu einer einsamen Frau
ohne Sinn und Ziel, so wie ich
ein einsames Kind war
ohne Vater. Ich ging mit Worten, Worten und Namen,
Namen umher. Vater war nicht
eines meiner Worte.
Vater war nicht
einer meiner Namen.

Diane Wakoski, »Der Vater meines Landes«

1 Die Wunde von Vater und Tochter

Nun, jede Seuche, die die Luft zur Strafe
der Sünder herbergt, stürz auf deine Töchter!
Shakespeare, *König Lear*

Jede Woche kommen verwundete Frauen in mein Sprechzimmer, die an Minderwertigkeitsgefühlen leiden, an der Unfähigkeit, dauerhafte Beziehungen einzugehen, oder an mangelndem Vertrauen zu ihrer Fähigkeit, in der Welt zu arbeiten und zu funktionieren. Oberflächlich gesehen scheinen diese Frauen oft sehr erfolgreich zu sein – selbstsichere Geschäftsfrauen, zufriedene Hausfrauen, unbeschwerte Studentinnen, flotte Geschiedene. Doch unterhalb dieser Tünche von Erfolg oder Zufriedenheit ist das verwundete Selbst, die verborgene Verzweiflung, das Gefühl der Einsamkeit und Isolation, die Angst vor Verlassenwerden und Ablehnung, die Tränen und die Wut.

Bei vielen dieser Frauen wurzelt ihre Verletzung in einer verwundeten Beziehung zum Vater. Sie können durch ein schlechtes Verhältnis zu ihrem persönlichen Vater verwundet worden sein oder durch die patriarchalische Gesellschaft, die selbst wie ein schlechter Vater funktioniert und den Wert von Frauen in der Kultur herabsetzt. In beiden Fällen ist ihr Selbstverständnis, ihre Identität als Frau, ihre Beziehung zur Männlichkeit und ihre Funktionstüchtigkeit in der Welt oft beeinträchtigt. Ich möchte das Beispiel von vier Frauen anführen, mit einer jeweils verschiedenen Beziehung zu ihrem Vater und einem jeweils anderen Lebensstil. Gemeinsam ist ihnen der inadequate Vater und von daher eine Lebensweise, die ihre Fähigkeit, Beziehungen einzugehen, und ihr Vermögen, zu arbeiten und kreativ zu leben, behinderte.

Chris war eine erfolgreiche Geschäftsfrau von Ende dreißig. Sie war die älteste von drei Töchtern, sie war immer fleißig und eine Musterschülerin gewesen. Nachdem sie das College absolviert hatte, fand sie eine gute Stellung bei einer aufstrebenden Firma. Sie legte sich mit ihrer Arbeit so ins Zeug, daß sie mit dreißig zu einer leitenden Position im Mangagement aufgestiegen war. Ungefähr um diese Zeit begann sie, an Spannungskopfschmerz und Schlaflosigkeit zu leiden und klagte über ständige Erschöpfung. Wie Atlas schien sie die Last der Welt auf ihren Schultern zu tragen, und bald traten Niedergeschlagenheit und Depressionen auf. Sie hatte eine Reihe von Verhältnissen mit verheirateten Männern, die sie in verschiedenen beruflichen Zusammenhängen kennenlernte, aber sie war offenbar nicht in der Lage, eine sinnvolle Beziehung zu finden. Chris begann sich außerdem nach einem Kind zu sehnen. Ihre Zukunft erschien ihr hoffnungslos, denn ihr Leben war einfach zu einer Kette von Arbeitsverpflichtungen geworden ohne Aussicht auf Erleichterung. In ihren Träumen kamen Bilder von Kindern vor, die entweder verletzt waren oder starben. Als Chris in die Therapie kam, fühlte sie sich wie gefangen von dem Zwang, in ihrer Arbeit perfekt zu sein, und von der Unfähigkeit, loszulassen und das Leben zu genießen. Sie erinnerte sich, daß ihre Kindheit unglücklich war. Ihre Eltern hatten sich einen Sohn gewünscht, keine Tochter, und besonders der Vater stellte hohe Erwartungen an seine Kinder. Die Kinder lernten früh, daß sie dann, wenn sie nicht die Ersten in der Klasse waren, die Mißbilligung ihres Vaters ernteten. Um ihrem Vater Freude zu machen, war Chris sehr fleißig. Anstatt mit ihren Freundinnen zu spielen, studierte sie und ergriff dann den Beruf des Vaters. Weil Chris die Älteste war, schien ihr Vater mehr von ihr zu erwarten. Wenn sie etwas geleistet hatte, nahm er sie zur Belohnung in sein Büro mit und widmete sich ihr. Als sie heranwuchs, war er sehr streng, erlaubte ihr selten auszugehen und kritisierte ihre wenigen Freunde. Ihre Mutter akzeptierte die Autorität des Vaters und stellte sich vollkommen hinter seine Entscheidungen.

In Wirklichkeit lebte Chris das Leben ihres Vaters, und nicht ihr eigenes. Obwohl sie gegen einige Werte ihres Vaters rebellierte, indem sie Verhältnisse hatte und haschte, versuchte sie im wesentlichen doch, nach seinem Ideal von harter Arbeit und Leistung zu leben. In Wahrheit führte sie das Leben, das der »Sohn« ihres Vaters hätte führen können. Das erkannte sie im Verlauf der Therapie und war allmählich imstande, ihren zwanghaften Perfektionismus loszulassen. Sie begann ihren eigenen Interessen nachzugehen und Kurzgeschichten zu schreiben, eine Tätigkeit, die ihr Vater als »unpraktisch« und »selbstsüchtig« kritisierte. Sie lernte neue Menschen kennen, und obwohl sie immer noch mit ihrer Tendenz zu kämpfen hatte, eine Perfektionistin zu sein, spürte sie jetzt mehr Energie und mehr Zuversicht dem Leben gegenüber. Chris' Loslösung von den Erwartungen ihres Vaters ist noch im Gange, doch je mehr ihr dies gelingt, um so deutlicher tritt ihr natürlicher Weg zutage.

Ein anderes Muster infolge einer geschädigten Beziehung zum Vater macht der Fall von Barbara anschaulich. Als ich sie kennenlernte, war Barbara eine Studentin, die einen höheren Lehrgang antreten wollte. Sie war Ende zwanzig, zweimal geschieden, hatte mehrere Abtreibungen hinter sich, hatte Drogen genommen, hatte Übergewicht und ein schlechtes Verhältnis zum Geld. Sie war zwar intelligent und begabt, aber ihre Fähigkeit zu arbeiten und die Disziplin für ein Studium aufzubringen, war unentwickelt. Anstatt Prüfungen abzulegen, ersuchte sie jedes Semester ihre Professoren um eine »unvollständige« Zensur. Schon bald hatte sie für die Analyse mehrere hundert Dollar nicht bezahlt. Sie hatte Schuldgefühle wegen ihrer Schulden und der unvollständigen Arbeit und erlitt eine Reihe von schweren Angstzuständen.

Barbara hatte für Selbstdisziplin und Erfolg nie ein Vorbild gehabt. Ihr Vater war im Krieg, als sie ein kleines Kind war. Später wechselte er ständig seinen Arbeitsplatz und spielte und war nie imstande, eine Stellung zu halten. Ihre Mutter war pessimistisch und deprimiert und sagte Barbara, wenn ihre Ehe nicht beim ersten Mal klappte, würde sie es nie schaffen. Mit dieser Kombination – einem unverläßlichen Vater und einer deprimierten, pessimistischen Mutter – hatte Barbara kein erwachsenes Vorbild für Erfolg im Leben. Ihre Träume waren schauerlich. Krankhaft mörderische Männer versuchten, passive junge Mädchen zu töten oder zu verstümmeln. Manchmal war sie selbst das Opfer. Mit ihrem zügellosen, unstrukturierten Lebensstil wiederholte Barbara das Verhaltensmuster ihres Vaters. Sie erfüllte auch die negativen Projektionen ihrer Mutter, daß eine Frau nicht erfolgreich sein konnte.

Sobald Barbara sich bewußt wurde, daß sie das Verhaltensmuster ihres Vaters und die Projektion des Scheiterns ihrer Mutter wiederholte, begann sie den langsamen, schrittweisen Prozeß, sich von diesen Mustern zu lösen und ihren eigenen Weg zu finden. Zuerst lernte sie, mit Geld umzugehen, zahlte das Honorar für ihre Analyse ab und war sogar in der Lage, einen ansehnlichen Betrag für ihr künftiges Studium zu sparen. Dazu mußte sie die Drogen aufgeben, die so viel Geld verschlungen hatten. Schließlich konnte sie ihre Arbeit termingerecht abliefern und schrieb eine hervorragende Dissertation. Zuletzt lernte sie Kontrolle über ihre Eßgewohnheiten und nahm fünfundzwanzig Pfund ab. Diese Leistungen vermittelten ihr das Gefühl ihrer eigenen Macht und ihrer Fähigkeit, das zu erreichen, was sie wollte. Während dieses Vorgangs begannen die Bilder der Männer und ihres Vaters sich zu wandeln. Von destruktiven, mörderischen Bildern wurden sie zu Männern, die den Frauengestalten in ihren Träumen Hilfe leisteten. In einem Traum schenkte ihr Vater ihr ein kostbares, kunstvoll besticktes Gewand, ein Tribut an die Stärke des im Werden begriffenen Bildes ihrer Weiblichkeit.

Frauen, mit leichtlebigen, nachsichtigen Vätern, die keinen Erfolg in der Welt hatten, kompensieren oft den Mangel des Vaters, indem sie danach streben, an seiner Stelle Erfolg zu haben. Susans Vater liebte seine Tochter sehr. Die beiden genossen ihre Beziehung zueinander, die spielerisch war, voll Schabernack und Flirt. Der Vater investierte mehr Energie in die Beziehung zu seiner Tochter als in die Beziehung zu seiner Frau.

Susans Mutter war eine sehr ehrgeizige Frau, die von ihrem Mann erwartet hatte, daß er etwas Großes in der Welt vollbringen würde. Daß er ein einfacher Mann war, der das Leben so sehr genoß, daß er beruflich nicht an die Spitze kam, enttäuschte sie tief. Susan hatte diese Mißbilligung ihrer Mutter unbewußt übernommen und kompensierte, indem sie selbst übergenau und perfektionistisch wurde. Ihr Vater, der von seiner Frau dominiert wurde, trat den ehrgeizigen Erwartungen, die sie an ihre Tochter stellte, nicht aktiv entgegen, und so lebte Susan den unerfüllten Ehrgeiz ihrer Mutter aus. In der ehrgeizigen, kontrollierenden, perfektionistischen Haltung ihrer Mutter befangen, verlor Susan die Beziehung zu ihrer entspannten, leichtlebigen, kindlichen Seite. Die resultierende Verkrampfung trug ihr während des Tages Verspannungen in Hals und Rücken und in der Nacht Schlaflosigkeit und Zähneknirschen ein. Sie konnte tun, was sie wollte, es war nie gut genug. Obwohl Susan ihren Vater liebte, fürchtete sie, daß Männer schwach und untüchtig waren. Wie ihre Mutter wollte Susan einen Mann, der ehrgeizig und ein Spitzenverdiener war, aber sie war von lebenslustigen, ihrem Vater ähnlichen Männern angezogen, die sich am Ende als zu unverläßlich für eine echte Bindung erwiesen. Ebenso wie nichts gut genug war, was sie tat, konnten auch ihre Liebhaber ihren perfektionistischen Ansprüchen nicht genügen. Sie war jetzt in den vierzigern und war unverheiratet geblieben. Sie versuchte auch, die Dinge in ihrem Arbeitsbereich und ihren Beziehungen zu kontrollieren, was zu Depressionen und Langeweile führte. Sie grollte der Freudlosigkeit ihres Lebens und verfiel in eine Haltung märtyrerhafter Hoffnungslosigkeit. Dazu kam das Gefühl, daß sie keiner weiteren Verpflichtung in ihrem beruflichen Leben mehr gewachsen wäre und unter all diesen Anforderungen zusammenbrechen würde. Ihre Träume förderten jedoch einige positive Bilder zutage, die eine andere Einstellung zeigten. In einem Traum sagte ihr eine Stimme, nachdem sie den schwersten und schnellsten Weg an ihr Ziel gewählt hatte, daß sie langsamer gehen und einen leichteren Weg nehmen sollte, und versicherte ihr, sie würde schon in der für sie richtigen Zeit

ankommen. In anderen Träumen sah sie sich friedlich einen Fluß hinuntergleiten.
Susan erkannte, daß viel von ihrem »Drive« und Drang nach Kontrolle zu ihrer Mutter gehörte, und nicht zu ihr selbst. Ihr wurde außerdem bewußt, daß die Depressionen, die sie überkamen, wenn ihr etwas nicht gelang, der Depression ähnlich war, in die ihr Vater verfiel, wenn er von seiner Frau kritisiert wurde. Sie sah auch ein, daß sie in mancherlei Hinsicht die Rolle der »Geliebten« ihres Vaters gespielt hatte und daß sie sich dadurch von Beziehungen zu anderen Männern abgeschnitten hatte. Sie begann, der inneren Stimme, die ein kritisches Urteil über sie selbst und andere fällte, bewußt zu begegnen. Sie wurde Männern gegenüber offener und gab sich Mühe, sie kennenzulernen, ohne sich vorher ein Urteil über sie zu bilden. Schließlich begegnete sie einem warmherzigen, liebevollen Mann, doch eine Zeitlang erwog sie, die Beziehung abzubrechen, weil er nicht so viel Geld verdiente, wie es ihren Erwartungen entsprach. Als sie in der Lage war, in dieser Kritik die Stimme ihrer Mutter zu erkennen, konnte Susan diese Beziehung zulassen.
In diesem Fall war die Mutter die dominierende Gestalt; das Versagen des Vaters bestand darin, daß er dem zwanghaften Ehrgeiz der Mutter keinen Widerstand entgegensetzte. In gewisser Hinsicht liebte er seine Tochter »zu sehr« und band sie deshalb zu stark an sich. Dies mußte Susan erkennen, damit sie die enge Bindung an ihren Vater brechen und die Auswirkungen des Einflusses ihrer Mutter sehen konnte.

Manchmal rebelliert eine Tochter, wie im Fall von Mary, gegen einen überautoritären und starrsinnigen Vater. Ihr Vater war beim Militär und verlangte sogar von seinen Kindern militärische Zucht. Mary, die ein freundliches und spontanes Temperament besaß, rebellierte gegen die autoritäre Haltung ihres Vaters. Als Teenager nahm sie LSD und zog mit einer flotten Bande herum. Obwohl Mary künstlerisch begabt war, ließ sie ihr Talent verkommen und schied im zweiten Studienjahr aus dem College aus. Trotz seiner autoritären und perfektionistischen Neigung war ihr

Vater aufgrund einer chronischen Krankheit gezwungen, Verwundbarkeit und Schwäche zu zeigen. Da er seine Verwundbarkeit nie zugab, erlebte Mary ihren Vater, als wäre er zwei verschiedene Menschen – der starke, autoritäre Richter und der schwache, kranke Mann. Auch die Männer in ihren Träumen erschienen in dieser gegensätzlichen Form. Es gab darin Männer mit einem winzigen Phallus, die impotent waren, und gewalttätige Männer, die sie erstechen und umbringen wollten. Nach Marys Empfinden symbolisierten die impotenten Männer ihren ungeheuren Mangel an Selbstvertrauen, und die gewalttätigen, angreifenden Männer waren die Stimme der Selbsterniedrigung. Marys Mutter, eine warmherzige, mitteilsame Frau, war ihr sehr ähnlich, widersetzte sich ihrem Mann aber nicht. Da Mary eine gute Beziehung zu ihrer Mutter hatte, wandte sie sich zuerst um Rückhalt an eine ältere Frau. Aber in dieser Beziehung neigte sie dazu, die Rolle der fügsamen Tochter zu spielen, während die ältere Frau sie oft in der Art von Marys Vater kritisierte. Im Verlauf der Analyse gewann sie Selbstvertrauen und erkannte das zwiespältige Muster, in dem sie einerseits gegen die Autorität des Vaters rebellierte, sich ihm andererseits jedoch unterwarf, indem sie der älteren autoritären Frau zu gefallen suchte. Schließlich vermochte sie es, sich ihrer älteren Freudin gegenüber zu behaupten. Als dann die bedrohenden und die impotenten Männer aus ihren Träumen verschwanden, knüpfte sie eine Beziehung zu einem emotional reifen Mann an, den sie später heiratete. Sie besaß jetzt genügend Selbstvertrauen, um eine Rückkehr zu ihrer Liebe zur Kunst zu riskieren, und begann ein Studium, das sie für eine Karriere auf diesem Gebiet vorbereitete. Durch ihre neue Stärke war sie sogar in der Lage, ein sinnvolles Gespräch mit ihrem Vater zu führen, der in einem Augenblick der Krise, die auf seine Krankheit zurückzuführen war, seine Verwundbarkeit eingestand. Dies ermöglichte eine engere Gefühlsbeziehung zwischen Vater und Tochter.

Dies sind nur vier Beispiele von verwundeten Frauen, die an einer verletzten Vaterbeziehung litten. Zu diesem Thema gibt es zahlreiche Varianten. Der folgende Traum enthüllt die allgemeine psychische Situation einer verwundeten Frau, die an der Beeinträchtigung ihrer Beziehung zum Vater leidet.

Ich bin ein junges Mädchen, das in einem Käfig gefangen ist, und halte mein Baby im Arm. Draußen reitet mein Vater auf einem Pferd frei über die grüne Flur. Ich sehne mich danach, ihn zu erreichen, und versuche, aus dem Käfig herauszukommen, und schluchze bitterlich. Aber der Käfig fällt um. Ich weiß nicht, ob mein Baby und ich von dem Käfig erdrückt werden oder ob wir frei sein werden.

Dieser Traum verbildlicht die Trennung zwischen Vater und Tochter und das Gefangensein der Tochter und ihrer schöpferischen Möglichkeiten. In ihm liegt die Sehnsucht, die freie Energie des Vaters zu erreichen. Aber die Tochter muß zuerst dem Käfig entkommen, und dies erfordert ein Wagnis. Dies ist zwar der Traum von nur einer Frau, aber in meinen Augen gibt er drastisch wieder, wie Frauen durch ein schlechtes Verhältnis zu ihrem Vater gefangen werden, so daß sie einer positiven Beziehung zur Väterlichkeit in ihrem Inneren entfremdet sind.
Auf der persönlichen Ebene kann die Verwundung der Vater-Tochter-Beziehung auf vielerlei Weise erfolgen. Der Vater kann außerordentlich schwach sein und seiner Tochter Anlaß gegeben haben, sich für ihn zu schämen, wie der Mann, der sich in keiner Stellung halten kann, oder ein Trinker oder ein Spieler, usw. Oder er kann ein abwesender Vater sein, der seine Familie willentlich verläßt, wie der Mann, der seine Lieben »liebt und flieht«. Die Abwesenheit kann auch auf Tod, Krieg, Scheidung oder Krankheit zurückzuführen sein – alle diese Umstände trennen den Vater von seiner Familie. Eine andere Weise, in der ein Vater seine Tochter verwunden kann, besteht darin, so nachgiebig gegen sie zu sein, daß sie kein Gefühl für Grenzen, Werte und Autorität bekommt. Er kann sich sogar unbewußt in sie verlieben und sie auf diese Weise an sich binden. Oder es kann sein, daß er auf sie herabsieht und das Weibliche entwertet, weil er seine eigene weibliche Seite dem Ideal der macho-maskulinen Macht und Autorität geopfert hat. Er kann hart arbeiten, erfolgreich in seinem Beruf sein, aber sich nicht wirklich auf seine Tochter

einlassen, also ein distanzierter Vater sein. Welcher Fall auch immer vorliegen mag, solange der Vater nicht in einer verbindlichen, verantwortungsvollen Weise für seine Tochter da ist, die Entwicklung ihrer intellektuellen, professionellen und spirituellen Seite fördert und ihrer besonderen Weiblichkeit Wert gibt, wird das eine Verletzung des weiblichen Geistes der Tochter zur Folge haben.

»Das Weibliche« ist ein Begriff, der zur Zeit aus der eigenen Erfahrung der Frau neu entdeckt und neu gefaßt wird. Frauen haben erkannt, daß »Weiblichkeit« bisher nach der bewußten und kulturell festgelegten Erwartungshaltung der Männer bezüglich der Rolle der Frau sowie nach den unbewußten männlichen Projektionen definiert wurde. Im Gegensatz zu diesem aufgrund einer kulturellen oder biologischen Rolle definierten Begriff der Weiblichkeit ist es mein Anliegen, »das Weibliche« symbolhaft für eine Weise des Seins, für ein in der menschlichen Existenz angelegtes Prinzip zu betrachten. Nach meiner Erfahrung offenbart das Weibliche sich vor allem in Bildern und Gefühlsreaktionen, die ich im Verlauf dieses Buches heranziehen werde.[1]

Die Vater-Tochter-Wunde ist nicht nur ein Ereignis, das im Leben von individuellen Frauen stattfindet; sie ist darüber hinaus ein Zustand unserer Kultur.[2] Überall, wo eine patriarchalische, autoritäre Haltung vorherrscht, die das Weibliche entwertet, indem sie es auf bestimmte Rollen oder Eigenschaften reduziert, die nicht aus der eigenen Erfahrung der Frau, sondern aus einer abstrakten Vorstellung von ihr kommen, findet eine Vergewaltigung der Tochter durch den kollektiven Vater statt, der ihr verwehrt, aus ihrem eigenen Wesen heraus schöpferisch zu wachsen.

Ob die Verwundung der Vater-Tochter-Beziehung auf der persönlichen oder der kulturellen Ebene erfolgte, so gilt in jedem Fall, daß sie für die meisten Frauen heute ein gravierendes Problem ist. Manche Frauen vermeiden, sich ihm zu stellen, indem sie ihren Vätern und/oder den Männern im allgemeinen die Schuld daran geben. Andere gehen dem Problem aus dem Wege, indem sie es leugnen und die traditionell akzeptierten weiblichen

Rollen ausleben. Doch führen beide Wege zu einem Abtreten der Verantwortung für die eigene Wandlung, im einen Fall durch Schuldzuweisung, im anderen durch Anpassung. Ich meine, daß die wirkliche Aufgabe in bezug auf die Wandlung der Frau in unserer Zeit darin besteht, daß sie selbst herausfindet, wer sie ist. Dazu gehört, daß sie sich mit ihrer Geschichte, mit den Einflüssen auf ihre persönliche, kulturelle und spirituelle Entwicklung auseinandersetzt.

Wenn eine Tochter heranwächst, hat ihre Beziehung zu ihrem Vater eine tiefe Auswirkung auf ihr emotionales und spirituelles Wachstum. Er ist die erste männliche Gestalt in ihrem Leben und nimmt den größten Einfluß auf die Art und Weise, wie sie sich zur männlichen Seite in sich selbst und schließlich zu Männern verhält. Da er der »Andere« ist, der sich von ihr und ihrer Mutter unterscheidet, gestaltet er auch ihr Anderssein, ihre Besonderheit und Individualität. Die Art, wie er sich zu ihrer Weiblichkeit verhält, wird sich auf die Art auswirken, wie sie in ihre Weiblichkeit hineinwächst. Eine seiner Rollen besteht darin, die Tochter aus dem behüteten Bereich der Mutter und des Heims in die äußere Welt zu führen und ihr zu helfen, die Welt und ihre Konflikte zu bestehen. Seine Einstellung zu Arbeit und Erfolg wird auf die Einstellung seiner Tochter abfärben. Wenn er zuversichtlich und erfolgreich ist, wird sich dies seiner Tochter vermitteln. Aber wenn er ängstlich und erfolglos ist, wird sie diese ängstliche Haltung wahrscheinlich von ihm übernehmen. Außerdem projiziert der Vater für seine Tochter traditionelle Ideale. Er ist ihr Vorbild für Autorität, Verantwortungsbewußtsein, Entschlußkraft, Objektivität, Ordnung und Disziplin. Wenn sie alt genug ist, tritt er zurück, so daß sie diese Ideale internalisieren und in sich selbst verwirklichen kann. Wenn sein eigenes Verhältnis zu diesen Bereichen entweder zu streng oder zu nachsichtig ist, wird sich das auch auf die Beziehung der Tochter zu diesen Bereichen auswirken.[3]

Manche Väter begehen den Fehler der zu großen Nachsicht. Weil sie sich selbst keine Grenzen gesetzt haben, weil sie ihre eigene innere Autorität nicht spüren und keinen Sinn für innere Ordnung und Disziplin entwickelt haben, sind sie für ihre Töchter ein unzulängliches Vorbild. Solche Männer bleiben oft »ewige Jünglinge« (der *puer aeternus*). Männer, die sich zu stark mit diesem Gott der Jugend identifizieren, bleiben im Entwicklungsstadium der Adoleszenz stecken.[4] Vielleicht sind es romantische Träumer, die den Konflikten des praktischen Lebens aus dem Weg gehen und unfähig sind zu einer bindenden Verpflichtung. Solche Männer haben die Tendenz, im Bereich des Möglichen zu verharren, die Wirklichkeit zu vermeiden und ein provisorisches Leben zu führen. Es kommt oft vor, daß sie nahe den Quellen des Schöpferischen und sensible geistig Suchende sind. Da aber ihr inneres Jahr sich um Frühling und Sommer dreht, fehlt die Tiefe und Wiedergeburt, die vom Herbst und Winter kommt. Seiner Veranlagung nach neigt dieser Mann zur Ungeduld. Er hat die Eigenschaft des »Ausharrens«, des Durchhaltens in einer schwierigen Situation nicht entwickelt. Positiv gesehen, kann er oft charmant, romantisch und sogar inspirierend sein, denn er offenbart Geist in der Form von Möglichkeit, des schöpferischen Funkens, der Suche. Negativ betrachtet, hat er die Tendenz, nichts zur Vollendung zu bringen, weil er die Mühe, die praktische Arbeit und den Kampf scheut, der nötig ist, um das Mögliche zu verwirklichen. Einige extreme Beispiele dieser Männer, die ewige Jünglinge bleiben, kann man in Süchtigen finden, die für immer in Abhängigkeit von ihrer Sucht verharren, Männer, die nicht arbeiten können, die Don-Juan-Typen, die von einer Frau zur anderen laufen, Männer, die für ihre Frauen passive Söhne abgeben, und Männer, die ihre Töchter verführen, indem sie schwärmerisch in sie verliebt sind. Einige sind für eine kurze Zeit strahlend erfolgreich, wie der Filmstar James Dean und der Rockstar Jim Morrison, um dann ihren selbstzerstörerischen Neigungen zu verfallen. Sie hinterlassen eine Legende, ja, sogar einen Kult, wodurch sie den archetypischen Charakter ihrer Faszination betonen.

Die Töchter dieser ewigen Jünglinge wachsen ohne ein adäquates Vorbild der Selbstdisziplin, Grenze und Autorität auf und leiden oft unter dem Gefühl mangelnder Geborgenheit, unter Unsicher-

heit, mangelndem Selbstvertrauen, Ängstlichkeit, Frigidität und allgemeiner Ichschwäche. Im Fall einer offenkundigen Schwäche (wenn der Vater nicht arbeitete oder süchtig war) kommt wahrscheinlich noch hinzu, daß die Tochter unter Schamgefühlen leidet. Wenn sie sich für ihren Vater schämt, überträgt sie oft dieses Gefühl der Scham auf sich. In solchen Fällen errichtet sie oft unbewußt ein Idealbild des Mannes und Vaters, und dann kann ihr Leben eine Suche nach diesem idealen Vater werden. In der Suche nach diesem Ideal ist sie häufig an einen »Schattengeliebten« gebunden, d. h. an den idealen Mann, der nur in ihrer Vorstellung existiert.[5] Daher ist ihre Beziehung zu Männern, insbesondere im Bereich der Sexualität, vermutlich gestört. Die fehlende Bindung, die sie bei ihrem Vater erlebte, erzeugt häufig einen allgemeinen Mangel an Vertrauen zu Männern, die sich auf den gesamten Bereich des Geistigen, also metaphorisch gesprochen, auf »Gott den Vater« ausdehnen kann. Auf der tiefsten Ebene leidet sie an einem religiösen Problem, da für sie der Geist nicht durch den Vater kam. Wie soll sie ihn dann finden? Anaïs Nin, die einen solchen Vater hatte, drückte es folgendermaßen aus: »Niemand führt mich. Mein Vater? An ihn denke ich wie an einen Altersgenossen.«[6]
Andere Väter begehen Fehler durch zu große Strenge. Hart, kalt und manchmal gleichgültig, versklaven sie ihre Töchter durch eine strikte, autoritäre Haltung. Diese Männer sind oft vom vitalen Leben ausgeschlossen, abgeschnitten von ihrer eigenen weiblichen Seite und ihren Gefühlen. Sie legen den größten Wert auf Gehorsam, Pflichtgefühl und Vernunft und bestehen darauf, daß ihre Töchter dieselben Werte haben. Gehorsam gegenüber der etablierten Ordnung ist die Regel. Ein Abweichen von den Normen der Gesellschaft wird mit Argwohn und Mißtrauen betrachtet. Diese Väter sind oft dominierende, alte Männer, häufig verbittert, zynisch und verbraucht. Weil sie Kontrolle und richtiges Verhalten so sehr betonen, sind sie oft nicht aufgeschlossen für das Unerwartete, für den Ausdruck von Kreativität und Gefühl. Und sie neigen dazu, solche Dinge mit Sarkasmus zu behandeln und lächerlich zu machen. Positiv gesehen, gibt ihre

Betonung von Autorität und Pflichtbewußtsein der Tochter ein Gefühl der Geborgenheit, Sicherheit und Struktur. Negativ betrachtet, hat sie die Tendenz, »weibliche« Eigenschaften wie Gefühl, Sensibilität und Spontaneität zu erdrücken. Einige extreme Beispiele von Vätern, die als dominierende alte Männer fungieren, kann man unter den alten Patriarchen finden, die alles Geld unter ihrer Kontrolle haben und ihre Frauen und Kinder finanziell bevormunden, unter Vätern, die alle Regeln bestimmen und Gehorsam verlangen, die von ihren Töchtern ungewöhnlichen Erfolg im Leben erwarten, die von ihren Töchtern fordern, daß sie die konventionelle weibliche Rolle erfüllen, die kein Zeichen von Schwäche, Krankheit oder auch nur Meinungsverschiedenheit zulassen können.

Im späteren Leben finden sich die Töchter dieser dominierenden alten Männer oft abgeschnitten von einem unbeschwerten Verhältnis zu ihren weiblichen Instinkten, da ihre eigenen Väter nicht imstande waren, ihre Weiblichkeit wirklich anzuerkennen. Da diese Frauen von ihren Vätern Strenge und Härte erfahren haben, werden sie entweder sich selbst oder anderen gegenüber hart sein. Auch wenn sie rebellieren, spürt man in dieser Rebellion oft etwas Unnachgiebiges und Scharfes. Manche Töchter beugen sich der autoritären Regel und leben niemals ihr eigenes Leben. Andere bleiben, obwohl sie vielleicht rebellieren, an die Kontrolle ihres Vaters gebunden und leben immer in Reaktion gegen ihn. Auch diese Töchter neigen wie die Töchter der nachgiebigeren Väter dazu, von einem gesunden Verhältnis zu Männern und ihrem eigenen schöpferischen Geist abgeschnitten zu sein.

Bisher habe ich zwei extreme Tendenzen geschildert, wie sie in der Beziehung eines Vaters zu seiner Tochter auftreten können. Aber die meisten Väter sind eine Mischung von beidem. Auch wenn ein Vater nur eines dieser beiden Extreme in seinem Leben ausgelebt hat, agiert er das andere Extrem oft unbewußt aus.[7] Es gibt zahlreiche Beispiele von rigiden, autoritären Vätern, die plötzlich irrationale Gefühlsausbrüche haben, welche die ganze von ihnen aufgebaute Sicherheit und Ordnung bedroht und ihren

Töchtern eine schreckliche Angst vor dem Chaos einflößt. Da der emotionale Bereich vom Vater nicht bewußt anerkannt wird, sondern ihn von Zeit zu Zeit zu überwältigen scheint, wirkt er auf seine Kinder um so bedrohlicher. Manchmal haftet diesen Wutanfällen auch ein sexueller Beigeschmack an – wenn z. B. ein Vater eine ungehorsame Tochter auf eine Weise körperlich bestraft, daß sie auf sexueller Ebene bedroht ist. Während der Vater also bewußt Pflichtgefühl, Vernunft und Nicht-aus-der-Reihe-Tanzen betont, können puerile Stimmungen und Impulse dahinterstehen, die in unerwarteten Augenblicken unbewußt hervorbrechen. Auf ähnliche Weise ist bei nachsichtigen Vätern oft der hämische Zynismus des starren Richters im Hintergrund. Ein solcher Vater kann plötzlich auf seine Tochter losgehen und sie wegen dieser impulsiven Eigenschaften kritisieren, die er an sich selbst nicht mag.

Offensichtlich ist die Rolle der Mutter ein weiterer wichtiger Faktor in der Entwicklung der Tochter.[8] Da es der Zweck dieses Buches ist, die Vater-Tochter-Beziehung in den Blick zu fassen, gehe ich auf den Einfluß der Mutter nicht in aller Breite und Tiefe ein, sondern begnüge mich mit einigen Hinweisen in dieser Richtung. Oft findet man in einer Ehe bestimmte Paare. Der Vater, der ein ewiger Jüngling ist, hat oft eine »Mutter« als Ehefrau. In diesen Fällen beherrscht die Mutter oft das Zuhause und diszipliniert die Familie. Durch sie allein kommen die Werte, die Ordnung, die Autorität und die Struktur, die gewöhnlich der Vater repräsentiert. Manchmal kann eine solche Mutter rigider sein als der rigideste alte Mann als Vater. Und dazu kommt noch die Gewalt ihrer weiblichen Emotionen. Wenn der Vater schwach und nachgiebig und die Mutter stark und beherrschend ist, dann hat die Tochter ein doppeltes Problem. Nicht nur kann der Vater ihr kein männliches Vorbild bieten, sondern er ist der Mutter auch nicht gewachsen und kann der Tochter nicht helfen, sich von ihrer Mutter zu unterscheiden. Die Tochter kann an die Mutter gebunden bleiben und sich mit ihr identifizieren. In diesem Fall wird sie wahrscheinlich unbewußt dieselbe starre Haltung ihrer Mutter übernehmen. Wenn die Mutter als der Vater fungieren muß, empfängt die Tochter manchmal weder echte Väterlichkeit noch Mütterlichkeit.

Ein Kontrastpaar ist der rigide alte Mann als Vater, der ein junges Mädchen zur Frau hat. In diesem Fall werden sowohl Mutter als auch Tochter von ihm beherrscht, und die Mutter kann in ihrer passiven Abhängigkeit kein Vorbild für eine echte weibliche Selbständigkeit bieten. So wird die Tochter vermutlich das Verhaltensmuster weiblicher Abhängigkeit wiederholen, oder wenn sie rebelliert, geschieht es eher aus einer defensiven Reaktion gegen die väterliche Autorität als aus ihren eigenen weiblichen Bedürfnissen und Werten.

Vater und Mutter können auch beide ewiger Jüngling und ewiges Mädchen sein wie Scott und Zelda Fitzgerald, und dann kommt von beiden Eltern wenig Stabilität, Struktur oder Autorität. In diesen Fällen ist die Bindung beider Eltern oft schwach, die Ehe und die Familie können sich auflösen und die Tochter in Chaos und Angst stürzen. Oder es kann auch sein, daß beide Eltern rigide Vorgesetzte sind und mit strenger Hand das Regime führen. Dann ist die Tochter auf beiden Seiten von den Quellen der Spontaneität und der Gefühle abgeschnitten.

Bei mir selbst und meinen Klientinnen habe ich oft zwei gegensätzliche Muster gefunden, die häufig das Resultat einer verwundeten Vaterbeziehung sind. Diese beiden widerstreitenden Muster existieren in der Psyche einer verwundeten Frau oft nebeneinander und bekämpfen sich gegenseitig. Das eine nenne ich »das ewige Mädchen« *(puella aeterna)*.[9] Das andere nenne ich »die geharnischte Amazone«. Hier möchte ich jedes Muster nur kurz in groben Umrissen skizzieren, da ich in den folgenden Kapiteln näher auf sie eingehe.

Das »ewige Mädchen« oder die *puella* ist eine Frau, die psychisch ein junges Mädchen geblieben ist, obwohl sie dem Alter nach sechzig oder siebzig Jahre alt ist. Sie bleibt eine abhängige Tochter und neigt dazu, die Abhängigkeit anzunehmen, die andere auf sie projizieren. Damit tritt sie ihre eigene Stärke sowie die Verantwortung für die Gestaltung ihrer Identität an andere ab. Oft heiratet sie einen starr autoritären Mann und wird zu dem Bild

der Frau, die er sich wünscht. Oft liegt in ihrem Aussehen und ihrem Handeln etwas Unschuldiges, Hilfloses und Passives. Oder sie rebelliert, aber in ihrer Rebellion bleibt sie das hilflose, in Selbstmitleid, Depression und Trägheit verstrickte Opfer. Beide Male hat sie die Zügel ihres Lebens nicht in der Hand.
In den Träumen solcher Frauen habe ich verschiedene wiederkehrende Bilder gefunden. Das Thema eines Traumes ist der Verlust der Handtasche mit allen Personalausweisen und allem Geld. Eine Frau träumte z. B., daß ihr Freund sie verlassen hatte, und als sie nach Hause fahren wollte, bemerkte sie, daß sie kein Geld hatte. Das einzige Verkehrsmittel, das sie benutzen konnte, war ein Schulbus für Kinder. Ein weiteres häufig vorkommendes Traumthema, das eine grundlegende Abhängigkeit offenbart, ist der Umstand, daß sie nicht ihr eigenes Auto fährt, sondern oft auf dem Rücksitz sitzt und sich hilflos und ausgeliefert fühlt, während der Vater am Steuer sitzt. Ein anderes häufig wiederkehrendes Bild in den Träumen von Frauen, die psychisch junge Mädchen bleiben, ist das Bild des bösen alten Mannes, der ihnen nachjagt, sie bedroht und manchmal brutal dominiert. Eine junge Frau, mit der ich arbeitete, träumte einmal, daß sie sich auf einem hohen Sprungbrett befand, während ein sadistischer alter Mann verlangte, daß sie immer gefährlichere Sprünge ausführte. Wenn sie nicht aufhörte, seinen Befehlen zu folgen, bestand die Gefahr, daß sie ihr Leben verlieren würde. Diese Traummotive enthüllen die Gefahr des Verlusts der eigenen Energiequelle und Identität (symbolisiert durch den Verlust von Geld und Handtasche), die Gefahr des Verlusts der Selbstbestimmung (symbolisiert dadurch, daß die Frau nicht ihr eigenes Auto fährt) und die Gefahr, sich gegen unsinnige Befehle nicht zu behaupten (der Gehorsam gegenüber den Befehlen des sadistischen Mannes).
Oft hat die Frau, die ein ewiges Mädchen bleibt, es versäumt, sich mit den Eigenschaften zu identifizieren und diese zu integrieren, die sie bei einem positiven Vater in sich entwickeln kann: Bewußtheit, Disziplin, Mut, Entscheidungskraft, Selbstwertgefühl, Richtung. Viele Frauen in unserer Kultur befinden sich heute in dieser Position, weil die »kulturellen Väter« Frauen

nicht ermutigt haben, diese Eigenschaften zu entwickeln. Es kommt sogar häufig vor, daß Frauen von dieser Entwicklung abgehalten werden. Das Resultat ist verheerend, denn es gibt der Frau das Gefühl der Schwäche und Hilflosigkeit. Sie fühlt sich ohne Rückhalt und hat Angst davor, es auf eigene Faust zu versuchen, und steht unter der Herrschaft der altmodischen, dominierenden, patriarchalischen Prinzipien. Ich habe dieses Muster bei mir selbst und im Leben vieler Frauen festgestellt, die in dem *puella*-Verhalten des ewigen Mädchens steckenbleiben. Es ist, als wäre die männliche Seite der Frau in zwei Gegensätze gespalten: den schwachen Knaben und den perversen, sadistischen alten Mann. Diese Kombination verhindert die Entwicklung einer Frau, da im Unbewußten diese beiden männlichen Figuren heimlich zusammenarbeiten. Die Stimme des perversen alten Mannes sagt: »Das kannst du nicht – du bist nur eine Frau.« Und der schwache, sensible Knabe gibt diesem Gefühl der Schwäche nach, das sie daran hindert, aus diesem destruktiven Muster auszubrechen. Wie oft muß das Frauen in unserer Kultur geschehen, wenn sie hilflosen und negativen Gefühlen nachgeben, die ihnen weismachen, daß sie nicht schöpferisch tätig sein können oder daß alle Männer mies sind und sie nur verraten werden. Dann haben sie ihren Lebensmut verloren!

Die »geharnischte Amazone« ist das gegensätzliche Muster im Leben vieler Frauen. Von seiner Entwicklung her betrachtet, sehe ich in diesem Muster eine Reaktion auf einen unzulänglichen Vater, entweder auf persönlicher oder auf kultureller Ebene. Solche Frauen reagieren auf die Vernachlässigung durch den Vater oft, indem sie sich auf der Ich-Ebene mit den männlichen oder väterlichen Funktionen identifizieren. Da ihre Väter ihnen nicht gegeben haben, was sie brauchten, müssen sie es eben selber schaffen. Sie bauen daher ein starkes maskulines Ich auf, durch Leistung oder Kampf für einen guten Zweck oder durch Ausüben von Kontrolle, wobei sie die Regeln selbst bestimmen, etwa in der Rolle einer Mutter, die ihre Familie regiert, als wäre sie ein geschäftlicher Betrieb. Doch diese maskuline Identität ist oft eine Schutzhülle, ein Panzer gegen den

Schmerz des Verlassenseins oder der Ablehnung durch ihre Väter, ein Panzer gegen das, was in ihnen weich, schwach und verletzlich ist. Dieser Panzer ist insofern ein wirksamer Schutz, als er ihnen hilft, sich beruflich zu entwickeln, und ihnen in der Öffentlichkeit eine Stimme verleiht. Doch insofern der Panzer sie von ihren weiblichen Gefühlen und ihrer weichen Seite abschirmt, neigen diese Frauen dazu, sich von ihrer eigenen Kreativität, von einer gesunden Beziehung zu Männern und von der Spontaneität und Vitalität des Lebens im Augenblick zu entfremden.

In meiner Sprechstunde habe ich täglich mit Frauen zu tun, die erfolgreich in der Welt, tüchtig auf ihrem Gebiet und finanziell unabhängig sind. Äußerlich betrachtet, erscheinen sie sicher, voll Selbstvertrauen und Stärke. Doch in der Geborgenheit des therapeutischen Sprechzimmers zeigen sie ihre Tränen und gestehen ihre Müdigkeit und Erschöpfung und ihre große Einsamkeit ein. Oft taucht das Bild des Panzers in ihren Träumen auf. Eine Frau träumte von einem schwachen kleinen Mann, der lebensmüde und im Begriff war zu sterben und der einen schützenden Panzer und Helm, Schild und Schwert trug. Später, im Verlauf der Analyse, als sie den unnötigen Panzer losließ, träumte sie, daß sie einen in einem Haufen geöffneter Muscheln versteckten Juwelenschatz fand. Jetzt betonte sie das Sein im Augenblick, das Sichöffnen für Beziehungen, und sie empfand sich als weicher und milder. Die Muschel war jetzt geöffnet und die echte, diamantente Stärke war zugänglich.

In den Träumen einer anderen Frau tauchte der Panzer im Bild von schweren Wintermänteln auf. In einem Traum war es Sommer, und als sie das Heim ihrer Kindheit verließ, bemerkte sie, daß sie mehrere schwere Holzbügel für Wintermängel trug, aber die Mäntel waren fort. Sie fühlte, daß sie ihren Schutz verloren hatte. Als sie das Haus verließ, waren zwei junge Männer hinter ihr. Es waren fröhliche Burschen, die scherzten und Schabernack trieben, und sie fürchtete sich vor ihnen. Sie beschleunigte ihre Schritte, um von ihnen wegzukommen, aber sie sprangen leichtfüßig herbei, und einer löste ihr das Schuhband. Jetzt erschrak sie aufs äußerste, wollte entfliehen und rannte in ein widerwärtig aussehendes Haus, das voll von gelähmten und verrückten Frauen war. Es erübrigt sich zu sagen, daß sie vor Entsetzen erwachte. Was diese Frau in Wirklichkeit brauchte, war, daß sie den Schutz der Wintermäntel fallenließ und lernte, mit den fröhlichen Burschen zu spielen, aber sie fürchtete sich noch vor ihnen.

Die Frau mit dem Panzer der Amazone ist von ihrer eigenen Mitte ebenso abgeschnitten wie das ewige Mädchen. Ja, bei den meisten Frauen ist es so, daß diese Muster Hand in Hand gehen. In meiner eigenen Erfahrung war der Amazonenpanzer zuerst da, aber dahinter stand das verschreckte kleine Mädchen, das schließlich hervorkam und davonflog, unfähig, sich irgendwo niederzulassen, sich an einen Ort oder an eine Person zu binden. Andere Frauen begannen als gefügige, charmante Ehefrauen und wurden zu aktiven, zornigen Kämpferinnen. Bei den meisten Frauen wechseln die beiden Muster ab, manchmal von einem Augenblick zum anderen. So empfand z. B. eine Frau, die häufig in der Öffentlichkeit auftrat, sich immer noch als das zerbrechliche Mädchen, das Angst davor hatte, vor aller Augen in Ohnmacht zu fallen, aber gleichzeitig hatte sie innerlich das Gefühl von Kompetenz und Autorität als Sprecherin. Sie war höchst erstaunt, daß andere Menschen, vor allem Männer, sie als stark und kompetent erlebten, während sie innerlich Scheu und Furcht empfand.

Warum eine Frau am Anfang den Weg des ewigen Mädchen einschlägt und eine andere den der geharnischten Amazone, ist für mich immer noch ein Rätsel, das es zu untersuchen gilt. Mein Gefühl sagt mir, daß eine Vielfalt von Faktoren dazu beitragen, welchen Weg eine Frau geht. Veranlagung sowie die Stellung und Rolle in der Familie scheinen die Hauptfaktoren zu sein. Das Verhältnis zur Mutter ist ein weiterer Faktor. Körperlicher Typ, rassische und sozio-ökonomische Klassenunterschiede sind ebenfalls wichtige Aspekte. Oft stelle ich fest, daß die älteste Tochter zum Weg der Amazone tendiert, während die jüngere Tochter zum ewigen Mädchen wird. Doch das ist nicht immer der

Fall. Ob sich die Frau mit der Mutter oder mit dem Vater identifiziert und den dominierenden Elternteil nachahmt oder dagegen rebelliert, ist ein anderer Faktor. Nach meiner Erfahrung sind diese beiden Muster (das ewige Mädchen und die geharnischte Amazone) in den meisten Frauen vorhanden, wobei das eine bewußter ausgelebt werden kann als das andere.

Sowohl das ewige Mädchen als auch die geharnischte Amazone ist oft verzweifelt über ihren Zustand. Beide fühlen sich ihrer Mitte entfremdet, weil sie von wichtigen Teilen ihres Selbst abgeschnitten sind. Es ist, als ob sie ein großes Haus besäßen, von dem sie nur wenige Zimmer bewohnen.

Der Philosoph Sören Kierkegaard hat mir geholfen, in meinem und im Leben meiner Klientinnen die Quelle dieser Entfremdung und Verzweiflung zu verstehen. Kierkegaard analysiert in *Die Krankheit zum Tode* die Verzweiflung als ein Mißverhältnis zum Selbst, der Quelle des Menschseins.[10] Für Kierkegaard gibt es zwei hauptsächliche Formen der Verzweiflung: erstens die Verzweiflung, die ihrer selbst unbewußt ist; zweitens die Verzweiflung, die bewußt ist und sich als Schwachheit manifestiert; und drittens die Verzweiflung, die bewußt ist und sich als Trotz manifestiert.

In der unbewußten Form der Verzweiflung steht die Person im Mißverhältnis zum Selbst, weiß es jedoch nicht. Ein solcher Mensch wird laut Kierkegaard ein Leben der Genußsucht führen, sich in Empfindungen des Augenblicks zerstreuen und keine Bindung an etwas Höheres als die Regungen seines Ich kennen. Dies ist die Stufe des Ästhetizismus und des Don-Juanismus. Hier kann man einen Typus der Existenz sehen, in dem die Menschen zwar nicht bewußt erkennen, daß sie in Verzweiflung sind, aber, wie Kierkegaard ausführt, der zwanghafte Drang nach unendlicher Empfindung und Sinnenlust zusammen mit den einbrechenden dunklen Momenten der Langeweile und Angst offenbaren, daß nicht alles in Ordnung ist.

Wenn der Mensch die dunklen Momente der Langeweile und Angst voll in seinem Bewußtsein zuläßt, dann kommt die Erkenntnis der Verzweiflung, das Erkennen des Mißverhältnisses zum Selbst und das Gefühl, daß man zu schwach ist, um das Selbst zu wählen, denn um diese Entscheidung zu treffen, ist es erforderlich, daß man seine Stärke akzeptiert. Hier verzweifelt die Person an der Schwachheit, sich an etwas Höheres hinzugeben als die Regungen des Ich. Ich stelle mir vor, daß viele *puellae* intensiv an der Verzweiflung der Schwäche leiden: sie möchten mutig sein und das Risiko der Wirklichkeit, das Risiko der Hingabe eingehen, doch irgendwie fürchten sie sich davor und bringen es nicht fertig, den Sprung zu wagen.

Wenn die Person jedoch tiefer in die Gründe der Schwachheit eindringt, kommt ihr die Erkenntnis, daß die Schwachheit eigentlich nur ein Vorwand war, sich vor der Stärke zu drücken, die bereits vorhanden ist. Was die Person ursprünglich als eine Schwäche sah, wird jetzt als Trotz erkannt, d. h. als Verweigerung von Hingabe! Für Kierkegaard ist die Verzweiflung des Trotzes ein höheres Bewußtsein, ein Erkennen, daß man die Stärke besitzt, das Selbst zu wählen, oder – mit den Worten Kierkegaards – den Glaubenssprung zu vollziehen, der das Annehmen des Unkontrollierbaren und Transzendenten verlangt, daß man sich jedoch entscheidet, dies nicht zu tun, aus purem Trotz gegen die Mächte, welche die Vernunft und Endlichkeit des Menschen übersteigen. Aus Trotz weigert man sich, sich zu ändern! In der Verzweiflung des Trotzes verweigert man die Möglichkeit und die Unendlichkeit. In der Verzweiflung der Schwachheit verweigert man die Wirklichkeit und die Endlichkeit. Die Verweigerung des einen bedeutet die Verweigerung von beidem. Die Verzweiflung der Schwachheit sehe ich als einen Aspekt des ewigen Mädchens. Die Verzweiflung des Trotzes erscheint mir als ein Aspekt der geharnischten Amazone. Und doch sind sie schließlich insgeheim dasselbe – die zwei Pole eines gespaltenen Selbst.

Frauen, die in das archetypische Muster der *puella* verfallen und sich in die Verzweiflung der Schwachheit verstricken, müssen sich ihrer Stärke bewußt werden und ihre Opfer-Identität abschütteln. Frauen, die in der Neigung der geharnischten Amazone, alles kontrollieren zu wollen, befangen sind, müssen einsehen, daß Kontrolle eine falsche Stärke sein kann, und müssen die Offenheit für das Unkontrollierbare schätzen lernen. Für Kierkegaard kommt die Lösung und Verwandlung letztendlich dann, wenn die Verzweiflung aller Stufen durch einen Glaubenssprung überwunden wird. In diesem Sprung nimmt man gleichzeitig die eigene Schwäche und Stärke an, die Verquickung des Endlichen und Unendlichen im menschlichen Dasein und die Erkenntnis, daß der Mensch sich zwischen Gegensätzen bewegen muß, anstatt sich mit einem Absoluten zu identifizieren.

Im Werk von C. G. Jung fand ich für die Therapie eine große Hilfe zum Verständnis dieser Situation, die im Leben vieler Menschen besteht. Jung war der Ansicht, daß das Leben jedes Menschen ein komplexes und geheimnisvolles Ganzes ist. Doch der besondere Verlauf seiner Entwicklung aufgrund von persönlichen Familienerfahrungen, kulturellen Einflüssen und eigener Veranlagung führte oft dazu, daß die Person einen Teil ihrer Persönlichkeit betont auf Kosten des Teils, der im Konflikt dazu steht. Doch diese gegensätzliche, unakzeptierte andere Seite war trotzdem vorhanden, wollte anerkannt werden und brach oft in die bewußt akzeptierte Seite ein, beeinflußte das Verhalten der Person und störte ihre Beziehungen. Nach Jung besteht die Aufgabe des persönlichen Wachsens darin, den Wert beider Seiten zu erkennen und sie zu integrieren, so daß sie in einer für die betreffende Person fruchtbaren Weise zusammenwirken können. Dies scheint mir von Bedeutung für die Therapie der verwundeten Frau, die im Konflikt zwischen diesen beiden Mustern steht: dem ewigen Mädchen und der geharnischten Amazone. Jedes hat seinen Wert. Jedes kann vom anderen lernen. Die Integration beider ist die Grundlage für die werdende Frau.

Obgleich eine Frau durch eine beeinträchtigte Beziehung zu ihrem Vater verwundet sein kann, ist es möglich für sie, an der Heilung der Wunde zu arbeiten. Wir bringen zwar die Einflüsse unserer Eltern mit, aber wir sind nicht dazu verdammt, immer nur das Produkt unserer Eltern zu bleiben. Laut Jung findet in der Psyche ein natürlicher Heilungsprozeß hin zum Gleichgewicht und zur Ganzheit statt. In der Psyche gibt es auch natürliche Verhaltensmuster, die wir Archetypen genannt haben und die uns als innere Vorbilder verfügbar sind, selbst wenn unsere äußeren Vorbilder abwesend oder unzulänglich sind. So hat z. B. eine Frau das ganze Potential des Archetyps Vater in sich, und dieses Potential kann sie oft erreichen, wenn sie gewillt ist, das Risiko einer Berührung mit dem Unbewußten einzugehen. Obwohl also unsere persönlichen und kulturellen Väter ursprünglich unser bewußtes Selbstverständnis als Frau, unser Vermögen in der Welt und in Beziehung zu Männern geformt haben, gibt es in unserem Inneren auch die positiven und kreativen Aspekte des inneren archetypischen Vaters, die viele negative Einflüsse in unserer tatsächlichen Lebensgeschichte kompensieren können. Das Potential, eine bessere Beziehung zum Vaterprinzip zu gewinnen, ist in uns allen. Traumbilder offenbaren oft vorher unbekannte Seiten des Vaters, die wir erfahren können, um dadurch ganzheitlicher und reifer zu werden. Der folgende Fall illustriert diese Auffassung.

Eine Frau, mit der ich arbeitete, wuchs unter dem autoritären Regime eines strengen Vaters auf, der das Weibliche nicht würdigte. Harte Arbeit und Disziplin, männliche Beschäftigungen waren die Dinge, auf die er Wert legte. Schwäche oder irgendeine Art von Verwundbarkeit waren nicht gestattet. Also übernahm die Tochter diese Werte und war immer sehr damit beschäftigt, ihr Leben zu planen und zu kontrollieren. Sie erlaubte sich nicht, zu entspannen oder eine Schwäche zu zeigen. Doch dies versetzte sie in eine emotionale Distanz zu anderen und zu ihrer eigenen Herzmitte. Sie kam in die Therapie, kurz nachdem sie eine Hautkrankheit bekommen hatte, die für andere immer sichtbarer wurde. Es war, als ob ihre Verwundbarkeit danach verlangte, anerkannt zu werden. Sie konnte sie nicht mehr verstecken, denn sie stand auf ihrer Haut, und alle konnten sie sehen. In ihrem ersten Traum am Anfang der Therapie war sie hoch oben auf dem Turm eines Wolkenkratzers gestrandet. Dort oben konnte sie den planmäßigen Verkehr durch die Stadt fließen sehen, aber sie konnte nicht hinunter auf den Boden, um etwas zu

tun. Schließlich kletterte ein lustiger Mensch auf den Turm und half ihr zur Erde hinunter, und dann lief sie barfuß mit ihm und spielte im Gras. Dieser Traum zeigte ihr die Seite des Männlichen, die in ihrer Entwicklung fehlte, weil ihr strenger und ernster Vater sie nicht besaß. Sie brauchte eine Beziehung zu einem instinkthaften Mann, der mit ihr spielen konnte.
Bald nach Beginn der Analyse hatte sie außerdem einen Traum, der den Einfluß ihres Vaters zeigte. In dem Traum wollte sie ihrem Vater ihre Hautkrankheit zeigen, aber er weigerte sich, hinzusehen. Er weigerte sich, ihr irgendeine Verwundbarkeit zuzugestehen, und sie hatte seine Haltung ihr gegenüber unbewußt übernommen. Dies wirkte sich nicht nur auf ihr Gefühlsleben aus, sondern auch auf ihre Kreativität. Obwohl sie viel künstlerisches Talent und schöpferisches Potential besaß, wandte sie sich einer rationalen Wissenschaft zu und beendete ihr Studium nicht. Es war, als ginge sie den Weg ihres Vaters, und nicht ihren eigenen. Im Verlauf der Analyse begann sie ihre verletzliche Seite anzunehmen und gestattete sich zu spielen. Der Mann in ihrem ersten Traum war ihr Vorbild, durch das sie diese Seiten ihrer selbst annehmen konnte. Auf der Ebene des äußeren Lebens begegnete sie dann einem warmherzigen, spontanen Mann, in den sie sich verliebte, und öffnete ihre verletzliche Seite. Sie begann wieder zu studieren und diesmal ein Fach, das sie liebte. Kurz darauf wandelte sich das Bild ihres Vaters in ihren Träumen. In einem Traum wurde ihr mitgeteilt, daß ihr Vater gestorben sei. Dann hörte sie eine Glocke, die sie an die andere Seite des Flusses rief. Sie wollte auf einer Brücke hinübergehen, aber die Brücke war noch nicht ganz fertig, und so glitt sie ins Wasser, um hinüberzugelangen. Der Tod des Vaters symbolisierte das Ende seiner strengen Herrschaft, und jetzt war sie aufgerufen, an das andere Ufer überzusetzen, das eine neue Seite ihrer selbst war. Die Brücke zu diesem neuen Ufer war bereits teilweise errichtet, aber sie mußte ins Wasser, um ganz hinüberzugelangen. Für sie bedeutete dies, in den Fluß ihres Lebens und ihrer Gefühle einzusteigen. Dabei veränderte sich das Bild ihres Vaters in ihren Träumen, und er wurde mehr bereit, sie anzuneh-

men. In einem Traum hatte sie etwas verloren, was ihm gehörte, und anstatt sie für ihre Fehlleistungen zu beschimpfen, nahm er diese hin. In einem anderen Traum arbeitete ihr Vater für einen kreativen Rockmusiker, und sie war stolz auf ihn. Es war, als ob die Träume und ihr Leben zusammen tanzten und abwechselnd neue Bewegungen vollführten, so daß sie in der Lage war, in eine neue rhythmische Seinsweise einzutreten. Durch ihr Streben nach Selbsterkenntnis und die Auseinandersetzung mit ihren Träumen in der Therapie, kam sie mit ihrer spielerischen, fließenden, gefühlsmäßigen Seite in Berührung und befreite dadurch ihre Weiblichkeit und Kreativität. Als sie die kompensatorischen Energien des Vater-Archetyps in ihrem Inneren erlebte, begann die alte Wunde, die der strenge, harte und sie nicht annehmende Vater ihr geschlagen hatte, zu heilen.

2 Opferung der Tochter

> Dein Sinn, o Fürstin, ist in der Tat edel und wahr;
> Doch die Ereignisse gären, und die Gottheit ist beleidigt.
> Euripides

Die Vater-Tochter-Wunde ist eine Gegebenheit unserer Kultur und insofern das Problem aller Männer und Frauen von heute. Frauen gelten oft als den Männern unterlegen, und Männer ziehen oft den kürzeren, wenn sie weibliche Eigenschaften an den Tag legen. Inbegriffen in der Vater-Tochter-Wunde ist ein gestörtes Verhältnis zwischen dem männlichen und weiblichen Prinzip,[1] und dies betrifft nicht nur Individuen, sondern auch Partner, Gruppen und ganze Gesellschaften. Sowohl Männer als auch Frauen haben darunter zu leiden. Beide sind verwirrt bezüglich ihrer Identität und ihrer Rolle zueinander.

Die Wurzeln der Vater-Tochter-Verwundung reichen weit zurück und lassen sich in dem griechischen Drama *Iphigenie in Aulis* von Euripides deutlich erkennen. Das Drama zeigt, wie ein Vater sich veranlaßt sieht, seine Tochter zu opfern, und stellt die verwundeten Gefühle des Vaters dar, der zu diesem Ende getrieben wird. Die Tragödie offenbart auch die beschränkte Auffassung des Weiblichen in einer patriarchalisch regierten Gesellschaft. Iphigenie ist die älteste und am meisten geliebte Tochter des Königs Agamemnon. Und dennoch wird sie in dem Drama geopfert; sie wird von ihrem eigenen Vater, der sie innig liebt, zum Tode verurteilt. Wie kann so etwas geschehen? Wie ist es möglich, daß ein Vater seine Tochter opfert?

Zu Beginn der Tragödie finden wir Agamemnon in tiefer Verzweiflung, ja, dem Wahnsinn nahe, weil er der Opferung seiner Tochter Iphigenie zugestimmt hat. Die Hellenen haben Troja den Krieg geschworen, weil der Trojaner Paris Helena geraubt hat, die schönste der Frauen und Gattin des Menelaos, Agamemnons Bruder. Doch als das Heer in die Bucht von Aulis zog und sich einschiffen wollte für den Kampf, blieb der Wind aus. Von Kampfeslust getrieben, wurde das Heer unruhig und bedrohte Agamemnons Herrschaft. Den Verlust seiner Macht und Herrlichkeit und seiner Befehlsgewalt über das Heer fürchtend, befragte Agamemnon das Orakel, das ihm kundtat, er müsse seine erstgeborene Tochter zum höheren Ruhme Griechenlands opfern. Das Opfer sollte der Göttin Artemis als Gegenleistung für günstige Winde dargebracht werden. In seiner Verzweiflung willigte Agamemnon schließlich ein und ließ Iphigenie unter dem Vorwand, daß sie mit Achilles vermählt werden solle, nach Aulis bringen. Später erkannte Agamemnon den Wahnsinn seiner Tat, aber nun war es zu spät.

Agamemnon beschuldigte in seinem Zorn Menelaos, daß er sich zum Narren der Schönheit machte und ihr zu Ehren seinen Verstand wegwarf. Menelaos beschuldigte Agamemnon, daß er in die Opferung Iphigeniens einwilligte, um seine Macht zu erhalten. Während die beiden Brüder sich zornig stritten, traf Iphigenie ein, und Agamemnon empfand sich dem Schicksal gegenüber als machtlos. Obwohl Menelaos in einem Augenblick des Mitgefühls erkannte, daß er unrecht gehandelt hatte, und in Agamemnon drang, seine Tochter zu verschonen, fühlte dieser sich jetzt gezwungen, die Tat auszuführen. Er fürchtete, daß die wütende Menge revoltieren und nicht nur Iphigenie, sondern auch ihn opfern würde, wenn er sich weigerte. Von seinem Bekenntnis zur Macht und zum Ruhm Griechenlands sowie von seiner Angst genötigt, sah König Agamemnon sich gezwungen, seine Tochter Iphigenie zu töten.

Glücklich über den Plan, daß Iphigenie mit Achilles vermählt werden sollte, trafen diese und ihre Mutter Klytaimnestra in Aulis ein. Doch Iphigenie fand ihren Vater in seltsamer Trauer und Bedrückung vor. Als Agamemnon Klytaimnestra befahl, Aulis vor der Vermählung ihrer Tochter zu verlassen, war seine Gattin befremdet und weigerte sich. Schließlich entdeckte sie die Verschwörung zur Opferung ihrer Tochter und war über die

Maßen entrüstet. Auch Achilles zürnte, als er erfuhr, daß er von Agamemnon getäuscht worden war, und schwor, Iphigenie mit seinem Leben zu beschützen. Klytaimnestra stellte Agamemnon voll Entsetzen und Verzweiflung zur Rede. Zunächst wich er aus und leugnete die Beschuldigung, doch schließlich gestand er die schreckliche Wahrheit ein. In ihrer Wut bezichtigte Klytaimnestra ihn weiterer Schandtaten – daß er ihren ersten Gatten und ihr Kind getötet und sie mit Gewalt genommen habe. Aber als ihr eigener Vater diese schändliche Ehe billigte, fügte sie sich und wurde eine gehorsame Ehefrau. Klytaimnestra bot alles auf, um Agamemnon durch die Erinnerung an seine Schande zu bewegen, seinen Entschluß zu ändern, und Iphigenie flehte den Vater an, ihr das Leben zu lassen. Beide stellten die Frage, warum Helena, die Schwester Klytaimnestras und Iphigenies Tante, wichtiger sei als seine eigene Tochter. Doch Agamemnon, seiner dämonischen Machtgier über das Heer hilflos ausgeliefert, erklärte, daß seine erste Pflicht Griechenland sei und daß er keine andere Wahl habe.

Zuerst verfluchte Iphigenie Helena. Sie fluchte ihrem mörderischen Vater, und sie verfluchte das gierige Heer, das nach Troja aufbrechen wollte. Als jedoch auch Achilles nichts gegen die wütende Menge des Heeres auszurichten vermochte, fügte sie sich. Sie entschloß sich, edel für Griechenland zu sterben, da ganz Hellas auf sie blickte, um die Flotte in Gang zu bringen. Warum sollte Achilles für sie sterben, fragte sie, »der doch mehr als tausend Frauen dieses Tageslicht verdient.«[2] Und wie konnte sie, eine Sterbliche, sich der Göttin Artemis widersetzen? Doch der griechische Chor, die Wahrheit sprechend, antwortete: »Dein Sinn, o Fürstin, ist in der Tat edel und wahr; doch die Ereignisse gären, und die Gottheit ist beleidigt.«[3] Dennoch ging Iphigenie heldenmütig in den Tod, vergab ihrem Vater und bat ihre Mutter, ihm nicht zu zürnen noch ihn zu hassen.[4]

Was für eine Auffassung des Weiblichen liegt diesem Drama zugrunde? Die Frau wird als Besitz des Mannes betrachtet! Die drei weiblichen Hauptgestalten werden als Objekte angesehen, die das Eigentum des Mannes sind. Weil Menelaos Helena als seinen Besitz betrachtet, wird der Verlust der schönen Helena für die Griechen zum Anlaß, Troja zu bekriegen, um sie zurückzugewinnen. Klytaimnestra, die gehorsame Gattin, ist in Agamemnons Augen sein Eigentum, über das er verfügen kann. Und Iphigenie ist eine Tochter, die von ihrem Vater geopfert werden kann. Daher kann das Weibliche sich nicht von seiner eigenen Mitte her offenbaren, sondern ist auf die Formen reduziert, die mit der vorherrschenden männlichen Anschauung im Einklang stehen.

Gleichzeitig ist das vorherrschende männliche Ziel die Macht, und die erste Pflicht des Mannes ist Griechenland, um welchen Preis auch immer. Die Verführung Helenas durch Paris ist in Wirklichkeit eine Gelegenheit für die Griechen, gegen Troja in den Krieg zu ziehen. Wie Agamemnon später erkennt, als es zu spät ist: »Das Heer entbrennt in heißer Leidenschaft/ Zur schnellsten Abfahrt ins Barbarenland.«[5] Es ist diese Leidenschaft, diese Machtgier, die letztlich die Opferung Iphigeniens fordert.

Das Drama zeigt außerdem eine Spaltung innerhalb des Weiblichen. Eine Rolle wird Helena zugeteilt, als Verkörperung der Schönheit. Eine andere verkörpert Klytaimnestra als gehorsame und pflichtbewußte Gattin und Mutter. Diese beiden Formen des Weiblichen sind die einzigen in diesem Drama dargestellten Rollen der Frau. Der weibliche Bereich ist entwertet, indem er entweder durch Schönheit oder Gehorsam zum Dienst am Manne reduziert wird. Das Ideal der Schönheit mindert den Wert der Frau zu einer reinen Projektion des männlichen Begehrens herab und versetzt sie in die Position der *puella,* der mädchenhaft-kindlichen Abhängigkeit. Der pflichtbewußte Gehorsam schränkt sie auf den Status einer Dienerin ihres männlichen Gebieters ein. In jedem Fall existiert sie nicht in sich und aus sich selbst, sondern bezieht ihre Identität nur im Verhältnis zu den Bedürfnissen des Mannes. Der Vater, König Agamemnon, unterstützt diese Entwertung des Weiblichen, wenn er in die Opferung seiner Tochter schließlich einwilligt, damit die Griechen Helena zurückgewinnen können. Er erwartet von seiner Gattin Klytaimnestra, daß sie seinem Befehl gehorcht. Sein

Ehrgeiz und sein Machtbedürfnis sind ihm das Wichtigste; das Wohlergehen seiner Tochter kommt erst an zweiter Stelle.
Wie die beiden Schwestern Helena und Klytaimnestra die Spaltung der weiblichen Ideale, Schönheit und Gehorsam, personifizieren, so wird die Seele der beiden Brüder Menelaos und Agamemnon von diesen Gegensätzen beherrscht. Menelaos, der knabenhafte Bruder, ist von Helenas Schönheit so befangen, daß er gewillt ist, alles andere dafür zu opfern – ein ganzes Heer von Kriegern und selbst das Leben seiner Nichte. Im Gegensatz dazu hat Agamemnon seine Seele verkauft, um Griechenlands Machtgier und seinem eigenen Ehrgeiz, König zu sein, zu dienen, obgleich diese Stellung ihn isoliert und ihn daran hindert, seine menschlich-väterlichen Gefühle zum Ausdruck zu bringen. Die schlimmste Wunde, die Agamemnon erleidet, ist vielleicht die, daß er von seinen Tränen abgeschnitten ist. Er bekennt:

> In welches harte Joch bin ich gespannt! Ein Daimon hat mich überlistet, der weit über meinen Rechenkünsten steht. Die niedere Geburt hat viel voraus, da darf man weinen, was das Herz begehrt, darf alles sagen. Doch dem Edelmann ist dies verschlossen. Unsern Tag beherrscht die Last der Würde. Uns regiert das Volk. Mein Aug will weinen, und ich schäme mich sowohl der Tränen wie des trocknen Augs, so tief hat mich des Schicksals Schlag gebeugt.[6]

Was ist das für ein »hartes Joch«, was ist das für eine Falle in die Agamemnon, der König und Vater, geraten ist? Der Geist, symbolisiert durch das Ausbleiben des Windes, scheint impotent zu sein. Wie der Chor verkündete: »Ereignisse gären, und die Gottheit ist beleidigt.«
Agamemnon hat sich im willkürlichen Streben nach Macht im Namen Griechenlands verstrickt. Deshalb wird seine Tochter diesem Zweck, die Seele Griechenlands zu sein, geopfert, und dies erfordert ihren Tod als Mensch. Der König, als sichtbare Manifestation des göttlichen Prinzips, bestätigt Werte, die von der Kultur bewußt anerkannt werden. In dieser Kultur ist der Wert des Weiblichen lediglich darauf beschränkt, Objekt männlicher Zwecke zu sein. Daher besitzen die Frauen in dem Drama keine wirkliche Macht. Helena wird als Objekt der Schönheit

verführt, und Klytaimnestra muß als Gemahlin dem Befehl ihres Gatten gehorchen. Als Mutter hat sie im Haus zwar einiges zu reden, aber wenn es darum geht, das Leben ihrer Tochter zu retten, ist sie machtlos. Iphigenie, die Tochter, soll der politischen Staatsgewalt geopfert werden. Wie sie zu Agamemnon spricht, als sie um ihr Leben fleht: ». . . meine Kunst beruht nur in den Tränen. Darin bin ich stark.«[7]
Doch ihre reine Unschuld und ihre Tränen sind vergeblich, wenn politische Macht zum höchsten Wert erhoben wird. Daher führt die kulturbedingte Entwertung des Weiblichen, die König Agamemnon bestätigt, zur Opferung seiner Tochter. Und obgleich Iphigenie rein und edel ist und ihrem Vater vergibt, als sie die Ausweglosigkeit seiner Position begreift, anerkennt sie letztlich mit ihrer Unterwerfung unter ihr Schicksal diese Entwertung des Weiblichen. Sie opfert sich für Griechenland und erklärt, daß ein Mann »mehr als tausend Frauen dieses Tageslicht verdient!« Sie nimmt die Seelenprojektion ihres Vaters an und sagt:

»Bekränzt die Körbe, reine Flamme soll die Gerste glühen, und mein Vater wird den Opferherd umschreiten! Seht, ich komm, die euch die Rettung und den Sieg gebracht!«[8]

Indem Iphigenie zur Seele Griechenlands wird, gibt sie ihre eigene weibliche Identität und den Wert ihrer Tränen auf, »Ich verhalte die Tränen am festlichen freudigen Opfer«.[9] Sie unterwirft sich und vergibt, ihre Mutter jedoch, die in ihrer Wut und ihrem Schmerz zurückbleibt, kann nicht vergeben. Und so setzt die Tragödie der Familie sich fort, wenn Klystaimnestra in anderen Dramen Agamemnon ermordet, um den Tod Iphigeniens zu rächen, und der Sohn Orestes zur Vergeltung für den Tod seines Vaters seine Mutter Klytaimnestra ermordet.[10]
Die Opferung der Tochter durch den Vater wurzelt in der Herrschaft der männlichen Gewalt über das Weibliche. Wenn das Männliche von weiblichen Werten abgeschnitten ist, wenn es dem weiblichen Prinzip nicht erlaubt, sich auf seine Weise und aus seiner eigenen Mitte zu manifestieren, wenn es dem Weiblichen die Vielfalt seiner Ausformungen verwehrt und es nur auf

diejenigen reduziert, die männlichen Zwecken dienen, dann verliert es sein Verhältnis zu den Werten des weiblichen Bereichs. Dann wird das Männliche roh und opfert nicht nur die äußere Frau, sondern auch seine innere weibliche Seite.

Das Bild dieses Zustands wird im *I Ging*, dem chinesischen Buch taoistischer Weisheit, mit dem Hexagramm 12, »Die Stockung«, ausgedruckt. Die Grundmetapher des Kosmos und der menschlichen Existenz im *I Ging* beruht auf dem Verhältnis zwischen männlichem und weiblichem Prinzip. Wenn diese beiden Polaritäten in harmonischer Beziehung zueinander stehen, werden sie zur Quelle von Wachstum, Geist und Kreativität – der Vereinigung der männlichen und weiblichen Weisheit. Aber wenn das weibliche und das männliche Prinzip nicht in Harmonie sind, führt dies zu Chaos und Zerstörung.

Im Hexagramm 12, »Die Stockung«, ist das männliche Prinzip (der Himmel) oben und das weibliche Prinzip (die Erde) unten. Über diese Beziehung zwischen Männlichem und Weiblichem sagt das *I Ging* folgendes aus:

> Der Himmel oben zieht sich immer weiter zurück, die Erde unten sinkt immer weiter in die Tiefe. Die schöpferischen Kräfte stehen außer Beziehung. ... Himmel und Erde stehen außer Verkehr, und alle Dinge erstarren. Obere und Untere stehen außer Beziehung, und auf Erden herrscht Verwirrung und Unordnung.[11]

Das *I Ging* besagt weiter, daß mit dieser Konstellation gegenseitiges Mißtrauen im öffentlichen Leben herrscht und eine fruchtbare Wirksamkeit unmöglich ist, weil das Verhältnis zwischen den beiden grundlegenden Prinzipien falsch ist. Dasselbe gilt für die Beziehung zwischen dem Männlichen und Weiblichen in dem Drama *Iphigenie auf Aulis* von Euripides. Vom Standpunkt der Jungschen Psychologie kann dieses gestörte Verhältnis zwischen dem männlichen und weiblichen Prinzip sowohl im Inneren ein und derselben Person als auch zwischen Individuen bestehen. Jede Frau hat eine männliche Seite, die sich oft in ihrem Unbewußten verbirgt. Umgekehrt hat jeder Mann eine weibliche Seite, die ihm oft unbewußt und unzugänglich ist. Persönliches

Wachstum ist eine Aufgabe, die vom Individuum verlangt, sich dieser gegengeschlechtlichen Seite bewußt zu werden, sie zu würdigen und sie in geeigneter Situation bewußt zum Ausdruck zu bringen. Wenn die gegengeschlechtliche Seite angenommen und gewürdigt wird, wird sie zu einer Quelle der Energie und Inspiration und ermöglicht die schöpferische Verbindung des männlichen und weiblichen Prinzips innerhalb der einzelnen Person sowie eine schöpferische Beziehung zwischen Mann und Frau.

Wird das Weibliche jedoch entwertet und unterdrückt, gerät es schließlich in Wut und fordert seinen Tribut auf primitive Weise wie Klytaimnestra, die Agamemnon aus Rache tötet. Die Opferung der Tochter durch den Vater wirkt sich also nicht nur auf die Entwicklung der Frau, sondern auch auf die innere Entwicklung des Mannes aus. Agamemnon ist ebenso verletzt und verzweifelt, so unfrei im Leben wie seine Tochter Iphigenie.

Die Spaltung des Männlichen in Gier nach Schönheit und Gier nach Macht und die entsprechende Spaltung im Weiblichen in Schönheit (das ewige Mädchen) und Pflichtbewußtsein (die geharnischte Amazone) manifestiert sich im Drama in den streitenden Brüdern (Menelaos und Agamemnon) und den in einem schlechten Verhältnis zueinander stehenden Schwestern Helena und Klytaimnestra. Dieser Bruch der Gegensätze ist in der Vater-Tochter-Verwundung enthalten. Die männliche Spaltung in diese beiden Gegensätze reduziert wiederum das weibliche Ideal auf Schönheit und Pflichtbewußtsein. Beide Brüder benützen die Frauen: der eine für seine Lust, der andere für die Zwecke der Macht. Iphigenie, die das weibliche Potential verkörpert, wehrt sich zuerst gegen diese Situation, unterwirft sich aber schließlich den Zwecken der Macht.

Das Opfer wird Artemis dargebracht, der jungfräulichen Göttin der Jagd, weil Agamemnon eine Hirschkuh der Artemis erlegt hatte, ohne der Göttin Ehre zu erweisen. In manchen Mythen behauptete Agamemnon sogar, ein größerer Jäger zu sein als Artemis, die aus Zorn darüber die Windstille verhängte und die Opferung Iphigeniens forderte.[12] Artemis wurde also von Agamemnon vernachlässigt. Aus psychologischer Sicht zeigt die Vernachlässigung einer Göttin, daß der Aspekt der Psyche, den sie repräsentiert, nicht bewußt gewürdigt worden ist. Als jungfräuliche Göttin symbolisiert Artemis die jungfräuliche Eigenschaft des *Einsseins in sich selbst,* eine innere Haltung weiblicher Zentriertheit und Unabhängigkeit.[13] Eine von Artemis' Funktionen ist es, junge Mädchen im Alter der Pubertät zu beschützen und sie Unabhängigkeit zu lehren. Dagegen haben Agamemnon und die herrschenden kulturellen Werte verstoßen. Das Weibliche hat auf das Männliche bewußt keine Auswirkung, und Agamemnon hört schließlich weder auf seine Frau noch auf seine Tochter. Ebensowenig gestattet er weibliche Unabhängigkeit, noch respektiert er eine der größten Göttinnen, Artemis. Für ihn hat nur seine eigene Macht einen Wert, und er nimmt sich, was er begehrt, nämlich die Hirschkuh der Artemis. Vielleicht fordert Artemis dieses Opfer, um Agamemnon zu zeigen, was er verliert, wenn er das Weibliche abwertet. Der Verlust seiner Tochter, die ein Symbol seines eigenen weiblichen Potentials ist, zeigt die Folgen seiner Einstellung zur Macht. Wenn ein Mann das Weibliche mit Füßen tritt, verliert er seine Beziehung zu ihm. In gewissem Sinn ist das Opfer für Artemis notwendig, um diese weibliche Unabhängigkeit zu ehren.

Die griechische Tragödie *Iphigenie in Aulis* wurde um 405 v. Chr. verfaßt, aber dieselbe Situation setzt sich in unserer gegenwärtigen westlichen Kultur fort. Das Weibliche ist in den Augen vieler Männer immer noch auf die pflichtbewußte Ehefrau oder die schöne Geliebte oder eine Variation dieser beiden Typen beschränkt. Zahlreiche Frauen befinden sich noch immer in der Lage, daß sie für Männer leben statt für sich selbst. Manche Frauen haben darauf reagiert, indem sie ausgebrochen sind und sich in einem Beruf verwirklicht haben. Aber bei diesem Ausbruch aus der Abhängigkeit der *puella* imitieren sie nur allzuoft das männliche Modell und setzen auf diese Weise die Abwertung des Weiblichen fort. Im Gegensatz dazu gehorchen andere Frauen, die sich machtlos fühlen und wütend werden wie Klytaimnestra, zwar äußerlich dem System, aber unter der Oberflä-

che bringen sie ihren Zorn zum Ausdruck, z. B. indem sie Sex ausschalten, sich mit einer Affäre rächen, die Konten ihrer Männer überziehen, zu viel trinken, krank und hypochondrisch werden oder zu Depressionen und Selbstmord neigen usw.
Vielleicht leidet der Mann am meisten darunter, daß er seine eigene Verwundung nicht zugeben kann – seine Unfähigkeit zu weinen. Unter der Illusion, immer recht haben und sich vor sich selbst rechtfertigen zu müssen, um ihre Kontrolle und Autorität aufrechtzuerhalten, befinden sich viele Väter in dieser Lage, sowie viele Männer, die sich in den Machtzielen unseres technischen Zeitalters, in Kontrolle und Leistung, verstrickt haben. Sie haben die Macht ihrer Tränen verloren und sich gegen ihre eigene junge, zarte, weibliche Seite vergangen. Wie Agamemnon opferten sie ihre »innere Tochter« im Namen ihrer Macht. Oder sie sind wie sein Bruder Menelaos der Macht der äußeren Frau erlegen und haben den Zugang zu ihrer echten, inneren Weiblichkeit verloren. In beiden Fällen wird der unabhängige weibliche Geist entehrt und geht daher verloren.
In vieler Hinsicht ist *Iphigenie in Aulis* ein Abbild unserer heutigen Zeit: Chaos und Machtgier beherrschen immer noch das Verhältnis zwischen den Geschlechtern. Der Geist (die harmonische Beziehung zwischen dem weiblichen und männlichen Prinzip) hat sich im Leben der meisten Männer und Frauen noch nicht wirksam durchgesetzt. Doch werden wenigstens eine Menge von Fragen gestellt, und wo es Fragen gibt, gibt es auch Suche, Bewußtheit und die Hoffnung, durch die unzulänglichen existierenden Muster durchzubrechen.
In unserer Kultur gibt es viele moderne Iphigenien, die an einer beschränkten Auffassung des Weiblichen leiden, einer Anschauung, die in der Kultur und oft auch in den persönlichen Vätern und Müttern verankert ist. Diese Frauen sind oft zornig, und sie wissen sehr wohl, daß die den Frauen zugeordneten Bilder in unserer patriarchalischen Kultur von der inadäquaten Beziehung des Mannes zum Weiblichen geprägt sind. Trotzdem fühlen sie sich hilflos und wie in einer Falle.

Joan, eine begabte und attraktive Frau in den Vierzigern, ist ein Beispiel dafür. Sie wuchs mit der Überzeugung auf, daß die ideale Frau wie Helena sein sollte – die schönste und begehrenswerteste, eine Frau, die alle Männer durch ihre Erscheinung anziehen und außerdem alles tun und sein könnte, was der Mann brauchte und begehrte. Dieses von der Kultur unterstützte Bild der Frau kam zum Teil von ihren Eltern her. Ihre Mutter, die an einer Spaltung ihrer eigenen Weiblichkeit litt, war niedlich, jugendlich und abhängig (das ewige Mädchen), doch darüber lag eine Schicht der unabhängigen Kämpferin (der geharnischten Amazone), die unfähig war, loszulassen und die sexuelle Beziehung zu ihrem Mann zu genießen. Ihr Vater, der in seiner Ehe frustriert war, liebte seine Tochter, vielleicht zu sehr, so daß die Tochter höchstwahrscheinlich seine unbewußten Wünsche nach einer Liebesbeziehung und gleichzeitig seine Schuldgefühle dafür empfing.

Träume brachten Bilder hervor, die ihr halfen, einige Rollen wahrzunehmen, die sie übernommen hatte, die aber nicht wirklich zu ihr gehörten. In einem Traum wurde Joan von ihrer Mutter zu einem Aschenputtel herabgesetzt und mußte rußige Asche wegputzen. In gewissem Sinn war dies die unbewußte Botschaft, die sie von ihrer Mutter empfing: daß sie nicht so schön war wie ihre Mutter und daß es ihr als pflichtbewußte Tochter oblag, die unzulängliche Beziehung zwischen ihren Eltern zu bereinigen. Joan stellte sich dieser Aufgabe, indem sie die Vermittlerin zwischen ihren Eltern wurde und außerordentlich tüchtig in ihrem Beruf war. Aber innerlich fühlte sie sich minderwertig, weil es ihr geheimer Wunsch war, »Helena« zu sein, die Frau, die ihr Vater sich heimlich ersehnte, und die Frau, die das kulturelle Leitbild der Zeit war. Mit Burschen auszugehen, eine feste Beziehung mit einem jungen Mann aus einer Studentenverbindung einzugehen und dann gleich nach der Absolvierung des College zu heiraten, war das Wunschziel der Frauen aus ihrem Milieu. Als Joan ein Teenager war, spürte sie, daß dieses Bild ihrer eigenen körperlichen und emotionalen Entwicklung nicht entsprach. Daher verursachten der Druck der Gleichaltrigen und das gesellschaftsübliche System des »Dating*« ihr Gefühle der Minderwertigkeit. Einerseits wünschte sie die Billigung durch ihre Kultur, doch andererseits haßte sie dieses Vorbild, weil sie wußte, daß es einen Verrat an den wahren Bedürfnissen und Möglichkeiten der Frau bedeutete. Die Männer, die sie anzogen, waren stets jünger und knabenhaft, und sie befand sich ihnen gegenüber in der Rolle der Mutter. Diese Beziehungen scheiterten, da sie ihr die reife Beziehung, die sie wünschte, nicht geben konnten, und die Männer fühlten sich oft bedroht und auf sexueller Ebene passiv. In Joans Träumen tauchte oft der Vater als moralische Richterinstanz auf und tadelte sie, weil sie erotische Beziehungen einging. Ihre Verbindungen mit Männern, die ihre Zuwendung nicht mit sexueller Reife erwidern konnten, erlaubten ihr also, dem Besitzanspruch ihres Vaters auszuweichen.

Auf beruflicher Ebene war sie scheinbar erfolgreich. Doch auch in diesem Bereich machte sie sich unbewußt die männliche Anschauung zueigen, als sie statt eines kreativen Projekts, das auf ihrem instinktiven Verständnis der weiblichen Entwicklung beruhte, nur Verwaltungsaufgaben übernahm. Diese führte sie zwar recht gut aus, aber sie schöpften ihre poetischen Gaben nicht genügend aus und hielten sie davon ab, ihre Kreativität zu entdecken. Sie stand in der männlichen Geschäftswelt ihren »Mann«, und ihre Tüchtigkeit verschaffte ihr finanzielle Unabhängigkeit. Aber sie hatte es auch satt, so stark zu sein, und sie sehnte sich nach jemandem, der sie umsorgte. Auf der bewußten Ebene lebte sie eine pflichtbewußte Version der geharnischten Amazone aus, aber insgeheim sehnte sie sich danach, Helena zu sein, das von Männern begehrte, ewige Mädchen. Wie viele Frauen hatte auch sie eine Wut auf diejenigen Frauen, die in dieser Rolle Erfolg hatten.

Joan fühlte sich in diesen beiden gegensätzlichen Bildern des

* Der Zwang, möglichst oft auszugehen und möglichst früh einen Mann an sich zu binden. Das Ritual des *pinning,* wobei der junge Mann dem Mädchen eine Anstecknadel *(pin)* mit dem Emblem seiner Studentenverbindung überreicht, ist eine Vorstufe der offiziellen Verlobung. (Anm. d. Übers.)

Weiblichen ausweglos verstrickt. Die Rolle der pflichtbewußten Dienerin und Mutter war für sie emotional erfüllend, und andererseits war Joan zu selbständig und kreativ, um lediglich ein Abbild der unbewußten Wünsche des Mannes zu werden. Als eine moderne Iphigenie hatte sie das Gefühl, auf dem Altar der Mißbilligung des kulturellen Vaters, der den unabhängigen weiblichen Geist nicht gelten ließ, geopfert zu werden. Doch im Gegensatz zur Iphigenie im Trauerspiel des Euripides akzeptierte Joan die vom kulturellen Vater projizierte Form von Weiblichkeit letzten Endes nicht. Auf der konkreten Ebene gründete sie eine Frauengruppe, die die in vielen Kulturen und Mythen existierenden Bilder weiblicher Gottheiten untersuchte. In ihren Träumen näherte sich ihr eine geheimnisvolle, mächtige Frauengestalt, die sie zu einem Ritt auf einem Elefanten aufforderte, dem königlichen Tier, das die indischen Fürsten trug. Dieser Traum wurde zu einem lebendigen Bild der ekstatischen Erfahrung des Weiblichen, in dem sie eine Quelle innerer Kraft fand – einer Kraft, die der Rechtfertigung durch einen äußeren Mann oder eine patriarchalische Institution nicht bedurfte. Das folgende Gedicht von Mirabai, einer indischen Dichterin, bringt für sie die ekstatische Erfahrung zum Ausdruck, die ihre eigene weibliche Zentriertheit und ihren weiblichen Geist spürt und von neuem auszudrücken versucht, was es bedeutet, eine Frau zu sein. Wie Robert Bly, der Dichter und Übersetzer von Mirabai, sagte: »In ihrem Vertrauen schwindet das Selbstmitleid«.[14] Das Gedicht heißt, »Warum Mira nicht in ihr altes Haus zurückkehren kann«:

> Die Farben des Dunklen haben den Leib Miras durchdrungen;
> andere Farben verblichen.
> Liebeskosen mit Krishna und karge Nahrung – das sind meine
> Perlen und Karneole.
> Die Gebetskette und der Strich auf der Stirn – das sind meine
> Geschmeide.
> Der weiblichen Listen sind dies genug. Das lehrte mich mein
> Lehrer.
> Billigt oder mißbilligt mich; ich preise die Kraft des Berges
> bei Tag und bei Nacht.
> Ich gehe den Pfad, den Verzückte seit Jahrhunderten gehen.

Ich stehle kein Geld, ich schlage niemand – wessen wollt ihr
mich zeihen?
Ich habe die wiegenden Schultern des Elefanten gespürt . . .
und ihr wollt, daß ich einen Esel besteige? Das kann euer
Ernst nicht sein![15]

3 Das ewige Mädchen

> Ich hasse
> die erbärmliche Weide, meine Seele,
> die geduldig erträgt, sich flechten und beugen läßt
> von anderen Händen.
>
> Karin Boye

Dornröschens Vater war ein König, der seine Tochter innig liebte, jedoch vergaß, die älteste und mächtigste der Feen zur feierlichen Taufe seiner Tochter einzuladen. Sein Vergessen dieser weiblichen Kraft führte dazu, daß seine Tochter in einen hundertjährigen Schlaf versank, der sie der Welt der Tätigen entrückte. Aschenputtels Vater ließ sich von einer sehr mächtigen zweiten Ehefrau beherrschen, und daher wurde seine Tochter von ihrer eifersüchtigen Stiefmutter dazu verurteilt, in Lumpen zu gehen und in ihrem Haus als Magd zu dienen. Der eine der beiden Männer war scheinbar mächtig, ein König. Der andere war passiv und ohne Tatkraft. Beide Töchter litten, und beide wurden in eine passive und minderwertige Stellung verwiesen. Dies ist die passive Rolle, eine der Möglichkeiten, wie Frauen das Muster des »ewigen Mädchens« ausleben. Sowohl Dornröschen als auch Aschenputtel wurden am Ende von Prinzen gerettet, so wie viele Frauen, die ein Leben der Passivität geführt haben, Sicherheit und Geborgenheit in der Ehe gesucht haben. Doch letzten Endes haben die meisten dieser Frauen das Gefühl, daß sie sich selbst verraten haben.

Unsere Kultur hat an diesem Verrat mitgewirkt. Frauen wurden wegen ihrer Fügsamkeit, ihrer Anpassungsfähigkeit, ihrer Sanftmut, ihrer jugendlichen Süße, ihrer gehorsamen Kooperation mit ihren Ehemännern, die »Form sind für ihre Materie«, gepriesen. Frauen, die ihr Leben in diesem archetypischen Daseinsmuster ausleben, bleiben einfach in der Entwicklungsstufe des Mädchens stecken. Wie Peter Pan ziehen sie es aus vielfachen Gründen vor, nicht erwachsen zu werden; sie bleiben das ewige Mädchen. Die Vorteile dieser Wahl leuchten ein: es kann bequem und reizvoll sein, als süßes, junges Ding bewundert zu werden, sich in wichtigen Entscheidungen auf einen Stärkeren zu verlassen, sich in romantischen Phantasien über den Prinzen zu ergehen, der die Dornenhecke Dornröschens durchbricht, um sie zu erlösen, mit der Möglichkeit zu flirten, das chamäleonartige Abbild dessen zu werden, was das Entzücken vieler Männerherzen ist, oder sich sogar dem Leben zu entziehen und in einer Welt der Wunschvorstellungen zu leben. Aber es gibt auch eine Fülle von Nachteilen eines solchen weiblichen Lebensstils. Im Austausch für diese Vorzüge gibt das ewige Mädchen oft ihre Selbständigkeit auf und nimmt ein passives, abhängiges Leben in Kauf. Statt sich persönlich und beruflich zu entwikkeln, statt an ihrer eigenen Identität zu arbeiten, statt durch die schwierige Aufgabe der Selbstverwandlung herauszufinden, wer sie wirklich ist, bezieht das ewige Mädchen ihre Identität meist aus den Projektionen anderer. Um nur einige zu nennen: die Femme fatale, die brave Tochter, die charmante Ehefrau und Gastgeberin, die schöne Prinzessin, die Muse, ja, sogar die tragische Heldin. Anstatt die Kraft und Stärke ihres Potentials und die damit verbundene Verantwortung auf sich zu nehmen, verharrt das ewige Mädchen in der Schwäche. Wie eine Puppe erlaubt sie den anderen, aus ihrem Leben zu machen, was sie wollen.

Um die Seinsweise des ewigen Mädchen besser zu begreifen, wollen wir zuerst einige verschiedene Manifestationen dieses Existenztypus betrachten und nach dieser Schilderung Wege der Wandlung untersuchen. Die folgenden Beispiele sind in keiner Weise als »Typen« oder »Kategorien« zu sehen, in die individuelle Frauen genau hineinpassen, sondern eine bestimmte Frau kann mehrere dieser Lebensstile zu verschiedenen Zeiten und in unterschiedlichen Situationen ausleben. Sie kamen mir spontan als Beispiele verschiedener Verhaltensweisen in den Sinn, wie eine solche Frau sie bei sich selbst erkennen und wie sie mit dieser Einsicht eine Perspektive zu ihrer Lebensweise gewinnen könnte.

1. Das Püppchen

Ein häufig vorkommender *puella*-Lebensstil ist der des »Püppchens«. Eine solche Frau wird das Abbild dessen, was ihr Liebhaber von ihr erwartet, indem sie sich seinen Phantasien des Weiblichen anpaßt. Äußerlich mag sie sicher und erfolgreich erscheinen und wie eine mächtige Prinzessin von vielen Frauen beneidet werden. Aber innerlich ist ihre Identität zerbrechlich, denn weil sie ständig für andere posiert, weiß sie nicht, wer sie wirklich ist. Wie in dem Film *Darling* gleicht sie dem Fotomodell, dessen Identität von dem Auge hinter der Kamera bestimmt und objektiviert wird. Sie ist in Wirklichkeit eine Puppe, eine Marionette.

Viele Frauen haben den größten Teil ihrer Ehe so zugebracht als charmante Gefährtinnen und Gastgeberinnen für ihre Ehemänner, bis sie in ihren mittleren Jahren plötzlich in einer Scheidung stehen, mit nur geringer oder gar keiner Kraft und Entwicklung. Henrik Ibsens Schauspiel *Ein Puppenhaus* zeigt dieses Muster sehr deutlich. Die Hauptperson Nora ist die reizende Ehefrau, die sich für ihren Mann Torvald kostümiert und alles tut, was er will. Sie ist seine Puppe, sein Spielzeug, sein »scheuer kleiner Liebling«, sein »kleines Eichhörnchen«, seine »kleine Lerche«, sein »lockeres Vögelchen«, sein »Singvögelchen«, sein »Leckermäulchen« usw. – lauter Kosenamen, die er ihr gibt. Vom Standpunkt ihres Ehemannes muß Nora beschützt werden, weil sie unfähig ist, praktisch zu handeln, mit Geld umzugehen, Entscheidungen zu treffen und Verantwortung zu tragen. Obwohl er ihren Vater wegen derselben kindlichen Eigenschaften kritisiert, findet er sie an Nora wünschenswert und reizend. So sagt er ihr zum Beispiel:

> ... stütz dich nur auf mich, ich werde dir raten, ich werde dich führen und leiten. Ich müßte kein Mann sein, wenn nicht gerade diese weibli-

che Hilflosigkeit dich in meinen Augen doppelt anziehend macht ... [Ich werde] dein Wille und auch dein Gewissen ein.[1]

Ihr Mann weiß aber nicht, daß Nora in Wirklichkeit für ihn gesorgt hat, indem sie Geld borgte, als er krank war, um eine für seine Genesung nötige Reise zu bezahlen. Da Nora wußte, daß ihr Mann mit seiner »männlichen Unabhängigkeit« zu stolz wäre und sich zu gedemütigt fühlen würde, dies von ihr anzunehmen, hielt sie es geheim. Über die Jahre gelang es ihr, die Schuld im stillen beinahe abzutragen. Doch um das Darlehen zu bekommen, mußte sie die Unterschrift ihres Vaters fälschen, der damals zu krank war, um selbst zu unterschreiben. Die Krise und Konfrontation kommt für Nora, als der Gläubiger ihr mit der Enthüllung ihrer Fälschung droht. Zuerst versucht sie mit allen Mitteln, das Geheimnis vor ihrem Mann zu wahren, und setzt dafür den ganzen Charme des »kleinen Eichhörnchens« ein. Doch allmählich erkennt sie, daß sie damit in Wirklichkeit verbirgt, wer sie wirklich ist, denn sie verbirgt nicht nur ihre Verfehlung, sondern auch ihre Stärke und Tüchtigkeit. Als diese Einsicht deutlicher wird, beschließt sie, den Dingen ihren Lauf zu lassen. Als ihr Mann die Wahrheit erfährt und sein öffentlicher Ruf auf dem Spiel steht, wird er wütend und sieht sich in seiner Meinung bestätigt, daß sie verantwortungslos sei. In seinem Zorn sagt er zu ihr:

Du Unglückselige, – was hast du angerichtet! ... All die leichtsinnigen Grundsätze deines Vaters hast du geerbt! Keine Religion, keine Moral, kein Pflichtgefühl –.[2]

Bei diesen Worten wird Nora sich bewußt, daß sie die Rolle für ihren Mann nicht mehr weiterspielen kann, daß sie für sich selbst eintreten und ihn konfrontieren muß. Als der Geldgeber seine Drohung zurückzieht und ihr Mann ihr verzeiht, da für ihn nun nichts mehr auf dem Spiel steht, hat sie die Gelegenheit, zu ihrer Puppenrolle zurückzukehren. Aber sie erkennt, daß seine Sinnesänderung nur von Äußerlichkeiten bedingt ist und daß er sie immer noch als Kind betrachtet. Und da tritt sie ihm entgegen und sagt, dies sei das erste Mal in ihrer achtjährigen Ehe, daß sie ein ernsthaftes Gespräch miteinander führten. Sie hält ihm vor:

Es ist viel Unrecht an mir verübt worden, Torvald. Erst von Papa und dann von dir. . . . Als ich noch zu Haus bei Papa war, hat er mir seine Meinungen über alles erzählt, und so hatte ich dieselben Meinungen; und wenn ich andre hatte, dann hab' ich das verheimlicht, denn das hätt' er nicht gemocht. Er nannte mich sein Puppenkind, und er spielte mit mir, wie ich mit meinen Puppen gespielt hab'. Dann kam ich zu dir ins Haus – . . . Ich mein', dann bin ich aus Papas Händen in deine übergegangen. Du hast alles nach deinem Geschmack eingerichtet, und so bekam ich denselben Geschmack wie du, oder ich tat nur so, ich weiß nicht genau.[3]

Für Nora bedeutet dies die Erkenntnis, daß sie gar nicht weiß, wer sie ist, denn sie war immer von einem Mann abhängig. Sie begreift, daß sie alleine stehen muß, um sich selbst zu verstehen, und daß sie lernen muß, ihre eigenen Werte und Ansichten zu gewinnen, statt diejenigen anderer oder des Kollektivs zu übernehmen. Im Schauspiel entschließt sie sich am Ende, Mann und Kinder zu verlassen und auf eigenen Füßen zu stehen.
Diese Lösung erscheint zwar radikal (Ibsen schrieb das Stück immerhin im Jahre 1879), aber noch heute empfinden Frauen es häufig als eine Notwendigkeit, ihre Familien zu verlassen und sich allein auf den Weg zu machen. Ich halte es für außerordentlich wichtig, den Sinn hinter einer solchen Handlungsweise zu erkennen, d. h. die Erkenntnis, daß es nicht ausreicht, als Funktion der Wünsche und Projektionen eines Ehemannes zu existieren, daß die Frau selbst herausfinden muß, wer sie wirklich ist. Man muß sich vorstellen, welchen Zorn eine solche Frau erlebt, wenn ihr mit einem Schock klar wird, daß ihr Leben ihr nicht wirklich gehört, daß sie wie eine Marionette von oben dirigiert wurde. Eine der wichtigsten Aufgaben in dieser Situation besteht darin, dem Zorn nicht die Zügel schießen zu lassen, nicht einfach voll Bitterkeit und Rachsucht ein Ressentiment auszuagieren. Es mag zwar stimmen, daß der eigene Vater, Ehemann und die Männer im allgemeinen mit ihren Projektionen zu einer solch inadäquaten Anschauung des Weiblichen beigetragen haben, aber wenn solchen Projektionen nur mit Vorwürfen begegnet wird, setzen die Projektionen von Passivität und Abhängigkeit sich lediglich fort. Außerdem gibt es vielleicht einen Schatten-

Aspekt zu behandeln, denn hinter der fügsamen Ehefrau steht sehr oft eine mächtige Frau, die ihren Mann unterschwellig manipuliert wie Nora. Die Aufgabe besteht also darin, daß die Frau beginnt, sich ihre eigenen Werte und ihre eigene Lebensanschauung zu bilden, ihre Macht bewußt anzunehmen und sie schöpferisch und offen einzusetzen.
Eine Frau, die den ersten Teil ihres Lebens als »Püppchen« gelebt hatte, hatte einen Traum, in dem ihr aufgereihte Puppen erschienen. In diesem Fall waren die Puppen alle männlich und genau gleich angezogen, und sie durfte sich jede Puppe wählen, die sie haben wollte. Der Traum half ihr zu erkennen, daß ebenso, wie sie eine Puppe für Männer war und keine eigene Identität besaß, sondern sich den Phantasien der Männer über sie anpaßte, so waren die Männer auch »Puppen« für sie. Diese unpersönliche Beziehung war typisch für ihre erste Ehe und wiederholte ein Muster, das sie mit ihrem Vater, einem mächtigen Industriellen, erlebt hatte. In der zweiten Hälfte ihres Lebens beschloß sie, ihre eigenen Fähigkeiten zu entwickeln, und begegnete einem Mann, der ihre Entwicklung ebenso wie ihren Charme und ihre Schönheit zu würdigen verstand.

2. Das Mädchen aus Glas

Eine andere Variante der *puella*-Existenz ist das scheue und zerbrechliche Mädchen, das im Abseits des Lebens steht und oft in einer Welt der Phantasie lebt. Tennessee Williams' Drama *Die Glasmenagerie* ist ein eindringliches Beispiel für diesen Typ. Laura, die Hauptgestalt, ist die typische Tochter eines *puer*. Ihr Vater, eine charmante und romantische Figur, verließ die Familie vor Jahren und ließ nie wieder etwas von sich hören. Der Erzähler des Stückes, Lauras Bruder, beschreibt ihn, auf das überlebensgroße Bild des galant lächelnden Vaters hinweisend, das an der Wand des Wohnzimmers, links vom Torbogen, hängt, und deutet den ungeheuren, unbewußten Einfluß an, den dieser Vater ausübt:

Das ist unser Vater, der uns vor langer Zeit verlassen hat. Er war ein Telephonist, der sich von den Fernverbindungen in die Ferne locken ließ. So gab er denn seinen Posten bei der Telephongesellschaft auf und verflüchtigte sich. – Das Letzte, was wir von ihm hörten, war eine Ansichtskarte aus Mazatlan, einer Stadt an der mexikanischen Küste. Die Karte enthält eine Botschaft in vier Worten: »Grüß Gott – lebt wohl.« – Keine Adresse . . .[4]

Lauras Mutter, die auf Märtyrerweise unentwegt arbeitet, trägt ihre Unzufriedenheit über das Fehlen des puerilen Vaters und Ehemanns zur Schau, indem sie in einer Traumwelt lebt und ihre eigenen Wünsche auf ihre Tochter projiziert. Sie möchte, daß ihre Tochter die »gefeierte Schönheit« wird, die sie selbst vor ihrer Ehe gewesen war. Doch Laura ist ganz anders als ihre Mutter, obwohl auch sie in ihrer privaten Phantasiewelt lebt. Sie lebt mit den alten Schallplatten, die ihr Vater zurückgelassen hat, und einer Menagerie winziger Glastiere, deren Leben sie ständig erfindet. Ihr Lieblingstier ist ein Einhorn, das wunderbare, imaginäre Pferd mit einem Horn, das seit urdenklichen Zeiten den Jungfrauen zugeordnet ist. Die Glasmenagerie und die alten Schallplatten ihres Vaters sind die Welt, in der sie lebt, und nicht die extravertierte, praktische, gesellige Welt ihrer Mutter.
Die zerbrechlichen Glastiere sind ein Abbild von Lauras eigener Zerbrechlichkeit und Entrücktheit vom Leben, und die Musik und die alten Schallplatten sind eine nostalgische Erinnerung an ihren Vater, der zwar nicht körperlich, aber emotional anwesend ist. Laura ist außerdem ein Krüppel; ein Bein ist etwas kürzer als das andere, und sie trägt eine Schiene. Diese Behinderung steht als Symbol für die psychische Verkrüppelung innerhalb ihrer familiären Situation. Die Verkrüppelung tritt psychisch in Lauras extremer Schüchternheit und ihrem Mangel an Selbstvertrauen zutage, die so schlimm sind, daß sie weder die Schule noch einen kaufmännischen Kurs absolvieren kann, in den ihre Mutter sie geschickt hat.
Lauras Situation unterscheidet sich nicht so sehr, auch wenn die Einzelheiten variieren, von derjenigen vieler Frauen, die ihr Leben in einer Phantasiewelt, vielleicht mit einem »Schattenge-

liebten« oder einem mystischen Traum, verbringen. – Sie sind unfähig, in die Welt hinauszugehen und sich zu Menschen in Beziehung zu setzen, da sie in dem gläsernen Berg ihrer eigenen Phantasie eingeschlossen sind. Aber Laura hat Glück. Wie der Prinz Dornröschens betritt ein Mensch, der außerhalb ihrer Familiensituation steht, ihre Welt, wenn auch nur für einen Abend. Auf das Drängen ihrer Mutter lädt ihr Bruder einen Freund, Jim, zum Essen ein, einen jungen Mann, für den Laura während ihrer Schulzeit geschwärmt hatte. Er ist warmherzig und leutselig und vermittelt ihr den Kontakt zum Leben, den ihr Vater ihr versagte und den ihr Bruder ihr nicht geben kann, weil er sich selbst befreien muß. Als Jim zu Besuch kommt, überkommt Laura aus Schüchternheit eine Schwäche, so daß sie mit den anderen nicht essen kann. Aber später am Abend unterhält Jim sich mit ihr und findet Zugang zu ihrer Welt. Ihre Schüchternheit beginnt in seiner Wärme zu schwinden, und sie zeigt ihm ihre Glasmenagerie, insbesondere das Einhorn. Er spürt, daß ihre Schüchternheit auf mangelndem Selbstvertrauen beruht, und sagt ihr, daß sie nicht genug an sich selbst glaubt, daß sie zur Kenntnis nehmen solle, daß sie etwas Besonderes ist, und daß sie ihr verkrüppeltes Bein viel zu wichtig genommen hat. Er führt sie ein kleines Stück in seine Welt hinein und fordert sie zum Tanzen auf. Zuerst sagt sie, sie könne nicht tanzen, aber weil er sie ermutigt, schafft sie es, es zu versuchen. Während sie tanzen, wird versehentlich das Einhorn vom Tisch gestoßen, und sein Horn bricht ab, wodurch es ein fast gewöhnliches Pferd wird. Da sie ihr Einhorn so sehr liebt, hätte Laura sich noch weiter von Jim und der Welt, die er repräsentiert, zurückziehen können. Aber irgendwo in ihrem Herzen weiß sie, daß das Einhorn ausgestorben ist und nicht zu ihr paßt. Sie akzeptiert den Vorfall und sagt sogar, daß das Einhorn sich jetzt weniger als Außenseiter fühlen wird, und schenkt es Jim zum Abschied. Obwohl sich herausstellt, daß Jim verlobt ist, bringt diese Erfahrung des Verständnisses von einem warmherzigen, mitfühlenden Mann, der zur äußeren Welt in Beziehung steht, Laura einen Schritt weiter. Denn jetzt hat sie getanzt und ihr Einhorn einem anderen Menschen geschenkt und sich damit in die Sphäre des Lebens und Handelns hineingewagt. Die Verwandlung wird im Fall von Laura durch das Männliche initiiert, das bis zu diesem Punkt fehlte. Aber es bedarf auch der Initiative Lauras, darauf zu reagieren und den Glaubenssprung in das Wagnis und das Vertrauen zu vollziehen.

Im Gegensatz zu dem vorhergehenden Muster, bei dem der Vater zu viel auf die Tochter projizierte und die Aufgabe darin bestand, sich von den Projektionen des Vaters und Ehemannes loszusagen, setzt dieses Muster sich mit dem abwesenden Vater auseinander. Für Laura gab es keine Beziehung zum Männlichen, keinen aktiven und bewußten Einfluß vom Vater her und keinen Bezug zur Welt. Ihre Mutter möchte ihr zwar auf ihre Weise diesen Bezug verschaffen, aber auch sie lebt in einer Welt der Phantasie und versteht ihre Tochter im Grunde nicht. Ohne männliche Projektion oder Beziehung kreiert Laura ihre eigene Welt, ein Phantasieleben, mit dem sie ihr Abgeschnittensein von der äußeren Welt kompensiert. Viele Frauen leben dieses Muster, aber gewöhnlich hören wir nichts von ihnen, weil sie sich verstecken. Aber wenn ihre Phantasiewelt durch eine Konfrontation mit der Wirklichkeit zusammenbricht, kommen solche Frauen häufig in die Therapie.

Eine Art und Weise, sich vor der praktischen, extravertierten Welt zu verstecken, ist der Rückzug in die Welt der Bücher, insbesondere der Poesie und Phantasie. Eine meiner Klientinnen tat dies und besaß als Kind wirklich eine Menagerie von Glastieren. Sie wuchs in sehr ärmlichen Verhältnissen auf, ihr Vater war abwesend, und jeden Cent, den sie ergattern konnte, verwendete sie für ihre Sammlung von Glastieren und für Bücher. Als Kind war ihr Lieblingsbuch *Heidi,* die Geschichte des Waisenkindes, das in den Alpen bei ihrem verbitterten einsiedlerischen Großvater lebte. Aber Heidi war ein Kind, das auf Menschen zuging, dessen Wärme und Spontaneität ihrem Großvater sowie einem bettlägerigen kranken Mädchen Leben und Liebe brachte. Heidi war ein Teil der Persönlichkeit dieser Frau, eine Seite, die in ihrer Kindheit unterdrückt worden war, aber schließlich wieder auftauchte, als sie mehr Selbstvertrauen gewann. Zum Schluß wagte sie, selbst zu schreiben und auf diese Weise vor die Öffentlichkeit zu treten. Dann mußte sie auf Vorlesungstournee gehen und hatte oft die Angstvorstellungen des »Mädchens aus Glas«, daß sie vor dem Publikum in Ohnmacht fallen würde. Das war jedesmal für sie ein Trauma, aber sie nahm das Risiko auf sich und konnte dadurch eine Beziehung herstellen zwischen ihrer inneren und der äußeren Welt und ihre besondere Sicht der Welt anderen mitteilen.

3. Der Höhenflug: Donna Juana

Die Frau, die hoch hinaus will, stellt ein anderes *puella*-Muster dar. Diese *puella* lebt nach ihrem inneren Drang, ist frei wie der Wind und überschwenglich. Sie scheint spontan und frei zu sein, ein wildes, aufregendes Leben zu führen und sich nur nach der Laune des Augenblicks und dem momentanen Geschehen zu richten. Sie schwebt immer in der Höhe und lebt im Bereich des Möglichen. Dieser Lebensstil neigt zum Ätherischen, die betreffende Person erscheint und verschwindet auf magische Weise wie eine Wolke, die sich für einen Augenblick bildet und wieder auflöst. Zeitlos und »weiträumig«, besitzt diese *puella* meistens ein schlechtes Verhältnis zu Grenzen, zur praktischen Ordnung, zum Bereich des Körperlichen und zur Zeit. Ihr Leben ist weitgehend ohne Führung und offen für das Synchrone. Solche Frauen sind oft intuitiv veranlagt, haben künstlerische oder mystische Neigungen und leben leicht in Vorstellungen und nahe dem Reich des Unbewußten und der Archetypen. Diesen Zug teilen sie mit dem schüchternen, zerbrechlichen Typ der *puella,* aber im Unterschied zu diesem sind sie nicht ängstlich und zurückgezogen, noch verstecken sie sich vor der Welt. Vielmehr schwingen sie sich zu abenteuerlichen Höhenflügen auf und suchen in dünner Luft oft den Kitzel der Gefahr.
Anaïs Nin, selbst die Tochter eines *puer,* gibt eine schöne Schilderung dieser Lebensweise in ihrem Roman *Ein Spion im*

Haus der Liebe. Wie der Titel andeutet, lebt die Hauptgestalt Sabina das Leben eines Spions. Unverbindlich und unwahrhaftig in ihren Beziehungen, muß sie wie ein Spion leben, um jederzeit fliehen zu können, und muß ständig auf der Hut sein, sich nicht zu verraten und ihre verschiedenen Täuschungen auf diese Weise bloßzustellen. Wie ein Kaleidoskop wechselt sie ihre Persönlichkeit und ihre Geschichten mit der Geschwindigkeit einer Besessenen. Sabina ist mit einem soliden Mann verheiratet, der die Funktion eines gütigen Vaters erfüllt und den sie als den einzigen festen Punkt in ihrem Leben braucht. Doch ihre Gefühle ihm gegenüber sind mehr wie »eine adoleszente Flucht von zu Hause in irgendwelche verbotenen Spiele«. Sabina kann die Ansprüche des gewöhnlichen, täglichen Lebens nicht ertragen und rebelliert gegen sie. Die Begrenzungen und Ruhepunkte des Lebens sind für Sabina wie ein Gefängnis. Grenzen, Identifizierungen, Häuser, alle festen Verpflichtungen – all dies will sie nach ihrem Empfinden auf etwas festlegen ohne Hoffnung auf Veränderung. Sie sagt über sich selbst: *»Ich will das Unmögliche, ich will die ganze Zeit fliegen, ich zerstöre das alltägliche Leben, ich gehe in alle Gefahren der Liebe . . .«*[5]

Der Mond, nicht die Sonne, ist Sabinas besondere Lichtquelle und ihr spezifischer Planet. Die nächtliche Welt und das Unbewußte sind ihre Domäne. Mit sechzehn Jahren nahm sie Mondbäder, weil alle anderen Sonnenbäder nahmen und weil sie gehört hatte, daß sie gefährlich seien. Wie der Mond eine Hälfte im Dunkel verbirgt, so lebt sie viele geheimnisvolle Leben und Liebesabenteuer und entrinnt der Uhrzeit durch ihre traumhafte Ausdehnung ins Unendliche. Angeregt von den Mondstrahlen, stellt Sabina sich vor, sie kenne die Wesen, die auf dem Mond wohnen, »heimatlos, kinderlos, freie Liebe, die nicht an den anderen gebunden ist«. Zu diesem Ideal fühlt sie sich hingezogen.

Um dieses freie, abenteuerliche Leben zu führen, betrügt Sabina ihren Mann, indem sie ihm erzählt, daß sie Schauspielerin sei und dahin und dorthin auf Tournee gehen müsse. In vieler Hinsicht ist sie eine Schauspielerin, die sich jeden Tag ein neues Gesicht und

eine neue Kostümierung zurechtlegt, um einen neuen Liebhaber zu treffen. Doch im Gegensatz zur berufsmäßigen Schauspielerin hören ihre Rollen niemals auf, denn die Männer, für die sie ihre Rollen gespielt hat, haben sie für echt genommen und könnten böse sein und sich betrogen fühlen, wenn sie die Wahrheit wüßten. Für Sabina gibt es keine Ruhepause von der Bühne und keine eigentliche Sabina, zu der sie zurückkehren könnte.
Sabina erkennt, daß es ihr Vater war, »der in ihr ging und ihre Schritte leitete«, in der weiblichen Form seiner Don-Juan-Existenz. Wie Sabina war ihr Vater auf die Loyalität ihrer Mutter und auf ihre Verankerung im häuslichen Leben als seine Basis angewiesen, von der aus er in eine Fülle von Liebesabenteuern ging. Sie stellt an sich die Frage:

War es wirklich sie selber, Sabina, die sich nun in ihre eigenen Lust-Riten stürzte, oder war es der Vater in ihr? War es sein Blut, das sie in die Verliebtheit lockte, ihre Finten diktierte? War er es, der unerbittlich mit ihr verwoben war durch die Fäden der Vererbung, die sie nicht voneinander lösen konnte und von denen sie nie wußte, welcher der ihre und welcher der ihres Vaters war, dessen Rolle sie angenommen hatte durch die Alchimie nachahmender Liebe? Wo war Sabina?[6]

Diese Frage, »Wo ist Sabina?«, drängt sich immer mehr in ihr Bewußtsein. Schuldgefühl, Scham und Angst beginnen sie einzuholen, und sie erkennt, daß ihre Liebesängste sich nicht so sehr von den Ängsten eines Süchtigen oder eines Spielers unterscheiden; d. h. es ist derselbe Zwang und unwiderstehliche Drang und danach dieselbe Depression, dasselbe darauffolgende Schuldgefühl und dann wiederum der Zwang. Sabinas Sucht ist die Liebe, aber im Endeffekt ist es dasselbe. Sie fühlt ihre Zersplitterung, die Verzweiflung, die Schwäche in ihrer Wesensmitte. Sie blickt in den gewölbten Himmel hinauf und erkennt, daß er ihr nicht den Schutz einer Kathedrale bietet, sondern nur eine »grenzenlose Weite, an der sie sich nicht festhalten konnte«. Sabina weint und bittet darum, daß jemand sie in den Arm nimmt, damit sie nicht weiterhin von einer Liebe zu anderen rasen, nicht weiterhin zersplittert und zerrissen sein muß.
In ihrer Verzweiflung ruft sie einmal mitten in der Nacht anonym

einen Fremden an, weil sie Hilfe braucht. Der Mann, der ihr antwortet, ist ein Lügendetektiv, ein Symbol für Sabinas innere Möglichkeit, ihre Selbsttäuschung aufzudecken und eine höhere Stufe des Bewußtseins und der Verantwortlichkeit zu erreichen. Der Lügendetektiv konfrontiert sie mit der Frage, was sie denn gestehen wolle, und sagt ihr, daß sie selbst wahrscheinlich ihr strengster Richter sei. Sabina bittet den Lügendetektiv, sie von den Schuldgefühlen zu befreien, unter denen sie leidet, einem Gefühl der Schuld und Gefangenschaft, die paradoxerweise der grenzenlosen Freiheit entspringt, die sie gesucht hat. Aber er sagt ihr, daß sie sich nur selbst befreien könne, und daß dies erst mit der Liebe kommen werde. Sie entgegnet zu ihrer Rechtfertigung, daß sie doch viel geliebt habe, und führt ihre vielen Liebhaber an, aber er macht ihr klar, daß sie nur in ihre Projektionen verliebt war, d. h. in die Kreuzritter, die für sie in den Kampf zogen, die stattlichen Prinzen und Don Juans, und die Richter setzten die Rolle ihrer Eltern fort. Statt eine Beziehung zu ihnen als Individuen einzugehen und sie zu sehen, wie sie in Wirklichkeit waren, kleidete sie die Männer in das Gewand der Mythen, die sie ausleben wollte.

Für Sabina kann die Wandlung nur mit den Tränen kommen, die ihre Selbsttäuschung und ihren Betrug eingestehen. Bis jetzt hat sie versucht, ihrer Schuld auszuweichen und ihren Mangel an echter Bindungsfähigkeit und Anerkennung von Grenzen zu rechtfertigen. Sie muß lernen zu begreifen, daß es eine Kontinuität gibt in der Spannung zwischen Bewegung und Dauerhaftigkeit. Diese Einsicht kommt ihr schließlich, als sie ein Quartett von Beethoven hört und, von der Musik überwältigt, in Tränen ausbricht.

Die Schwierigkeit für diesen *puella*-Typ liegt darin, daß sie versucht, ganz im Bereich des Möglichen zu leben und die Grenzen und Realitäten der anderen und ihrer selbst ignoriert. Was sie aber braucht, ist, Grenzen zu akzeptieren und sich auf eine wirkliche Bindung einzulassen. Das Paradox des Endlichen und Möglichen anzunehmen, ist ihr Weg zur Lösung. Das Beethoven-Quartett bringt dieses Paradox in der Komposition zum Ausdruck, nämlich die darin enthaltene Transzendenz. Künstlerisches Schaffen in irgendeiner Form ist ein Weg dazu. So transformierte z. B. Anaïs Nin ihre *puella*-Existenz durch Schreiben, indem sie ihre Intuitionen gestaltete und dadurch Möglichkeit und Wirklichkeit vereinte.

Kürzlich rief mich eine junge, lebhafte Frau an und bat um einen Termin. Als ich sie fragte, warum sie eine Therapie beginnen wollte, sagte sie, daß sie in einen jungen Mann verliebt sei, der sie ebenfalls liebe. Er habe ihr aber gesagt, daß sie zuerst »zu sich kommen« und ein Gefühl für ihre Werte entwickeln müsse, bevor er sie als wirkliche Partnerin betrachten könne. Sie wollte sich selbst nun definieren, anstatt sich in Beziehungen zu verstreuen, wie es ihre Tendenz war. Ihr Muster war, von einem Mann zum anderen zu flattern, und sie empfand ihren Wert aufgrund der Anzahl der Männer, mit denen sie schlief, sowie ihrer unterschiedlichen Nationalität. Mit neunzehn Jahren hatte sie bereits mit etwa dreißig Männern aus ebenso vielen Ländern geschlafen. Sie war sehr spontan und ging oft mit einem Fremden mit, den sie eben erst auf der Straße getroffen hatte. Als ich sie aufforderte, ihre Träume aufzuschreiben und mir zu bringen, vergaß sie es meistens, oder sie schrieb sie auf alte Rechnungen, Toilettenpapier, auf alles, was gerade zur Hand war. Zu ihrer Entwicklung ist zu sagen, daß ihre Mutter von ihr »Jungfräulichkeit« erwartete und daß ihr Vater emotional nicht vorhanden war. Zuerst wurde sie der Liebling ihrer Mutter, ein »braves Mädchen«, dann rebellierte sie und lebte die Seite ihrer Mutter aus, die diese nicht anerkannte. Einmal träumte sie, daß sie ein Pudel sei, das Lieblingshündchen ihrer Mutter, und als ihre Mutter ihr einen vergifteten Hundekuchen gab, schluckte sie ihn zuerst und erbrach ihn dann. Das hatte sie psychisch getan. Sie wollte der Liebling ihrer Mutter sein, spie den »Jungfrauen-Kuchen« aber aus. Das Resultat war, daß sie ins Gegenteil umkippte und wahllos mit jedem schlief. Ihr Vater war nicht oft genug anwesend, um ihr den Wert ihrer Weiblichkeit zu vermitteln. Die Aufgabe dieser Frau war es nun einzusehen, daß sie durch ihren lockeren Lebenswandel gegen ihre Mutter rebellierte, aber daß dies sie auch daran hinderte, eine echte Beziehung zu dem Mann aufzubauen, den sie liebte.

4. Die Außenseiterin

Ein weiterer Modus der *puella* ist die Frau, die wegen der Schande ihres Vaters von der Gesellschaft abgelehnt wird und/ oder gegen diese rebelliert. Diese Frau kann sich mit ihrem Vater identifizieren und ihm auf eine positive Weise zugetan bleiben, so daß sie die Gesellschaft ablehnt, wenn diese ihn ablehnt. Oder sie kann ursprünglich ihren Vater abgelehnt haben, aber dann taucht aus dem Unbewußten die Schattenseite auf, und sie lebt dieses Muster trotzdem aus. In einer solchen Familiensituation übernimmt die Mutter oft eine selbstgerechte Rolle und wird zur Kritikerin des »schlechten Vaters«. Wenn sich bei der Tochter eine dem Vater ähnliche Verhaltensweise zeigt, züchtigt die Mutter sie oft und droht ihr, daß sie genauso enden würde wie ihr Vater. Wenn die Tochter den »guten Rat« ihrer Mutter (in diesem Fall höchstwahrscheinlich nach dem Muster der Amazone) nicht befolgt, rebelliert sie möglicherweise und wiederholt das Muster des Vaters, indem sie seine selbstzerstörerische Seite ausagiert. Dostojewski hat dieses Muster bei vielen seiner weiblichen Charaktere geschildert, die einen in irgendeiner Hinsicht süchtigen Vater hatten. Mir scheint, daß diese *puellae* oft einen Dostojewskischen »Untergrund-Menschen« in ihrem Inneren haben, der sich zynisch weigert, die Möglichkeit von Hilfe anzunehmen, der sich weigert, sich selbst und die Gesellschaft, die ihn zurückgewiesen hat, zu verändern. Diese Frauen verzetteln ihr Leben oft in träger Passivität und schlagen dabei vielleicht den Weg der Alkohol- und Drogensucht ein, der Prostitution, der selbstmörderischen Phantasien, oder sie werden einer Liebesbeziehung hörig. Manche heiraten auch einen Mann wie ihren Vater und verkümmern in Depressionen und im Masochismus eines Lebens und eines Liebesverhältnisses, die unerfüllt bleiben. Irgendwie wurden diese Frauen wie Persephone in Plutos dunkle

Unterwelt hinabgezogen, und dort verharren sie mit wenig oder gar keiner Ich-Stärke oder mit einem entwickelten Animus, der ihnen heraushelfen könnte.
Arthur Miller hat diesen Typ der *puella* in seinem Schauspiel *Nach dem Sündenfall* beschrieben, indem er die Gestalt der Maggie teilweise nach dem Modell seiner Ex-Ehefrau Marilyn Monroe schuf. Zunächst erscheint Maggie der männlichen Hauptfigur Quentin als eine sehr attraktive Figur, da sie unschuldig und sexuell aufgeschlossen ist, sich nicht defensiv gibt und ihn bewundert. Als Quentin sie kennenlernt, ist Maggie den Annäherungen von Männern gegenüber sehr verwundbar und scheint kein inneres Unterscheidungsvermögen zu besitzen, ob ein Mann sie verletzen oder gefährden könnte. Sie sieht Quentin außerdem als eine gottähnliche Figur und bezieht ihr eigenes Selbstwertgefühl aus dem Wert, den er ihr verleiht. Auch Maggie hatte keinen positiven Vater-Einfluß, da ihr Vater sich absetzte, als sie noch ein Säugling war, und seine Vaterschaft sogar ableugnete. So wuchs sie als uneheliches Kind auf. Ihre Mutter empfand diese Situation als Schande und verhielt sich gegenüber Maggie moralisch sehr streng und abweisend. Als Quentin kommt, projiziert Maggie auf ihn die Macht, sie zu retten, eine Projektion, die er unwiderstehlich findet. Doch Hand in Hand mit dieser Macht geht die Verantwortung für ihr Leben, und auch diese überträgt sie Quentin. Insgeheim glaubt Maggie, daß sie nichts wert ist, und nennt sich sogar »Miß Nichts«, wenn sie in Hotels absteigt. Sie sagt:

> Aber ich könnte ... mich im Hotel als Miß Nichts eintragen. ... Ich kann mir nämlich nie einen falschen Namen merken. Und so brauche ich nur an mich zu denken, und schon fällt mir »nichts« ein.[7]

Bei einem so niedrigen Maß an Selbstwert und Selbstachtung muß Maggie, um dies zu kompensieren, angebetet werden. Quentin (der sich mit der Macht, sie zu retten, die Maggie auf ihn projiziert, identifiziert hat) gelingt es anfangs, Maggie davon zu überzeugen, daß er sie anbetet. Aber mit der Zeit wird Maggie eifersüchtig, ganz gleichgültig, wie Quentin sich verhält. Da sie in ihrem Selbstwertgefühl nicht standhaft ist, fällt sie bei jedem Verdacht, daß Quentin ihr nicht völlig ergeben ist, in Verzweiflung und Depression. Um dem zu entkommen, nimmt sie ihre Zuflucht zum Alkohol, eine Sucht, die ihre Abhängigkeit und ihr Bedürfnis nach ständigem und vollkommenem Angenommenwerden symbolisiert. Sie bestätigt auch ihre Ängste, daß sie wirklich »Miß Nichts« ist, das letzte vom letzten, ein Opfer der Gesellschaft. Damit setzt sie ihren Zynismus und ihre Aggressionen frei, die sich hinter ihrer Unschuld verbergen, und läßt sie auf Quentin los. Gleichzeitig droht sie mit Selbstmord und gibt zu verstehen, daß Quentin der einzige Mensch sei, der ihr Leben retten könnte. Aber Quentin erkennt schließlich, daß es nicht in seiner Macht steht, sie zu retten, daß nur sie sich selbst retten kann, und so entgegnet er ihr:

Siehst du es jetzt, Maggie? Du willst, daß ich es bin, der es für dich tun soll. ... Und jetzt gehe ich fort, damit du nicht mehr mein Opfer sein kannst. Jetzt gibt es nur noch dich, und deine Hand. ... Du nimmst diese Pillen, damit sie dich blind machen. Wenn du nur einmal sagen könntest: »Ich bin grausam gewesen«, dann würde diese Schreckenskammer sich weit öffnen. Wenn du nur sagen könntest: »Ja, man hat mir übel mitgespielt, aber ich bin genauso schlecht zu anderen gewesen, ich habe meinen Mann vor allen Leuten einen ›Idioten‹ genannt, ich bin, obwohl von Natur freigebig, entsetzlich egoistisch gewesen, ich bin von vielen Männern getreten worden, aber ich habe mit meinen Verfolgern gemeinsame Sache gemacht«...[8]

Aber zu diesem Zeitpunkt hat Maggie sich so sehr mit der Rolle des Opfers identifiziert, daß sie nicht auf ihn hören kann und schließlich Selbstmord begeht. Sie verabsolutiert ihre Unschuld und Opferrolle und verweigert die Einsicht, daß sie nicht nur Opfer, sondern auch Verfolgerin, sowohl von sich selbst als auch von Quentin, ist. Sie weigert sich zuzugeben, daß auch sie schuldig ist, und so vermag sie weder zu verzeihen noch zu leben. Diesem *puella*-Muster liegt das Paradox zugrunde, daß trotz der echten Demütigung, Schande und Ablehnung in ihrer vergangenen Geschichte, die zu ihrer Identifizierung mit der Rolle des Opfers und der wertlosen Frau führt, der Weg der Erlösung darin besteht, diese Identifizierung zu bekämpfen, anstatt die Schande zwanghaft auszuleben und das Muster der Ablehnung zu wiederholen. Dazu müßte sie anerkennen, daß sie unschuldig und schuldig zugleich ist und daß die Macht, zu zerstören und zu retten, in ihrem Inneren liegt. Die Aufgabe wäre, die zynische Haltung, die Verzweiflung und Ablehnung in eine Haltung der Hoffnung zu verwandeln und sich selbst und das Leben bewußt zu bejahen.

Ein Beispiel für diese verwandelnde innere Haltung liefert Fellinis Film *Die Nächte der Cabiria*. Cabiria ist ein Straßenmädchen, eine Prostituierte, der seit ihrer Kindheit von Männern übel mitgespielt worden ist. Bei einer Veranstaltung gibt sie unter Hypnose unabsichtlich ihre Vergangenheit mit Männern preis sowie die Tatsache, daß sie Ersparnisse besitzt. Nach der Veranstaltung kommt ein Mann zu ihr und erklärt, daß er sich in sie verliebt habe. Nach anfänglichem Mißtrauen glaubt Cabiria ihm endlich, und sie beschließen zu heiraten. Zum ersten Mal in ihrem Leben sieht es so aus, als hätte sie einen Mann gefunden, dem sie vertrauen kann. Nach der Hochzeit begibt das Paar sich an einen schönen Aussichtspunkt für Flitterwöchner auf einer Klippe hoch über dem Ozean. Als Cabiria in ihrem Glück selig auf das Meer hinausblickt, versucht ihr Mann, sie von der Klippe zu stoßen, reißt ihr Geld an sich, ihre ganze Habe, und macht sich aus dem Staub. Cabiria ist zwar in der Lage, ihr Leben zu retten, jedoch nicht ihren Besitz. Nach diesem traumatischen Ereignis kehrt Cabiria zu Fuß in die Stadt zurück. Eine seltsame, bunte Gesellschaft, lauter Außenseiter, zieht singend und musizierend an ihr vorbei. Cabiria, noch benommen von dieser letzten, schrecklichsten Mißhandlung, sieht ihnen zuerst nur zu. Als Zurückgestoßene und Gedemütigte hätte sie sehr leicht jede Verbindung zu Menschen ablehnen und eine Außenseiterin bleiben können. Doch plötzlich lächelt sie und singt mit und akzeptiert damit das Leben mit all seinen Schrecknissen und Tragödien. Ihr Lächeln und ihr Singen sind eine tapfere Bejahung des Lebens trotz ungeheuerlicher Schicksalsschläge, ein Lachen, das die Niederlage überwindet. Humor und das Hinnehmen der

Widersprüche des Lebens sind hier der wesentliche Schlüssel, zusammen mit der Spannkraft und dem Glauben des Kindes, das trotz allem bereit ist, weiterzumachen.
Das Thema der »Außenseiterin« taucht gegenwärtig für viele Frauen in unserer Gesellschaft auf, die einen lesbischen oder bisexuellen Lebensstil gewählt haben. Bei vielen meiner Klientinnen ist dieses Thema mit ungeheuren Schuldgefühlen besetzt. Oft tritt das Schuldgefühl dann auf, wenn die Frau einen »schlechten« Vater hatte. Wenn sie die lesbische Lebensweise wählt, ist sie eine »Außenseiterin« wie ihr Vater. Wenn die Mutter sie deshalb tadelt, fühlt die Tochter sich schlecht wie der Vater. Es findet eine unbewußte Identifizierung mit ihm statt, und dann ist sie nicht mehr frei, ihre sexuelle Präferenz zu bestimmen, ob sie nun heterosexuell, bisexuell oder lesbisch ist. Eine Frau hatte einen Traum, in dem eine großväterliche Gestalt ihr sagte, daß ihre Therapeutin sie als »soziale Außenseiterin« diagnostiziert habe. Eine ihrer Aufgaben bestand darin, sich selbst anzunehmen und die Rolle des braven Mädchens aufzugeben, die sie als Kind, vor allem als der Liebling ihrer Mutter, gespielt hatte. Dazu gehörte das Vertrauen, daß sie sein konnte, wer immer sie sein mußte, ohne moralische Bewertung seitens ihrer Therapeutin. Sie mußte die Identifikation mit dem negativen Selbstverständnis, das vom Verhalten ihres Vaters und von dem moralischen Urteil ihrer Mutter kam, aufheben.

5. Die Verzweiflung der puella

Die oben geschilderten Muster sollen keine »Typen«, sondern vielmehr phänomenologische Darstellungen von vier grundverschiedenen Modalitäten der *puella*-Existenz sein. Sie schließen sich auch nicht gegenseitig aus. Die meisten Frauen werden wohl zu irgendeinem Zeitpunkt jedes dieser Muster wiedererkennen, aber es kann sein, daß eines von ihnen vorherrscht. Außerdem haben manche gewisse gemeinsame Züge. So gehört zum Beispiel der Aspekt des Rebellierens oft zur Frau der »Höhenflüge«, wie es bei Sabina der Fall war. Und das extrem starke Bedürfnis nach der Bewunderung von Männern betrifft nicht nur das Püppchen, sondern kann auch ein Merkmal der Höhenfliegerin und der Außenseiterin sein. Die Phantasiewelt tritt sowohl bei der schüchternen, zerbrechlichen *puella* als auch bei der Höhenfliegerin auf, obwohl die letztere ihre Phantasie in der Welt auslebt, während das gläserne Mädchen sich aus der Welt in die Phantasie flüchtet.

All diese *puella*-Muster haben das Festhalten an einer verabsolutierten Unschuld oder verabsolutierten Schuld gemein, die zwei Seiten einer Medaille, die Abhängigkeit von einem anderen schafft, der bejahen oder verurteilen muß. Insofern drückt die *puella* sich vor der Verantwortung für ihr eigenes Leben, als sie es vermeidet, Entscheidungen und Unterscheidungen zu treffen, und diese einem anderen überläßt. Sie hat außerdem ein schlechtes Verhältnis zu Grenzen, indem sie sich entweder weigert, Grenzen zu akzeptieren (wie die Frau der Höhenflüge und die Außenseiterin) oder indem sie diese »grenzenlos« akzeptiert (wie die schüchterne Einsiedlerin und das Püppchen). Beide Tendenzen verabsolutieren die Möglichkeit und ignorieren die Notwendigkeit insofern, als sie ein verzerrtes Verhältnis zu Grenzen und zur Begrenzung haben. Die *puella* lebt ihr Leben im Bereich des Möglichen aus und geht einer Bindung in der Wirklichkeit aus dem Wege. Kierkegaard hat diese Daseinsweise in der *Krankheit zum Tode* als einen Aspekt der Verzweiflung beschrieben:

Überrennt nun die Möglichkeit die Notwendigkeit, so daß das Selbst in der Möglichkeit von sich wegläuft, so daß es kein Notwendiges hat, wohin es zurück soll, dann ist dies die Verzweiflung der Möglichkeit. Dieses Selbst wird eine abstrakte Möglichkeit, es strampelt sich müde in der Möglichkeit, aber es kommt nicht von der Stelle und auch nicht an eine Stelle, denn das Notwendige ist gerade die Stelle; man selbst werden ist ja eine Bewegung auf der Stelle. Zu werden ist eine Bewegung von der Stelle, aber man selbst werden auf der Stelle.

Die Möglichkeit scheint so dem Selbst größer und größer, mehr und mehr wird möglich, weil nichts wirklich wird. Zum Schluß ist es, als wäre alles möglich; aber eben dies ist der Fall, wenn der Abgrund das Selbst geschluckt hat.[9]

Wie Kierkegaard feststellt, kann das Leben im Möglichen in eine von zwei Hauptrichtungen führen, entweder zum sehnsuchtsvollen Wünschen oder zum melancholischen Phantasieren. Mir scheint, daß das Püppchen und die Höhenfliegerin zum ersteren tendieren, das gläserne Mädchen und die Außenseiterin dagegen zum letzteren. Aber in allen Fällen ist das Ergebnis die Unfähigkeit zu handeln. Denn echtes Handeln erfordert die Synthese und Integration des Möglichen sowie des Notwendigen, und laut Kierkegaard ist diese Synthese ein Aspekt, auf den Selbstheit sich gründet.

Das zentrale Thema für die *puella* ist, sich als die zu behaupten, die sie wirklich ist, denn sie neigt dazu, ihre Identität (oder mangelnde Identität) von anderen zu beziehen. Sie hat zugelassen, daß sie zum »Objekt« wurde, daß sie eine Identität auslebte, die nicht die ihre war, und so hemmte sie den Fluß des Geheimnisses, das sie ist. Es liegt eine Ironie darin, daß ihre vage und leere Chamäleon-Identität, ihr ständiges Leben im Möglichen, ein verfehlter Versuch sein kann, mit dem Geheimnis in ihrer Seele Verbindung aufzunehmen, also »geheimnisvoll zu sein«. Aber das echte Geheimnis läßt sich auf diese Weise nicht einfangen und fixieren. Wer sich zu seinem Geheimnis wirklich in Beziehung setzen will, muß objektiv unterscheiden, worin die eigenen Möglichkeiten und Grenzen liegen und diese Synthese in die Wirklichkeit umsetzen. Die *puella* muß ihr Potential der Stärke akzeptieren und entwickeln, um diese Verwirklichung zu erreichen und sich ihrem eigenen einmaligen und geheimnisvollen Wesen zu verpflichten.

Das *puella*-Problem liegt in dem begründet, was Kierkegaard die »Verzweiflung der Schwachheit: verzweifelt nicht man selbst sein wollen« nennt. In dieser Form von Verzweiflung erkennt man zwar, daß man keine Beziehung zum Selbst hat, ist aber zu schwach, das Selbst zu wählen. Die Verzweiflung betrifft daher die eigene Schwäche, die Unfähigkeit, eine sinnvollere Art des Lebens zu wählen. Die *puella* hat ihr Ego genau darauf ausgerichtet, auf Schwäche, um passiv zu sein und die Rolle zu spielen, die andere von ihr erwarten. Sogar die aufgeblähte *puella,* die »Höhenfliegerin«, bleibt schwach, da sie ihre Möglichkeiten nicht aktualisiert, sondern nur mit ihnen spielt. Auf diese Weise wird sie nie zu einer mächtigen Gestalt in der Welt. Ein ständiges Leben im Möglichen, wie es die Tendenz der *puella* ist, fördert Schwäche, weil sie nie etwas zuwege bringt. Wie Kierkegaard so treffend sagt, wird sie vom Abgrund des Möglichen verschluckt. Wenn die *puella* sich dieses Musters einmal bewußt wird, erkennt sie ihre Verstrickung und die Behinderung ihrer Entwicklung. Denn auch sie hat der Welt etwas zu geben, auch wenn sie den Weg dazu noch nicht gefunden hat. Und dies ist äußerst frustrierend – zu wissen, daß man etwas zu geben hat, und es doch nicht kann. Das ist die »Verzweiflung der Schwachheit«. Diese Spannung kann zum Selbstmord, zum Rückzug, zur Anpassung oder zur Rebellion führen – aber auch zur Verwandlung.

Zur Verwandlung

Der erste Schritt auf dem Weg zur Wandlung dieses Musters besteht darin, sich dessen bewußt zu werden, daß man in einem schiefen Verhältnis zum Selbst steht, zu wissen und zu spüren, daß mehr in einem drinsteckt, eine höhere Macht über den Drang des Ich hinaus, eine Macht, zu der man keinen Bezug hat und die sich häufig in Träumen offenbart. Dieses Bewußtsein bringt Leiden mit sich und den notwendigen zweiten Schritt, dieses Leiden zu akzeptieren. Und dann kommt ein letzter Schritt, ein äußerst erstaunlicher nach all dem, nämlich die Erkenntnis, daß wir trotz unserer Schwäche auch Stärke in uns haben und schließlich den Zugang zu dieser höheren Macht. In Kierkegaards Analyse bringt das höhere Bewußtsein der Verzweiflung der Schwachheit die Einsicht, daß das Verharren in der Schwäche in Wahrheit eine Form des Trotzes ist, d. h. ein Sichgehenlassen, das sich weigert, die Stärke zu akzeptieren, die als Möglichkeit im Selbst bereits vorhanden ist.

Der letzte Schritt besteht nach meiner Ansicht darin, die Stärke des Selbst zu *akzeptieren*. Zu diesem Annehmen gehören Bewußtsein und Wahl, wobei letztere nicht mit dem Willen des Ich zu verwechseln ist. Es ist vielmehr die tief in unserem Sein verankerte Wahl, die Macht des Selbst zu akzeptieren. Für Kierkegaard ist dies letztlich ein Akt des Glaubens, der die ganze Stärke des Empfangens erfordert.

Psychologisch gesehen, ermöglicht der erste Schritt der Bewußtmachung das Erkennen des Musters. Das bewußte Benennen ist der erste Schritt der Befreiung von der negativen Struktur. Das Märchen vom »Rumpelstilzchen« zeigt dies sehr deutlich. In diesem Märchen kommt ein pueriler Vater vor, ein armer Müller, der dem König aus Wichtigtuerei erzählt, daß er eine schöne Tochter habe, die Stroh zu Gold spinnen könne. Der König verlangt, daß das Mädchen auf die Probe gestellt wird, aber die Tochter weiß nicht, wie sie die Aufgabe erfüllen soll, die aus der Einbildung ihres Vaters kam. Und als sie deshalb weint, kommt ein Männchen herein, das ihr sagt, es wolle die Aufgabe erfüllen, wenn sie ihm etwas dafür gebe. Zuerst verspricht sie ihm ihre Kette, und er spinnt das Stroh zu Gold. Dann verlangt der König noch mehr Gold, und sie verspricht dem Männchen ihren Ring, und wieder erfüllt er die Aufgabe. Der König verlangt zum dritten Mal, daß sie Stroh zu Gold spinne, und wenn sie die Aufgabe noch einmal erfülle, dann wolle er sie zur Frau nehmen. Wiederum kommt das kleine Männchen und will die Arbeit für sie verrichten, wenn sie ihm dafür ihr erstes Kind verspricht. Da das Mädchen denkt, daß dies nie geschehen würde, gibt sie ihm in ihrer Hilflosigkeit das Versprechen, und das Männchen erfüllt die Aufgabe. Und so wird das Mädchen eine Königin, und innerhalb eines Jahres hat sie ein schönes Kind geboren. Sie hat ihr Versprechen vergessen, das kleine Männchen jedoch nicht, und so fordert er jetzt das versprochene Kind, wenn es ihr nicht gelingt, seinen Namen herauszufinden.

Bis zu diesem Punkt haben wir die typische *puella*-Struktur: ein *puer* als Vater, der aus eigener Schwäche und mangelnder Aktualisierung seine Tochter in den Bereich des Möglichen versetzt, dem sie nicht gewachsen ist; ihre Hilflosigkeit in der

Situation; und dann ein unrealistisches Versprechen gegenüber einer begrenzenden inneren Gestalt oder einem Muster, das im Augenblick zwar aushilft, am Ende jedoch den größten Wert fordern und wegnehmen kann. Im Märchen entdeckt das Mädchen den Namen des Männchens durch einen Boten, den sie über Land geschickt hat, um sich weit und breit zu erkundigen, was für Namen es sonst noch gäbe. Und als sie dem Männchen sagt, daß sein Name Rumpelstilzchen ist, wird es so wütend, daß es einen Fuß tief in die Erde stampft und nicht mehr herauskann und sich selbst entzweireißt. Indem sie das Männchen benennt, kann sie ihr Kind behalten, das ein Symbol ihres wahren Potentials ist und den alten, einengenden Komplex, den das Rumpelstilzchen symbolisiert, entmachten. In gleicher Weise kann man das Muster, das aus der Reaktion auf eine vom Vater vernachlässigte Entwicklung kommt, aufheben, indem man es benennt, und frei für eine echtere Lebensweise werden. Eine Benennung des Musters gibt der *puella* die nötige Perspektive und Distanz und die Einsicht, warum es zum Stillstand in ihrer Entwicklung kam. Das Benennen erfordert außerdem eine aktive Suche, den der ausgeschickte Bote symbolisiert. Das Benennen ist also ein aktiver Vorgang.

Zum Verständnis der Verzweiflung der Schwachheit gehört als nächste Aufgabe, daß man das Leiden im bisherigen Leben der *puella* bewußt akzeptiert, nämlich in dem Sinn, daß dieses Leiden einen Sinn hat. Die *puella*-Problematik zeichnet aus, daß die Frau ihre Schwäche und Abhängigkeit spürt und sich als Opfer betrachtet. Aber wenn sie sich mit der Opferrolle identifiziert, gibt sie die Verantwortung für ihr Leben ab und handelt als das unschuldige Mädchen. Ein echtes Verstehen der Schwäche und ein Annehmen des Leidens bedeutet daher, daß sie sich mit dem Schatten auseinandersetzt, jenem von ihr verleugneten Teil ihrer selbst. Hand in Hand mit der süßen, mädchenhaften Unschuld geht oft eine häßliche Art der Manipulation. Das Püppchen und die Höhenfliegerin können Männer heimlich heruntermachen, weil diese durch weibliche Reize so leicht zu verführen und zu manipulieren sind (also durch »die Frau hinter dem Mann«). Die Außenseiterin manipuliert durch ihre selbstzerstörerischen Drohungen und die Machtprojektionen auf andere, mit denen sie diese umgarnt. Das gläserne Mädchen gibt anderen das Gefühl der Hilflosigkeit gegenüber ihrer Zerbrechlichkeit und Sensibilität, so daß sie sich linkisch und tölpelhaft vorkommen wie Elefanten im Porzellanladen. Der Schatten der *puella* ist an Macht gebunden – eine Macht, die sie nicht wahrhaft und verantwortungsvoll angenommen hat. Oft ergreift eine andere Gestalt in der Psyche von dieser Macht Besitz, ein perverser alter Mann, eine boshafte, zornige Gestalt wie das Rumpelstilzchen. Und auch dieser Figur muß die Frau sich stellen. Zum Annehmen des Leidens gehört auch das Ringen mit dieser Gestalt, das in meinen Augen auf einer tiefen spirituellen Ebene ein Ringen mit dem Teufel ist. Wenn die Psyche schwer verwundet ist, nehmen die negativen Kräfte dämonischen Charakter an und müssen als solche konfrontiert werden. Wenn man sich bewußt wird, daß das Nachgeben gegenüber der eigenen Schwäche in Wahrheit eine trotzige Weigerung ist, die eigene Stärke und die Gnade Gottes anzunehmen, erkennt man nach Kierkegaards Analyse, daß die Weigerung, Stärke anzunehmen, dämonisch ist, ein überhebliches Festhalten am Machtwillen des eigenen Ich. Zum Annehmen des Leidens gehört die Einsicht, daß man es mit dem Teufel zu tun hat.

Zum Schluß geht es darum, die Stärke anzunehmen, die ja vorhanden ist, und an ihr festzuhalten, anstatt aufzugeben und den üblichen *puella*-Mustern der Flucht, des Rückzugs, der Anpassung oder der Rebellion zu folgen. Genau das ist es, was der *puella* so schwerfällt. Doch wenn sie der negativen Muster bereits bewußt geworden ist, in denen sie sich verstrickt hat, und wenn sie das Leiden und das Ringen mit dem Teufel akzeptiert hat, dann ist sie auf dem Wege, die Macht und Stärke des Bewußtseins und der freien Wahl anzunehmen. Dies ist jedoch ein schrittweiser Prozeß, der Jahre dauern kann, so wie es in dem Märchen *Das Mädchen ohne Hände* sieben Jahre braucht, um dem Eingriff des Teufels (veranlaßt durch die Unzulänglichkeit des Vaters) entgegenzuwirken und sich mit einem König zu vereinigen. Dazu mußte sie geduldig im Walde warten, denn sie wußte, daß es dies war, was sie zu tun hatte. Das geduldige, verständnisvolle Warten ist also ein Schlüssel und der endgültige Vollzug in diesem Prozeß.

Die Frage bleibt offen: Wie beginnt der Prozeß der Verwandlung? Wie kommt die *puella* zur Offenbarung der Stärke, die in ihr liegt? Die Stärke ist da, aber sie muß ihr gegenüber offen sein. Diese Offenbarung kann ihr auf verschiedene Weise zuteil werden. Sie kann in Form einer Beziehung kommen wie bei Laura in der *Glasmenagerie* und bei Maggie in *Nach dem Sündenfall,* obwohl Maggie sich für die Verweigerung entscheidet. Sie kann in Form einer äußeren Krise kommen, wenn die Frau in ihrer Schwäche (oder Stärke) überführt wird wie Nora in *Ein Puppenheim* oder durch eine innere Krise wie bei Sabina in *Ein Spion im Haus der Liebe.* Sie kann auch durch ein synchrones Geschehen kommen wie in *Die Nächte der Cabiria,* als Cabiria der Gruppe von Sängern begegnet. Die Stärke kann sich außerdem über ein Traumbild offenbaren, das man festhalten und mit dem man sich in einer aktiven Imagination weiter auseinandersetzen kann. Sie kann sogar in einem starken Gefühlsausbruch kommen, einem Wutanfall, einem Kampf, in dem man wirklich die eigene Stärke spürt. Es gibt überall Gelegenheit dazu. Das Geheimnis ist, wach und offen für sie zu sein.

In dem Prozeß der Selbstverwandlung wird von der *puella* letztlich gefordert, daß sie ihre kindliche Abhängigkeit, ihre naive Unschuld und Machtlosigkeit losläßt und die Stärke akzeptiert, die ja schon da ist – die Wertschätzung ihrer selbst. Denn wenn sie ihre Macht und Stärke annimmt, dann wird ihre mädchenhafte Unschuld sich als jugendlicher, weiblicher Elan und Schwung erweisen, als die Spontaneität und Offenheit für neue Erfahrungen, die Kreativität und fruchtbare Beziehungen ermöglicht.

4 Die geharnischte Amazone

> Für harmlos zu gelten, macht manche Frauen ganz rasend;
> sie bemühen sich, häßlich zu sein, indem sie Männer nachäffen,
> und es gelingt ihnen. Fluchend, Zigarren lutschend, Bettdecken versengend,
> Schnaps verschüttend, Augen verschmiert, gebläht vor Eitelkeit
> in Erwartung des Ruhms: *sie schreibt wie ein Mann!*
>
> Carolyn Kizer

Der Sage nach entwertete die Kultur der Amazonen die Männer, indem sie diese von allen herrschenden Positionen ausschlossen. Oft machten die Amazonen Männer zu Sklaven und benützten sie als unpersönliches Mittel der Fortpflanzung. Auf diese Weise beseitigten sie den Vater als persönliche Gestalt, weil sie ihn anonym hielten. Die Töchter waren gewöhnlich hochgeschätzt, während die männlichen Kinder oft verstümmelt und für den häuslichen Dienst herangezogen wurden. So wurden die männlichen Figuren sowohl physisch als auch sozial entmachtet. In dieser Gesellschaft wurden Männer nicht gebraucht, da die Amazonen alle männlichen Funktionen übernahmen. Sie genossen einen hohen Ruf als Eroberinnen und Jägerinnen, als wilde Kriegerinnen und kühne, tapfere Reiterinnen und erzogen auch ihre Töchter nach diesem Muster. Der Sage nach entfernten sie sogar ihre rechte Brust, um mit Pfeil und Bogen besser umgehen zu können. Nach einigen Berichten waren die Amazonen die Töchter von Ares, dem Gott des Krieges und der Angriffslust, und daher kamen ihr kriegerisches Verhältnis zum Leben und ihr Gebaren als »Kriegerinnen«.

Die Gestalt der Amazone kann ein mythischer Ausdruck dafür sein, daß viele Frauen sich in ihrem Leben unbewußt mit dem Männlichen identifizieren. Wenn eine Frau einen nachlässigen oder unverantwortlichen Vater hatte, d. h. wenn er als Vater für seine Tochter emotional nicht vorhanden war, reagiert sie häufig, indem sie sich gegen ihn stellt. In solchen Fällen lehnt die Tochter den Vater (und Männer überhaupt) auf der bewußten Ebene höchstwahrscheinlich ab, da sie ihn als unzuverlässig erlebt hat. Wenn diese psychische Reaktion vorliegt, besteht die Tendenz, daß sie sich unbewußt mit dem männlichen Prinzip identifiziert. Im Gegensatz zu der Frau, die sich hauptsächlich mit dem hilflosen kleinen Mädchen identifiziert und nach dem *puella*-Muster lebt, identifiziert die Amazone sich mit männlicher Stärke und Macht.

Wenn in ähnlicher Weise die kulturellen Repräsentanten des Vaterprinzips nicht verantwortungsbewußt waren, was die Wertschätzung des Weiblichen angeht, scheint eine Reaktion gegen eine solche verantwortungslose Autorität unvermeidlich zu sein. In unserer zeitgenössischen Kultur tritt dieses Muster besonders häufig in Erscheinung.

June Singer hat in ihrem Buch *Nur Frau – nur Mann?* die moderne Amazone folgendermaßen beschrieben:

> Die Amazone ist eine Frau, die jene Eigenschaften angenommen hat, die gewöhnlich mit Männlichkeit assoziiert werden; aber statt ihre männlichen Eigenschaften zu integrieren, wodurch sie als *Frau* stark werden könnte, identifiziert sie sich mit den Machtaspekten des »Männlichen«. Gleichzeitig verzichtet sie auf ihre Fähigkeit zu einer liebevollen Beziehung, einer Eigenschaft, die bisher immer mit dem Weiblichen assoziiert wurde. . . . so daß die Amazone, die die Machtaspekte übernommen und gleichzeitig die Fähigkeit zu liebevollen Beziehungen abgelehnt hat, einseitig und als Folge davon Opfer jener Eigenschaften wird, die sie zu überwinden versucht.[1]

Oft ist eine Frau, die aus Reaktion auf einen verantwortungslosen Vater eine männliche Identität angenommen hat, aufgrund ihres Machtbedürfnisses, ihrer defensiven Abschirmung gegen alles, was sie nicht kontrollieren kann, vom Leben abgeschnitten. Ja, sie ist die Gefangene ihres »Amazonenpanzers«, eine mächtige Persona, die ihrem eigentlichen Wesen aber möglicherweise nicht entspricht, da sie aus einer Reaktion und nicht aus ihrer

weiblichen Mitte heraus entstand. Sehr oft ist sie von ihren Gefühlen, ihrer Rezeptivität und der Stärke ihrer weiblichen Instinkte abgeschnitten.
In unserer Zeit und Kultur können wir beobachten, wie eine weibliche Reaktion auf die »Väter«, eine Reaktion gegen die kollektive männliche Autorität um sich greift. Wir sehen eine amazonenhafte Selbstbehauptung von Frauen, die in der Geschichte vielleicht nicht ihresgleichen hat. Die kollektive männliche Autorität hat das Weibliche derart herabgesetzt, daß sie kaum als verantwortungsbewußter, im Bezug zum Weiblichen stehender Geist funktionieren kann. Im Gegenteil, dieser männliche Geist verhält sich in seiner unflexiblen Sicht des Weiblichen einseitig und irrational. Die kollektive männliche Autorität hat sich gegenüber dem Weiblichen wie ein nachlässiger Vater verhalten. Die gemeinsame Anstrengung von Frauen, diese kulturelle Situation zu ändern, darum zu kämpfen und den Sinn ihres Daseins als weibliche Wesen zu begreifen, hat sich als eines der wichtigsten Ereignisse für die Bewußtseinsbildung von Männern wie von Frauen erwiesen. Trotzdem ist bei Frauen die Tendenz vorhanden, sich mit dem Männlichen zu identifizieren und es nachzuahmen. Doch dadurch werden die Unterschiede zwischen Mann und Frau nur geleugnet. Wenn Frauen die Siege der Männer zu erringen trachten, indem sie sich ihnen angleichen, wird die Einzigartigkeit des Weiblichen dadurch auf subtile Weise herabgesetzt, weil die Annahme zugrunde liegt, daß das männliche Prinzip das mächtigere ist. Diese Reaktion auf seiten von Frauen ist freilich verständlich, weil das Weibliche in unserer Kultur entwertet wurde. Besteht die eigentliche Herausforderung aber nicht darin, daß wir die Einzigartigkeit des Weiblichen zu schätzen lernen?
Rilke hat diese Herausforderung bereits 1904 in seinen *Briefen an einen jungen Dichter* lebendig beschrieben:

Das Mädchen und die Frau, in ihrer neuen, eigenen Entfaltung, werden nur vorübergehend Nachahmer männlicher Unart und Art und Wiederholer männlicher Berufe sein. Nach der Unsicherheit solcher Übergänge wird sich zeigen, daß die Frauen durch die Fülle und den Wechsel jener (oft lächerlichen) Verkleidungen nur gegangen sind, um ihr eigenstes Wesen von den entstellenden Einflüssen des anderen Geschlechts zu reinigen. Die Frauen, in denen unmittelbarer, fruchtbarer und vertrauensvoller das Leben verweilt und wohnt, müssen ja im Grunde reifere Menschen geworden sein, menschlichere Menschen als der leichte, durch die Schwere keiner leiblichen Frucht unter die Oberfläche des Lebens herabgezogene Mann, der, dünkelhaft und hastig, unterschätzt, was er zu lieben meint. Dieses in Schmerzen und Erniedrigungen ausgetragene Menschentum der Frau wird dann, wenn sie die Konventionen der Nur-Weiblichkeit in den Verwandlungen ihres äußeren Standes abgestreift haben wird, zutage treten, und die Männer, die es heute noch nicht kommen fühlen, werden davon überrascht und geschlagen werden. Eines Tages ... wird das Mädchen da sein und die Frau, deren Name nicht mehr nur einen Gegensatz zum Männlichen bedeuten wird, sondern etwas für sich, etwas, wobei man keine Ergänzung und Grenze denkt, nur an Leben und Dasein –: der weibliche Mensch.[2]

Ich meine, daß die amazonenhafte Reaktion gegen den verantwortungslosen und unverbindlichen Vater, ob sie sich nun auf kultureller oder persönlicher Ebene manfestiert, eine wichtige Phase sowohl in der kulturellen wie in der persönlichen Entwicklung sein kann. Aber ich halte sie wie Rilke nur für einen Schritt innerhalb des weiblichen Entwicklungsprozesses. In diesem Kapitel möchte ich einige Formen der amazonenhaften Reaktion auf einen nachlässigen Vater untersuchen, also den »amazonenhaften Panzer«, der die Frau vor einem verantwortungslosen Vater schützt, sowie der Frage nachgehen, ob eine Wandlung über den reaktiven Aspekt hinaus zu einer echten, aktiven Weiblichkeit hin möglich ist. Ich möchte noch einmal betonen, daß es sich dabei nicht um »Typen« oder Kategorien handelt, in die jede Frau bequem hineinpaßt.[3] Ich beabsichtige vielmehr, eine phänomenologische Beschreibung einiger Verhaltensweisen zu geben, die im Leben einer Frau aufgrund ihrer Reaktion auf einen nachlässigen Vater vorkommen können.

1. Der Superstar

Eine der häufigsten Reaktionsweisen auf einen verantwortungslosen Vater ist die, daß die Tochter das tut, worin ihr Vater auf dem Gebiet von Arbeit und Leistung versagte. Das Identitätsgefühl und Verhältnis zur Arbeit, das der Vater ihr nicht vermittelte, wird von der Tochter nun selbst geschaffen. Doch die Tendenz, das Versagen des Vaters zu kompensieren, führt bei der Tochter oft zur Überarbeitung und übersteigerten Leistung, dem bereits bekannten Muster des »Workaholic«, des arbeitssüchtigen Menschen. Die Frau fühlt sich ausgepumpt, von ihren Gefühlen und instinkthaften Quellen abgeschnitten. Dies führt häufig zu Depression und Sinnverlust, da die Identifizierung mit der Arbeit letztlich nicht genügt.

Die Glasglocke von Sylvia Plath zeigt diese Existenzform in ihren schädlichen Aspekten: Esther Greenwood, die Hauptperson, die Sylvia Plath nach ihren eigenen Erfahrungen gestaltet hat, war immer eine Vorzugsschülerin, bewältigte die Physik, obwohl sie das Fach haßte, und zwang sich zum Erfolg ohne Rücksicht auf ihre Gefühle. Wir begegnen ihr zu einem Zeitpunkt, als sie durch einen Schriftstellerwettbewerb bei einer prominenten New Yorker Modezeitschrift für einen Monat eine vollbezahlte Position gewonnen hat. Esther und die anderen Preisträgerinnen wurden in einem besonderen Hotel untergebracht, das »Die Amazone« heißt – ein Hotel, in dem vorwiegend reiche junge Mädchen absteigen. Esther kommt dagegen aus einem armen Milieu, da ihr Vater starb, als sie neun Jahre alt war; und obwohl sie weiß, daß sie ihren Erfolg genießen und überglücklich sein sollte, ist sie in Wahrheit gelangweilt und deprimiert. Sie reflektiert:

Was doch in diesem Land alles passieren kann, hieß es sicher. Ein Mädchen lebt neunzehn Jahre lang in irgendeiner Stadt, weit ab vom Schuß, sie ist so arm, daß sie sich noch nicht mal eine Zeitschrift leisten kann, und dann bekommt sie ein Stipendium fürs College, gewinnt überall Preise und schließlich steuert sie New York, als ob es ihr eigenes Auto wäre. Nur daß ich gar nichts steuere, nicht mal mich selbst. Ich holperte von meinem Hotel zur Arbeit und zu Parties und von Parties zum Hotel und wieder zur Arbeit wie ein dumpfer elektrischer Omnibus. Ich hätte wahrscheinlich begeistert sein sollen, wie die meisten anderen Mädchen, aber ich konnte mich einfach nicht dazu bringen. Ich fühlte mich sehr still und sehr leer, so wie sich das Auge eines Orkans fühlen muß, das träge in der Mitte des Klamauks dahintreibt.[4]

Hinter allen Leistungen Esthers steht eine tiefverwurzelte Depression. Gleichgültig, wieviel sie tut und leistet, ihr Leben bekommt dadurch letztlich keinen Sinn. Um in dieser Situation zu überleben, entwickelt sie einen zynischen Humor, mit dem sie jeden Menschen, der ihr begegnet, witzig objektiviert und karikiert. So wie ihr zynischer Humor sie von ihren Gefühlen abschirmt, so ist auch ihre Beziehung zu Männern von einer zuschauerartigen Distanz geprägt. Ihre Beziehungen zu Männern sind nicht persönlich, sondern objektiviert – man spürt immer ein Kichern im Hinterhalt. So sammelt sie z. B. Männer mit interessanten Namen. Doch hinter dieser kalten Attitüde steht die Furcht, abgelehnt zu werden. Wie sie sagt: »Wenn man von jemandem nichts erwartet, ist man nie enttäuscht.«[5] Esthers Grunderfahrung mit Männern ist das Verlassenwerden – zuerst durch den Tod ihres Vaters und dann durch eine Reihe von unpersönlichen Beziehungen. Sie nimmt Männer primär als »Frauenhasser« wahr. Sie sagt:

Ich begriff, warum Frauenhasser aus Frauen solche Idioten machen. Frauenhasser waren wie Götter: unverletzlich und übermäßig stark. Sie kamen herunter und dann verschwanden sie. Man konnte sie niemals einfangen.[6]

Wie ihr Vater, der sie durch seinen Tod im Stich ließ, sind die Frauenhasser völlig unberechenbar und unzuverlässig.
Als Esther nach ihrem Monat in New York in die Kleinstadt zurückkehrt, wo sie zu Hause ist, sieht sie einem langen Sommer ohne Beschäftigung entgegen, da sie zum ersten Mal eine Niederlage einstecken muß. Ihre Bewerbung für einen Schriftstellerkurs wurde abgelehnt. Ihre Depression und Trägheit nehmen zu, da sie jetzt nichts zu tun hat. Zuerst versucht sie, das Loch in ihrem Leben durch Schlafen zuzudecken. Aber schließlich läßt sie auch

der Schlaf im Stich, und sie ist zu Schlaflosigkeit und selbstmörderischen Phantasien verurteilt. Ohne den Beistand eines Vaters und mit einer verbitterten Märtyrerin als Mutter wächst die Unpersönlichkeit ihres Lebens und ihrer Beziehungen, bis sie sich endlich in der dünnen Luft einer »Glasglocke« eingesperrt fühlt: »Für den Menschen in der Glasglocke, leer und eingeschlossen wie ein totes Baby, ist die Welt selbst der schlechte Traum.«[7]

Esther wird in eine Klinik eingewiesen und hat das Glück, in die Obhut einer warmherzigen und verständnisvollen Therapeutin zu kommen. In der therapeutischen Beziehung findet sie schließlich bei einer anderen Frau, was sie von Vater und Mutter nie empfing – Zärtlichkeit, verbunden mit Verständnis. Und durch diese Beziehung gewinnt Esther am Ende die Bereitschaft, die Stärke und den Mut, es wieder mit der Welt aufzunehmen, nicht mit absoluter Sicherheit, sondern mit »Fragezeichen«, wie sie sagt – Fragezeichen, die ihr zwar keine absolute Kontrolle und Allmacht geben, aber immerhin die Möglichkeit, zu leben und einen Sinn zu finden.

In diesem besonderen Muster gibt es also einen Vater, der seine Funktion als Vater aufgrund seines frühen Todes nicht erfüllte, und eine Mutter, die eine männliche, amazonenhafte Stellung von Arbeit und Märtyrertum bezogen hat. Daher kommt der einzige männliche Einfluß über ihre Mutter, die alle ihre Gefühle verleugnet. Ihre Mutter trauerte nicht einmal beim Tod von Esthers Vater. Auch Esther hat nicht geweint und nicht um ihn getrauert, obwohl sie sich schließlich auf die Suche nach dem Grab ihres Vaters macht und ihren Verlust in den kalten, salzigen Regen hinausheult. Danach begeht sie einen Selbstmordversuch – eine schreckliche Lösung, die sie jedoch in die Klinik bringt, wo sie dann Hilfe findet. Nie vorher ist Esther angenommen worden, so wie sie ist. Um zu überleben, entwickelte sie ihre männliche Seite und bezog ihre Identität aus der Leistung. Aber ihr weibliches Gefühl für sich selbst und andere wurde vernachlässigt, und so war sie von der Sinnhaftigkeit und ihrem Sein als Frau abgeschnitten.

Wenn der Vater abwesend ist und die Mutter die männliche Rolle übernimmt, entbehrt die Tochter nicht nur ein echtes männliches Vorbild, sondern es fehlt ihr auch das Vorbild des Weiblichen von der Mutter her. In dieser Lage befand sich Esther. Vielleicht kommt, wie in diesem Fall, die erste Hilfe meistens von einer Frau, die das männliche und weibliche Prinzip in sich integriert hat. Wenn die konkrete Erfahrung mit dem Vater fehlt, ist die Brücke über die Weisheit einer Frau wahrscheinlich am ehesten erreichbar.

Was hier wirklich integriert werden muß, ist das unterentwickelte weibliche Prinzip. Natürlich übersieht die Überkompensation im Bereich von Arbeit und Leistung auch den spirituellen Aspekt des Männlichen. Aber um mit diesem Verbindung aufzunehmen, muß die Frau zerst zu ihrem weiblichen Gefühl und Instinkt zurückkehren. Es ist nicht so, daß Arbeit und Leistung unwichtig wären, aber um eine echte Erfüllung zu sein, müssen sie aus der Wesensmitte, nicht aus einem abgetrennten Teil des Selbst kommen. Durch die Rückbindung an das Weibliche kann die Arbeit sich auf ihren rechtmäßigen Boden stellen. Die zeitgenössische Frauenbewegung ist durch einen Prozeß gegangen, der Esthers Reise gleicht. Da viele Männer es versäumt haben, die Fähigkeiten, den einmaligen Wert und das Potential der Frau zu respektieren, reagieren viele Frauen verständlicherweise, indem sie auftrumpfen und Männer ablehnen. Aber dahinter steht oft ein männliches Modell des persönlichen Ausdrucks, so daß sie häufig bloß wie eine Nachahmung des Mannes erscheinen. Das Entscheidende ist die Erkenntnis, daß die Rückbindung an das Weibliche einen Wert hat, daß man versteht, was es im wesentlichen bedeutet, eine Frau zu sein, und daß dies anerkannt wird. Damit geht man der Arbeit der Aktualisierung des weiblichen Potentials nicht aus dem Wege, sondern stellt eine Verbindung mit den weiblichen Wurzeln her, die das Potential erden, so daß es auf seine spezifische Weise in Erscheinung treten kann.

Superstars kommen häufig erschöpft von ihrer Arbeit und auf der Suche nach einer Beziehung in die Analyse. Oft haben sie das Gefühl, daß Männer vor ihnen Angst haben, weil sie es so weit

gebracht haben und so tüchtig sind. Oft kompensieren sie auch für einen schwachen Vater, der nicht in der Lage war, selbst etwas zu leisten. Meine Vermutung ist, daß diese Frauen oft zu Söhnen gemacht werden von Vätern, die dadurch stellvertretend ihr eigenes unverwirklichtes Potential leben wollen.
Eine Frau, die nach diesem Muster lebte, hatte während der Analyse einmal einen Traum, in dem sie von dem Dekan einer Universität, der sie betrogen hatte, einen sehr schweren Wintelmantel kaufte. Dieser Mantel war ihr Amazonenpanzer. In dem Traum sagte ihr eine Analytikerin, daß sie den Mantel abstreifen und versuchen sollte zu fliegen. Sie erkannte, daß so viele ihrer Leistungen Kompensationen für eine fehlende Beziehung waren, und sie fühlte sich betrogen, weil sie die ganze Zeit arbeiten mußte und nicht frei war zu spielen und einfach zu sein – was ihr als Kind verwehrt worden war. Eine andere beruflich erfolgreiche Frau, mit der ich arbeitete, hatte viele Träume, in denen sie voll Wut schwache, impotente Männer anbrüllte, die Kontrolle über sie ausübten, wie ihr Vater es in seiner Untüchtigkeit und mit seinen unbewußten Projektionen getan hatte. Auch sie hatte einen übersteigerten Leistungsdrang und kompensierte damit einen depressiven, untüchtigen Vater und eine Mutter, die unbewußt ehrgeizig war, aber selbst nichts leistete. Später hatte diese Frau viele Träume von spielerischen Männern und Kindern und konnte schließlich ihre leichtlebigere Seite freisetzen und diese anderen gegenüber zum Ausdruck bringen.

2. Die pflichtbewußte Tochter

Ein weiteres Beispiel der amazonenhaften Reaktion zeigt Ingmar Bergman in seinem Film *Von Angesicht zu Angesicht*. Jenny, die Hauptperson in dem Film, ist eine Psychiaterin, die diszipliniert, tüchtig, verantwortungsvoll und angepaßt ist. Sie ist mit einem begabten Kollegen verheiratet, hat eine Tochter, und ihr Leben scheint sich in bequemen und, wie zu erwarten, erfolgreichen Bahnen zu bewegen. Doch unvermutet erleidet sie einen Zusammenbruch und kommt nach einem Selbstmordversuch in ein Krankenhaus. Der Film beleuchtet Jennys Konfrontation mit einer Reihe von Halluzinationen und Träumen, die sie zurück in ihre Vergangenheit und in einen Bereich führen, den ihre rationale Angepaßtheit bisher verleugnet hatte.

Zu Beginn des Films wird Jenny von einer ihrer Patientinnen herausgefordert, die ihr vorwirft, daß sie unfähig sei, zu lieben und Verletzlichkeit zu zeigen, und daß sie ihre psychiatrische Persona dazu benütze, um Macht und Kontrolle auszuüben. Diese Auseinandersetzung bereitet den Boden für eine weitere Reihe von Konfrontationen aus Jennys Unbewußtem. Zu dieser Zeit verbringt Jenny zwei Monate bei ihren Großeltern, da ihr Mann und ihre Tochter weggefahren sind. Als sie an den Ort zurückkommt, wo sie aufwuchs, steigen Erinnerungen auf, und in ihrem überarbeiteten und erschöpften Zustand beginnen die Erinnerungen und Träume in ihr wohlorganisiertes Leben einzugreifen. Das wichtigste Bild, das immer wieder auftaucht, ist das einer furchterregenden alten Frau in einem schwarzen oder grauen Gewand mit nur einem Auge; die andere Augenhöhle ist starr und leer. Dieses Bild symbolisiert den Komplex des blinden und sturen, negativen Pflichtgefühls, der in Jennys Leben überhand genommen hat. Als Kind hatte Jenny eine zärtliche Beziehung zu ihrem Vater, der sehr freundlich, aber ein Alkoholiker war. Ihre Mutter und Großmutter tadelten ihren Vater und blickten auf ihn herab, und Jenny empfand die Umarmungen und Küsse ihres Vaters schließlich als peinlich. Dann kamen ihre Eltern bei einem Flugzeugabsturz plötzlich ums Leben. Jenny zog zu ihrer Großmutter, die mit eiserner Disziplin regierte – Tränen, Milde, Schwäche, Faulheit, Vergnügen gab es nicht. Nur Pflicht, Disziplin und Kontrolle galten. Jenny fügte sich, und ihr Ich paßte sich so an, daß sie zuerst die brave Tochter und später die gewissenhafte, verantwortungsvolle, verläßliche erwachsene Frau wurde. Sie beugte sich pflichtbewußt dieser Projektion seitens ihrer Großmutter, aber darunter lag das gehemmte, paralysierte Kind.

Die Halluzinationen nehmen ihren Lauf, und Jenny wird mit den

Menschen in ihrer Psyche konfrontiert, die sie sorgfältig beiseite geräumt hat. In der letzten Halluzination liegt sie in einem roten Kleid in ihrem Sarg, tot und trotzdem lebendig. Sie versucht, sich aus dem Sarg herauszukämpfen, und ihr rotes Kleid kommt zum Vorschein. Aber ein Geistlicher nimmt eine Schere ihrer Großmutter und schneidet das Kleid vorsichtig ab, so daß nichts mehr zu sehen ist, damit er den Deckel schließen kann und Jenny und ihr rotes Kleid verschwinden. Aus Protest zündet Jenny den Sarg an; einen Moment sieht man das rote Kleid und ihr Ringen im Sarg, und dann geht alles in Flammen auf.

Dies ist ein Bild all der Gefühle und Leidenschaften, die Jenny in sich verschlossen, also in einen Sarg gesteckt hat und die jetzt darum kämpfen, hervorzutreten und zu leben. Der Geistliche mit der Schere der Großmutter ist ein Symbol für die alten Kräfte des Pflichtbewußtseins, der Kontrolle und Schicklichkeit, die Jennys durch das rote Kleid symbolisierten Gefühle und Leidenschaften abschneiden wollen. Aber das Ergebnis ist eine riesige Flamme, ein leidenschaftliches Feuer, das sich nicht unterdrücken läßt.

Nach dieser Halluzination geht Jenny schließlich aus ihrem Zusammenbruch und Selbstmordversuch mit neuen Einsichten hervor. Sie erkennt, daß ihr Streben nach Kontrolle ihr Leben erstickt hat. Jetzt sieht sie ein, daß ihre Unfähigkeit loszulassen ihr die Freude an allem nahm, auch die Freude an ihrer Tochter, die sie nicht zu lieben vermochte. Wie bei Esther im vorigen Beispiel bleiben Fragezeichen zurück. Der Zusammenbruch ist vorbei; mehr Einsicht und ein neues Leben treten hervor. Aber Jenny steht immer noch an einer Schwelle des Lebens, die sie betreten muß, damit sie sich selbst und anderen gegenüber offen sein kann. Der Schluß von Bergmans Drehbuch scheint mir hoffnungsvoll, denn als Jenny in das Haus ihrer Großmutter zurückkehrt, erkennt sie, daß diese leidend und alt ist und daß »Großmutter irgendwie kleiner geworden ist, nicht sehr viel, aber doch sichtbar«.[8] Dies deutet symbolisch darauf hin, daß der negative Einfluß ihrer Großmutter sich merklich verringert hat, und plötzlich empfindet Jenny echte Zuneigung zu ihr. Am

Ende des Drehbuchs begegnet Jenny wieder der sarkastischen alten Frau mit dem leeren Auge. Aber diesmal ist sie freundlich zu ihr, vielleicht weil sie durch Verständnis und Mitgefühl die sarkastische und negative Figur in ihrem Inneren verwandelt hat. Frauen, die diesem Muster der »pflichtbewußten Tochter« gefolgt sind, müssen vor allem erkennen, daß es ihnen von jemand anders aufgedrängt wurde. Sie müssen einsehen, daß dieses Bild auf sie projiziert worden ist und daß es nicht wirklich zu ihnen gehört. Während die pflichtbewußte Tochter die Illusion von Güte und Tugend aufrechterhält, verleugnet sie auch den Schatten mit seinem ganzen Leben und seiner Kreativität. Sie verleugnet einen großen Teil ihrer Persönlichkeit und letztendlich die Verbindung zum Selbst. Kein Wunder, daß es dann oft zu Erschöpfung, Ausgelaugtheit und Sinnverlust kommt. Dieser Frauentyp neigt dazu, hinter einer Persona zu leben nach einem Modell, das nicht ihr eigenes ist, das an Pflichtbewußtsein und eine meistens sehr strenge autoritäre Struktur gebunden ist. Ein historisches Beispiel dafür kann man bei vielen Nonnen finden, die dazu erzogen wurden, pflichtbewußte Töchter zu sein und einer Äbtissin zu gehorchen, die wiederum einem strengen autoritären System gehorcht. Dieses System erforderte, daß sie ihren Körper verhüllten. Nach alter Tradition trug die Nonne ein Gewand, das die Funktion eines Panzers hatte, das ihre Weiblichkeit verbergen und sie vor Männern und den Versuchungen der Welt schützen sollte. Wie eine Nonne es mir gegenüber ausdrückte: »Meine Aufgabe ist jetzt, der Amazone den Panzer auszuziehen.« Den Panzer ausziehen oder die Persona ablegen bedeutet, daß die Frau offen sein und ihre dunkleren, schwächeren Seiten zeigen muß, die sie aus Gehorsam gegenüber einer starken, strengen Autorität unterdrückt oder verdrängt hat. Das heißt auch, daß sie die durch diesen Gehorsam errichteten Kontrollen aufgeben muß, und das kann eine gewisse Gefahr mit sich bringen, denn die vorher nicht zugelassene Seite ist unentwickelt und primitiv. Wenn dieses Sichöffnen nicht bewußt vollzogen wird, kann es plötzlich geschehen, wie es bei Jennys Nervenzusammenbruch der Fall war.

Die pflichtbewußte Tocher widmet sich meistens dem Dienst an anderen und vernachlässigt ihre eigenen kreativen Möglichkeit und/oder die Fähigkeit, Beziehungen einzugehen. Eine pflichtbewußte Tochter, die ich kenne, hatte einen Vater, der dagegen war, daß sie seinen Beruf ergriff. Er vertrat die Ansicht, daß Frauen zwar Assistentinnen, aber nicht Ärzte, Rechtsanwälte oder Professoren usw. sein könnten. Die Tochter ging in ihrer Ausbildung also nur so weit und hörte dann auf. Aber sie sehnte sich danach, ein »wirklicher Profi« zu sein. Sie hatte außerdem eine geheime Phantasievorstellung, in der sie in ein Kloster eintrat, wo von ihr verlangt wurde, daß sie ihre Tagebücher opferte und ihre Haare abschneiden ließ. Diese Phantasie entsprach meiner Ansicht nach den Opfern, die ihr Vater von ihr forderte, wenn sie von ihm geliebt werden wollte: das Opfer ihrer schöpferischen Energie. Dann hatte sie einen Traum, in dem sie mit einem König verheiratet war und schwanger wurde. Aber der König (für sie ein Symbol des Vaters) wollte nicht, daß sie das Kind zur Welt brachte, weil es den Stammbaum durcheinanderbringen könnte. Er sperrte sie daher ins Gefängnis. Um aus dem Gefängnis zu entfliehen, tötete sie eine Nonne und zog ihre Kleider an, damit sie nicht erkannt würde. In gewissem Sinn war diese Frau im Gewand einer Nonne verborgen, weil ihre schöpferischen Möglichkeiten verborgen waren. Als Schülerin suchte sie ihren Lehrern zu gefallen und spielte wieder die Rolle der pflichtbewußten Tochter. Aber sie wußte auch, daß sie sie letztlich verlassen und ihren eigenen Weg gehen mußte. Und so lebte sie unter einer ständigen Bürde von Schuld – einem Schuldgefühl ihnen gegenüber, weil sie wußte, daß sie sie verlassen und ihren eigenen Weg gehen mußte, so wie sie sich von den Projektionen ihres Vaters lossagen mußte. Sie hatte auch Schuldgefühle sich selbst gegenüber, weil sie noch nicht aufgebrochen war. Bisher war die einzige Fluchtmöglichkeit der Rückzug gewesen, also die Nonnenkleider. Aber nachdem sie hart an sich gearbeitet hatte, begann sie Träume zu haben, in denen sie gewann. In einem Traum gewann eine schwangere Frau das

Kentucky Derby. Für sie war dieser Traum ein Bild, das ihr schöpferisches Potential bestätigte.

3. Die Märtyrerin

Versteinerung in einer Märtyrerhaltung ist eine weitere Form des Amazonenpanzers. Sie bedingt einen an Einschränkung und passives Ressentiment gebundenen Lebensstil, der oft mit einer anhaltenden Leidensmiene maskiert wird. Fellinis Film *Julia und die Geister* zeigt die Kämpfe dieses Frauentyps. Julia, »kleines, trauriges Gesicht« genannt, führt eine konventionelle Ehe ohne Leben. Ihr Ehemann ist müde, emotional distanziert und untreu, aber Julia versucht, diese Tatsachen zu ignorieren und den Eindruck einer zufriedenen Ehefrau zu erwecken. Den ersten Schock der Wahrheit über ihr Leben erfährt sie, als sie zu einer Séance geht und ihr von den Geistern gesagt wird: »Niemand braucht dich; du bedeutest niemandem etwas.« Sie versucht diese Botschaft zu ignorieren, aber Kindheitserinnerungen beginnen sie zu bedrängen. Es kommen die schönen Bilder, die sie als Kind hatte, aber auch die Erinnerung an ihre Mutter und ihren Vater – eine gleichgültige Mutter von kalter Eleganz und einen faschistischen Typ von Vater, die sie in eine Pfarrschule schickten, wo sie in einer Schulaufführung eine Märtyrerin spielte. Als ihr Bild als Märtyrerin, die verbrannt werden soll, wiederkehrt, erinnert Julia sich an den Protest ihres Großvaters, eines lebhaften, unkonventionellen Mannes, der schließlich mit einer Zirkusreiterin durchbrannte. In ihrem erwachsenen Leben spielt Julia immer noch die Rolle der heiligen Märtyrerin in ihrer Ehe, indem sie schweigt, ihren Mann nie zur Rede stellt, ihren Zorn wie ihre Freude und damit auch ihre Sexualität unterdrückt.

Die Krise tritt ein, als Julia Gewißheit bekommt, daß ihr Mann eine Affäre mit einer anderen Frau hat. Träume und Visionen brechen mit Gewalt über sie herein. Eine Hauptfigur in ihren Träumen und Visionen ist eine aufreizende, nackte Frau, die der von ihrem Großvater geliebten Zirkusreiterin ähnlich sieht. Synchron dazu trifft sie ihre Nachbarin Suzy, eine freizügige, sinnliche Frau, die sich einem dionysischen Lebensstil hingibt. Suzy lockt Julia in eine Welt des Spiels und des Vergnügens. Sie besucht eine Party von Suzy und will in diese Welt der Sinnlichkeit eintreten, als das Bild der Märtyrerin sich dazwischendrängt und Julia die Party verläßt. Julias bewußtes, angepaßtes Ich zerfällt jedoch weiter, und noch mehr Bilder aus dem Unbewußten bedrängen sie – verhungernde türkische Angreifer; ausgemergelte, erschöpfte Pferde; und eine Märtyrerin, die sich in eine Hure verwandelt. Inzwischen unterzieht Julia sich einer Psychodrama-Therapie und bekommt zu hören, daß sie sich zu stark mit ihren Problemen identifiziert (ein typisches Märtyrersyndrom) und daß sie spontan sein und sich entspannen muß. Als Julia erkennt, daß sie Angst davor hat, glücklich zu sein, und daß ihre Ehe in Wirklichkeit ein Gefängnis ist, kommen ihre eifersüchtigen, aggressiven und rachsüchtigen Gefühle an die Oberfläche. Sie weint und ist versucht, ihrem Leben ein Ende zu machen. Aber mit diesen negativen Gefühlen treten viele verschiedene Möglichkeiten an sie heran. Mit ihrem Zorn kommt auch die Selbstbehauptung, und in einer Phantasievorstellung sagt sie ihrer riesenhaften, kalten, distanzierten Mutter, daß sie keine Angst mehr vor ihr hat. Dabei öffnet sich eine Tür, und Julia befreit ein gemartertes Kind, und daraufhin verschwinden ihre ablehnende Mutter und all die gequälten Gestalten, und ihr Großvater tritt ein und heißt das Kind willkommen. Julia zerschlägt die Fessel der Märtyrerin, läßt den Geist des Kindes zu und hat jetzt die Freiheit, das Gefängnis ihres Hauses zu verlassen, frische Lust zu atmen und für alles Kommende offen zu sein.

Wie viele in der Märtyrer-Struktur befangene Frauen war Julia besitzergreifend in ihrer Ehe, lebte jedoch im Schatten ihres Mannes. Aufgrund ihrer Märtyrerhaltung fällt sie auf die einengenden, kollektiven Werte herein, die ihre Individualität und ihre eigene weibliche Schönheit hemmen. Fellini äußert zu diesem Film, daß es seine Absicht war, »der Frau ihre Unabhängigkeit, ihre unbestreitbare und unveräußerliche Würde wiederzugeben.

Ein freier Mann, so meine ich, kann auf eine freie Frau nicht verzichten. Die Ehefrau darf weder eine Madonna noch ein Instrument der Lust und am wenigsten eine Dienerin sein«.[9]
Ein Hauptmerkmal des märtyrerhaften Lebensstils ist die schwer arbeitende Dienerin, entweder als Ehefrau oder als Mutter oder beides. Dieses Muster der märtyrerhaften Mutter entsteht oft, wenn die Tochter immer wieder gehört hat, wie ihre Mutter den Vater kritisierte und wegen seiner Schwäche und Vernachlässigung der Familie auf ihn heruntersah. Wenn der Vater sich dagegen nicht gehörig zur Wehr setzt, dann übernimmt die Tochter oft bewußt oder unbewußt die Haltung ihrer Mutter. Jung gibt viele Beispiele dafür in seinen experimentellen Untersuchungen über Wortassoziationen, wie in dem Fall der sechzehnjährigen Tochter, die auf Männer genauso reagierte wie ihre Mutter, obwohl sie nicht dieselben Erfahrungen machte.[10] Wenn die Tochter später heiratet, wählt sie oft einen schwachen, passiven Mann und gibt dieselbe Einstellung ihrer Tochter weiter und setzt auf diese Weise das Muster fort. Dieser Frauentyp fällt ihrem Mann gegenüber in die Rolle der Mutter und reduziert ihn dadurch auf den Status eines Sohnes. Alexander Lowen hat dieses Muster in seinem Buch *Liebe und Orgasmus* geschildert und gibt Selbstverleugnung als ein Hauptmerkmal dieser Persönlichkeitsstruktur an, und daraus folgt das Märtyrertum. Lowen weist darauf hin, daß die Rolle der märtyrerhaften Mutter einen passiv-unterwürfigen, masochistischen Aspekt hat, hinter dem sich ein Gefühl der Überlegenheit, Feindseligkeit und Verachtung gegenüber dem Männlichen verbirgt. Sie beherrscht ihn durch ihr Märtyrertum und weist ihm die untergeordnete Stellung eines Sohnes zu. Sie kann das entweder durch zu viel Fürsorge und Füttern tun (die »jüdische Mutter«) und/oder durch ein strenges Regiment über ihre Kinder. Besonders im letzteren Fall trifft der Vater keine wichtige, das Familienleben betreffende Entscheidung, obwohl er ein erfolgreicher Geldverdiener sein kann. Hand in Hand mit diesem Märtyrertum geht laut Lowen oft eine asexuelle Einstellung gegenüber dem Ehemann, die ihn schwächt.[11]
Typisch für dieses Muster ist die stoische Selbstverleugnung, die

häufig auf dem Gebiet der Sexualität und der Kreativität auftritt. Meiner Ansicht nach entspringt sie der Angst vor dem Dionysischen, der Angst davor, die Herrschaft über sich zu verlieren, eine Angst vor dem Irrationalen und daher auch vor dem Transrationalen, das heißt, vor jenen Erfahrungen, die sich der Kontrolle durch das Ich entziehen, wie Liebe, Hoffnung und Schönheit. Die Angst sperrt diesen Frauentyp von der Freude und Fülle des Lebens und von ihrer eigenen Kreativität und ihrer speziellen Sehweise aus. Der häufig vorkommende Fall von Frauen in den Dreißigern, die sich plötzlich in außereheliche Verhältnisse und Promiskuität stürzen, kann ein unbewußter Versuch sein, aus diesem selbstauferlegten Märtyrertum auszubrechen. Doch da es meistens unbewußt bleibt oder sogar im Schatten-Modus der Außenseiterin ausgelebt wird, kann keine Verwandlung stattfinden. Eine solche Frau muß einen bewußten Anschluß an den Strom des Erlebens suchen, der sowohl Sexualität wie schöpferische Impulse einschließt, und diesen gestalten. Wie im Fall von Julia kann es Zorn und Wut sein, was diese Auflockerung bewirkt. Die Märtyrerin muß in Zorn geraten über ihre eigene Selbstverleugnung und muß erkennen, daß der Schatten ihrer starken, tugendhaften Selbstverleugnung das »Waisenkind« ist, die Außenseiterin, die sich als abgelehntes Opfer empfindet und bemitleidet werden will. Das Märtyrertum ist in Wahrheit eine Art von Abwehr des Stroms der Erfahrung; sie will um ihrer Selbstverleugnung willen anerkannt und bedauert werden und spielt dabei die Schuldgefühle ihrer Umgebung aus.

Viele Märtyrerinnen kommen in die Analyse, und in gewisser Hinsicht meine ich, daß es ein inhärentes Märtyrertum gibt, das aus der Unterwerfung unter unsere patriarchalische Kultur stammt. Während dieses den Aspekt des passiven *puella*-Musters hervorbringt, erkenne ich hier eine harte, mächtige Linie, die sich auf die Frau ebenso kastrierend auswirkt wie auf die anderen Menschen in ihrem Leben. Ein typischer Fall ist eine verheiratete Frau, deren halbwüchsige Kinder wegen Drogenkonsum Schwierigkeiten mit der Polizei bekamen. Sie war in einer reichen, aristokratischen Familie aufgewachsen, ihr Vater war patriarchalisch und dominierend und hatte die Finanzen in der Hand. In solchen Fällen ist der Vater emotional oft nicht vorhanden und gibt damit der Tochter ein Vorbild der Unabhängigkeit. Ihr Mann war wie ihr eigener Vater: nicht präsent als emotionale Kraft in der Familie, aber er besaß die finanzielle Kontrolle. Einerseits war diese Frau außerordentlich intelligent und kämpfte darum, sich gegen den Widerstand ihres dominierenden Mannes zu entwickeln. Andererseits fühlte sie sich durch zu viele Verantwortungen überlastet, auf die sie oft hysterisch reagierte, mit Selbstmord drohte und sagte, sie könnte nicht mehr weitermachen. Ihre Aggression war äußerlich gegen sie selbst gerichtet, aber darunter gegen ihren Mann und ihre Kinder. Ihr Mann wirkte zwar stark und bedrohlich, aber er fühlte sich auch schwach und bedroht. Die Kinder schienen alle Konflikte der Familie auszuagieren: eines wurde verhaftet, eines widmete sich mit Fleiß dem Studium, das dritte ging von zu Hause fort. Diese Frau war schließlich gezwungen, sich zu behaupten und ihre Ehe zu lösen, in der sie sich als Opfer fühlte. Sobald sie die Verantwortung für ihre eigene Kraft in aktiver Weise übernahm, statt sie defensiv gegen sich und andere einzusetzen, war sie in der Lage, ihre schöpferischen Energien zu aktualisieren.

4. Die Kriegerkönigin

Eine weitere Reaktionsweise auf den verantwortungslosen und schwachen Vater ist die, eine starke, entschlossene Kämpferin zu werden. In diesem Fall setzt die Tochter sich gegen die ganze Irrationalität zur Wehr, die sie an ihrem Vater als degeneriert erlebt, und kämpft gegen ihn. C. S. Lewis beschreibt diesen Frauentyp in seinem Roman *Till We Have Faces* (»Bis wir Gesichter haben«), seiner Version des Mythos von Amor und Psyche, den er aus der Perspektive einer eifersüchtigen Schwester erzählt. In dem Roman ist der Vater ein destruktiver, brutaler König, der seine jüngste Tochter Psyche der Göttin Aphrodite opfert, um seine Untertanen zu besänftigen, die Klage führten, daß Psyche für die Hungersnot und Pest verantwortlich sei, die das Land heimsuchten. Daß er sie opfert, spiegelt seinen allgemeinen Mangel an innerer Stärke. Er interessiert sich in erster Linie für Gelage, Jagden, Gelderwerb und giert nach der Vermehrung seines Besitzes. Er widmet sich seinen Töchtern in keiner Weise, ja, er nimmt ihnen übel, daß sie keine Söhne sind. Wenn er mit ihnen zu tun hat, dann in Form von schrecklichen Wutausbrüchen und Beschimpfungen – die eine nennt er eine Dirne (eine Tochter, die dem *puella*-Muster folgt) und die andere häßlich. Die »häßliche«, Orual, ist die älteste. Bei der Geburt Psyches übernahm Orual die Mutterrolle, da Psyches Mutter starb, und so betrachtete sie Psyche als ihr Kind und liebte sie mit grimmiger Mutterliebe. Als der Vater Psyche opferte, verlor Orual ihren wertvollsten Besitz, ihre geliebte Psyche.

Orual haßt ihren Vater und alles, was er repräsentiert. Sie verachtet den Bereich des Irrationalen, den sie durch ihren Vater nur als degeneriert erlebt hat. Und sie überträgt ihren Haß auf das ganze Reich der Götter, an die sie nicht glaubt und die sie abwechselnd haßt, weil sie ihre geliebte Schwester Psyche weggenommen haben. In ihrem Denken sind die Götter und ihr Vater von ein und derselben Art:

> Sie ist auf ihre Art bewundernswert, diese göttliche Kunst. Es reichte den Göttern nicht, sie [Psyche] zu töten, sie mußten noch dazu ihren Vater zu ihrem Mörder machen. Es gibt keine Flucht vor ihnen in den Schlaf oder in den Wahnsinn, denn sie können dich mit Träumen auch dorthin verfolgen. Ja, dann bist du ihnen sogar am meisten ausgeliefert. Am ehesten können wir uns noch gegen sie wehren (aber es gibt keine wirkliche Abwehr), indem wir hellwach und nüchtern sind und hart arbeiten, nie Musik hören, nie die Erde oder den Himmel anschauen und (vor allen Dingen) niemanden lieben.[12]

Hier kann man deutlich die Bildung eines negativen, erstarrten Bewußtseins sehen, eine Zurückweisung der Gefühle und des Lebens als Reaktion auf die Destruktivität eines negativen Vaters. Auf der kollektiven Ebene, als König, symbolisiert er ein verantwortungsloses Verhältnis zur Weiblichkeit, d. h. eine mangelhafte Wertschätzung des Weiblichen in der Kultur. Orual reagiert, indem sie gegen den Vater kämpft. Sie lernt sogar, gewaltiger als jeder Mann das Schwert zu führen, und als ihr Vater stirbt, übernimmt sie den Thron. Aber ihre Bitterkeit bleibt, denn sie erkennt, daß ihr Leben nur ein Leben der Arbeit ist. Sie ist eine traurige und einsame Königin, die sich entschieden hat, das Leben eines Mannes zu führen.

Noch mehr aber verzehren ihre Bitterkeit und ihr Haß gegen die Götter sie, und so beschließt Orual, ein Testament der Anklagen gegen sie zu verfassen. Dabei ergreift die Raserei ihres Vaters sie, und während sie schreibt, wird sie plötzlich von Träumen und Visionen bedrängt. In einem Traum zwingt ihr Vater sie, in den Keller des Schlosses und noch weiter in ein schwarzes Loch hinabzusteigen, wo er ihr gegenübertritt und ihr einen Spiegel hinhält, in dem sie deutlich sieht, wer sie ist. Orual entdeckt in dem Spiegel, daß sie ihrem Vater gleicht. Sie erkennt, daß sie durch ihre Reaktion auf den Vater, durch ihren Versuch, sein Gegenteil zu sein, in derselben irrationalen Lebensweise gelandet ist. Ihr Versuch, stark und rational zu werden, verdeckte bloß eine irrationale Wut und Eifersucht, die genauso war wie die ihres Vaters. In diesem Augenblick des Erkennens wird ihr klar, daß es nicht ihre Aufgabe ist, das Irrationale zu bekämpfen, sondern den degenerierten Geist (symbolisiert durch das Verhältnis ihres Vaters zum Leben) in einen heiligen zu verwandeln. Sie erkennt, daß ihr trotziger Widerstand im Angesicht der Götter ein Versuch ihres Ich war (genau wie der ihres Vaters), Kontrolle auszuüben und Besitz zu ergreifen, und sie unterwirft sich der größeren Macht der Götter und ist endlich fähig zu lieben.

Einmal sagte Orual sich, daß es ihr Ziel sei, »immer mehr an Stärke zu gewinnen, einer harten und freudlosen, die mir gekommen war, als ich das Urteil der Götter vernahm; durch Lernen, Kämpfen und Arbeiten alles Weibliche aus mir auszutreiben«.[13]

In diesem Muster der Kämpferin werden der Vater und oft auch alle anderen Männer als schwach zurückgewiesen und verachtet, und die Tochter empfindet, daß nur sie stark genug ist, um zu tun, was getan werden muß. Doch die Ironie liegt darin, daß sie ihre Art der Stärke von einem männlichen Vorbild übernimmt, und daher wird das Weibliche auch von diesem Frauentyp entwertet.

Oft spürt man bei einer solchen Frau das Zähneknirschen, das wild Entschlossene auf Gedeih und Verderb. Für die Frau, die diese Daseinsweise auslebt, wird das Leben zu einer Plage und zu einer Serie von Kämpfen, die zu bestehen sind, anstatt von Augenblicken, die sie genießen könnte. In verbissenem Ernst schreitet sie vorwärts, ihre Gefühle und den weiblichen Körper mißachtend, die sie hinter ihrem kriegerischen Schild verborgen hat. Anstatt um die echte Stärke weiblicher Empfänglichkeit zu kämpfen, sieht sie darin nur schwache Passivität. Vielleicht ist dies das Muster vieler militanter Frauen, die darauf bestehen, daß es keine Unterschiede zwischen Mann und Frau gibt, und Empfänglichkeit auf schwächliche Passivität reduzieren.

Ein Beispiel für dieses Muster ist Bobbie, die in die Analyse kam, weil sie ihre Kämpferinnenrolle als eine Falle empfand. Sie spürte, daß sie hart war und wie ein Mann lebte. Sie wollte offen und empfänglich sein und in einer Beziehung leben, fühlte sich aber verkrampft und verschlossen. Ihr Vater, der in vieler Hinsicht zwar ein warmherziger Mensch war, hatte allen seinen Töchtern männliche Vornamen gegeben. Er stellte hohe berufliche Erwartungen an sie, und Bobbie hatte das Gefühl, daß sie als Sohn aufgewachsen war, nicht als Tochter. So wurde sie ehrgeizig, voll Konkurrenzgeist – eine zähe Kämpferin –, und sie war der Ansicht, daß dies ihre Ehe zerstört habe und ihr in ihren Beziehungen im Weg stand. Sie war auch sich selbst gegenüber sehr hart und erbarmungslos kritisch.

Im Verlauf der Analyse fing sie an zu meditieren, Tai Chi zu praktizieren und sich mit einer Kunst zu befassen. Diese Dinge schlossen sie auf, und allmählich spürte sie, wie sie empfänglicher und spontaner mit Menschen wurde. Dann hatte sie eine Reihe von Träumen, in denen positive weibliche Figuren vorkamen. Eine davon war eine weise alte Frau, die ein Buch über Weiblichkeit geschrieben hatte. Eine andere war ein junges Mädchen, das frei über die Wiese lief. Dann träumte sie, daß sie sich hinlegte, während eine andere Frau ihre Klitoris streichelte. Ein Mann lag träge an ihrer Seite. Sie wurde durch die Frau nicht erregt, und sie fürchtete außerdem, daß der Mann Anstoß neh-

men könnte an dem Geruch ihrer vaginalen Ausscheidung. Sie sagte das der anderen Frau, die antwortete, daß er den Geruch der Weiblichkeit gerne mochte.
Dieser Traum kam zu einer Zeit, als sie dabei war, sich zu öffnen, und ihre weichere Seite und ihre Spontaneität erlebte. Aber sie hatte noch die Tendenz, sich selbst zu verurteilen und in eine Rolle zu wechseln, in der sie sich Männern angenehm machen wollte, indem sie passiv, also zur Puppe wurde. Der Traum, so meinte sie, enthüllte drei Seiten von ihr. Der träge Mann symbolisierte ihre frühere maskuline Rolle, in der sie die weiche Seite des Weiblichen zurückgewiesen hatte, die Seite, die der Projektion ihres Vaters entsprach und die Anschauung der patriarchalischen Kultur reflektierte. Die andere Frau assoziierte sie mit einer jungen Lesbierin – keinem militanten Typ, der Männer nicht mochte, sondern vielmehr einer Frau, die in einer zentrierten weiblichen Art um weibliche Rechte kämpfte. Sie sah sich selbst in dem Traum als der Püppchen-Typ (ihr Schatten); sie wollte Männern gefallen und sich den männlichen Werten anpassen. Ihre Reaktion auf den Traum war, daß sie mit der anderen Frau, die ein Symbol ihres weiblichen Selbst war, eine Beziehung herstellen wollte, aber ihr altes maskulines Macho-Muster und das Püppchen als die Kehrseite davon standen ihr noch im Weg. Doch die stärkere Gestalt war jetzt die aktive Frau, und als solche begann sie sich jetzt zu empfinden. Dies ist das Beispiel einer Frau, die ihre Stärke als Kriegerkönigin zwar mitnahm, jedoch nicht als einen Abwehrpanzer, sondern sie integrierte sie mit ihrer weicheren Seite. So konnte sie ihre Stärke in einer weiblichen Art, die sie ausdrückte, beibehalten.

Die Verzweiflung der geharnischten Amazone

Was sind die gemeinsamen Merkmale der geharnischten Amazonen? Im Mittelpunkt steht der Wunsch nach Kontrolle. Da sie den Mann eher als schwach und impotent sieht oder auf seine irrationale Ausübung von Macht reagiert, reißt sie die Macht an sich.

Wenn sie Kontrolle ausübt, scheinen die Dinge sicher und geborgen. Aber diese Kontrolle kann ein Übermaß an Verantwortung, Pflichten und ein Gefühl der Erschöpfung nach sich ziehen. Das Bedürfnis nach Kontrolle beruht oft auf einer Angst vor dem Irrationalen, so daß sie es aus dem Leben so weit wie nur möglich ausschalten will. Aber wenn das geschieht, ist sie von der Spontaneität und dem Unerwarteten abgeschnitten, die dem Leben Schwung und Reiz geben. Häufig sind solche Frauen auch von ihrem Gefühl und von einer Beziehung abgeschnitten, weil ihr Bedürfnis nach Kontrolle nicht erlaubt, daß die Dinge einfach geschehen. Im Grunde entfremdet sie sich den tieferen Wurzeln der Kreativität und Spiritualität, wenn diese Kontrollhaltung dominiert. Daher ist es kein Wunder, daß amazonenhafte Frauen mit der Zeit das Gefühl bekommen, daß ihr Leben ausgetrocknet und sinnlos ist. Kein Wunder auch, wenn die derart verdrängten und unterdrückten spontanen Kräfte sich plötzlich behaupten und die psychische Struktur, wie es so häufig geschieht, in Depressionen, Angstzuständen und dem Gefühl, der Dinge nicht mehr Herr zu werden, zusammenbricht.
In der amazonenhaften Haltung herrscht eine Überbetonung von Begrenztheit und Notwendigkeit vor. Kierkegaard beschreibt diese Einstellung als eine Form der Verzweiflung, die er »Verzweiflung des Notwendigen« nennt. Diese Art der Verzweiflung ist eine Entfremdung von der Ganzheit der Person und tritt dann ein, wenn man sich mit dem Endlichen und Notwendigen so sehr identifiziert, daß man jede Möglichkeit, samt der wesenhaften Möglichkeit des Selbst, verleugnet. Wozu führt dies? Nach Kierkegaard wird ein Mensch, der sich nur als endlich erlebt,

> eine Zahl . . ., *ein* Mensch mehr, *eine* Wiederholung mehr des ewigen Einerlei.
> Die verzweifelte Borniertheit ist der Mangel an Primitivität [Ursprünglichkeit] oder daß man sich seiner Primitivität beraubt hat, daß man, geistig verstanden, sich selbst entmannt hat.[14]

Hier besteht die Tendenz, meint Kierkegaard, »weltlich« zu werden, nämlich so klug im Umgang mit der Welt, daß man sich anpaßt. Obwohl es zum Erfolg in der Welt führt, wenn man sich den Erfordernissen weltlicher Geschäfte anpaßt, führt es auch dazu, daß man zu einer angepaßten Nachäffung anderer wird. Es besteht die Gefahr, daß man das Selbst als eine höhere Macht vergißt, daß man die Spontaneität, die nicht kontrolliert werden kann, nicht zuzulassen wagt, denn sie könnte einen die sichere, etablierte Stellung kosten. Wie König Midas, der, um sich restlos abzusichern, alle Dinge, auch seine Nahrung, in Gold verwandelte und verhungerte, so entzieht einem diese Einstellung die vitale Lebenssubstanz. Wie Kierkegaard sagt, stemmt sich der von Verzweiflung niedergedrückte Mensch gegen das Dasein. Diese Haltung ist letztlich »die Verzweiflung, verzweifelt man selbst sein zu wollen: Trotz«.[15] Denn im Grunde wehrt man sich dabei trotzig gegen die Möglichkeit als gegen dasjenige, das zu kontrollieren die Macht des Ich überschreitet. Auf die Spitze getrieben, wird diese Haltung dämonisch, denn sie lehnt alle Hilfe von einer größeren Macht ab, da sie alle Macht und Stärke nur in sich selbst gegeben sieht.

Die Stärke, mit der die geharnischte Amazone auftritt, ist in Wahrheit etwas Verzweifeltes, Übermenschliches. Daher geschieht es oft, daß auf diese Pose der Stärke ein Zusammenbruch folgt, wie bei den Frauen in den besprochenen Filmen und Romanen. In jedem Fall gab es einen Zusammenbruch des auf Stärke posierenden Ich, das sich zu Schwäche und Hilflosigkeit gegenüber dem Irrationalen reduziert sah. Jenny, Julia und Orual wurden Opfer von Halluzinationen; Esther und Jenny verspürten den Drang zum Selbstmord. Die entscheidende Herausforderung für jede Frau, wie auch für mich und viele meiner Klientinnen, ist die, daß sie die Schwäche, die Depression und Unfähigkeit zu arbeiten und zu funktionieren, zu akzeptieren lernt. Das bedeutet oft, daß wir unsrer Wut und unseren Tränen begegnen müssen. Viele Frauen sitzen in meiner Sprechstunde, geschüttelt von Zorn oder Tränen. Oft fühlen sie sich beschämt und gedemütigt wegen dieses Mangels an Kontrolle. Sie »sollten« nicht weinen oder zornig sein, sagen sie oft, denn das ist ein Zeichen von Minderwertigkeit. Oft fühlen sie sich auch einem Nervenzusammenbruch nahe. Wenn sie jedoch die Berechtigung ihrer Gefühle akzeptieren, bekommen sie dadurch oft eine neue Demut, die sich dem Strom des Lebens öffnen kann.

Der Weg zur Verwandlung

Der totale Zusammenbruch einer geharnischten Amazone ist natürlich eine Extrem-Situation. In der Analyse hoffen wir auf eine bewußte Wandlung, bevor ein Zusammenbruch eintritt. Wie geschieht diese Veränderung? Wie kann eine in der Falle ihres Amazonenpanzers steckende Frau sich befreien?

Der erste Schritt wäre, daß sie die Art des Panzers sieht, in dem sie steckt. Ohne diese Erkenntnis wird sie fortfahren, sich gegen den Inhalt ihres Panzers zu wehren. Sie wird ihre Schwäche als Schatten akzeptieren müssen. Im Unterschied zur *puella,* deren bewußte Pose Schwäche ist, ist das Ich der Amazone auf Stärke und Macht getrimmt. Doch unter dieser Hülse von Stärke findet man oft Hilflosigkeit, Abhängigkeit und eine überwältigende Not, die die Menschen in ihrer Umgebung auffressen kann. Die Märtyrerin maskiert sich als die leidende Arbeiterin, aber dahinter ist sie ein Opfer ihres Selbstmitleids und des Mitleids anderer. Die Stärke des Superstars liegt in ihren Leistungen, aber wenn diese Leistungen ihren Sinn verlieren, was oft vorkommt, wenn sie dem Ich als Mittel dienen, Aufmerksamkeit zu erregen, ist sie oft nicht mehr in der Lage, irgend etwas zu tun. Der verläßliche Gehorsam der pflichtbewußten Tochter gegenüber ihrer Arbeit und den Ansprüchen der anderen kann eine innere Rebellion und ein Verlangen nach Flucht verdecken, das ihre geordnete Welt sprengen und sie und andere in Verwirrung und Chaos stürzen kann. Die eiskalte Härte der Kriegerkönigin kann auch plötzlich in einer unerwarteten Gefühlsbeziehung dahinschmelzen, die sie selbst und auch den anderen zerstören kann, weil sie in ihrer Abhängigkeit ganz von ihr Besitz ergreift.

Den Schatten der Schwäche annehmen, bedeutet nicht, daß man nun für immer in eine *puella*-Haltung absinkt, aber diese kann ein wichtiges Moment in der Entwicklung sein. Die amazonenhafte Frau hat bereits viel Stärke und Macht in ihrem Leben entwickelt, und das ist sehr wertvoll. Es geht eher darum, diese Stärke aus ihrer Wesensmitte kommen zu lassen, anstatt sie durch das angepaßte Ich zu forcieren. Sie muß ihre Stärke in dem Bereich zur Anwendung bringen, vor dem sie Angst hat. Es ist keine Schwäche, sich im Reich des Irrationalen aufzuhalten oder dieses als eine Quelle des Wissens zu benützen. Im Gegenteil, es ist eine Schwäche, sich diesem Aspekt des Lebens nicht stellen zu können. Wenn die amazonenhafte Frau lernt, ihre Verwundbarkeit und die unkontrollierbaren Aspekte des Daseins zu würdigen, kann sie darin eine neue Quelle der Kraft finden. Der schöpferische Prozeß bietet viele Beispiele für die Notwendigkeit, in das Unbewußte hinabzusteigen und dort in Schwäche, vielleicht in Depression, Langeweile oder Angst auszuharren, um das »neue Sein«, die schöpferische Haltung heraufzuholen, die das Leben verändern kann. Der Weg dazu ist kein »Tun«, der übliche Weg des Agierens für die Amazone. Nach meiner Erfahrung liegt das Geheimnis im »Nichttun«.

Als ich dieses Kapitel überarbeitete, sah ich mich in zwei schrecklichen Amazonenpanzern gefangen – in dem des Superstars und dem der Märtyrerin. Meine schöpferischen Energien waren blockiert. Ich hatte einen Termin einzuhalten und fühlte mich vollkommen erschöpft. Ich konnte kein Wort mehr schreiben. Die Belastung schien untragbar. Sie betraf auch nicht nur dieses Kapitel, denn ich bekam das Gefühl, daß ich auch meine anderen Verpflichtungen nicht mehr erfüllen könnte. Da gab ich das Schreibenwollen endlich auf, unternahm einen Spaziergang in die Natur und besuchte ein paar Freunde. Sie schlugen vor, daß ich das *I Ging* nach meiner Amazonenpanzer-Falle befragen sollte, und das tat ich auch. Ich bekam das Hexagramm »Der Gegensatz«. Hier war das Bild meines Zustands – zwei Töchter: »Obwohl sie im selben Hause wohnen, gehören sie doch verschiedenen Männern an, und ihr Wille ist daher nicht gemeinsam, sondern auf Gegensätzliches gerichtet.«[16] Die beiden Töchter waren, so wie ich sie interpretierte, meine Amazonen- und *puella*-Seite, die in krassem Gegensatz zueinander standen. Die *puella* wollte spielen, und die Amazone mußte arbeiten. Zwischen diesen beiden saß ich in der Klemme und konnte nichts tun. Ich erhielt den folgenden Rat: »Wenn du dein Pferd verlierst, so lauf ihm nicht nach. Es kommt von selber wieder.«[17] Das *I Ging* sagte mir also, daß ich die Dinge nicht forcieren sollte, denn wenn ich es täte, würde ich nur das Gegenteil von dem erreichen, was ich wollte. Wenn man einem Pferd nachläuft, läuft es nur noch weiter weg. Es ist daher besser, es von selbst zurückkommen zu lassen. Und so verhielt es sich auch mit der schöpferischen Energie meines Schreibens. Ich mußte warten, bis sie zurückkam. Irgendwie befreite mich das Bild, das mir das *I Ging* gegeben hatte, so daß ich in Ruhe abwarten konnte.

Ein anderer Aspekt der Verwandlung der geharnischten Amazone ist der, daß sie sich von der Vorstellung löst, sie müsse wie ein Mann sein, um Macht zu besitzen. Viele Amazonenfrauen werden von ihrer Reaktion auf einen inadäquaten Vater, ob auf persönlicher oder kultureller Ebene oder auf beiden, beherrscht. So ist es nur natürlich, daß eine Identifikation des Ich mit dem Männlichen das kompensieren soll, was der Vater nicht entwickelt hat. Daher kommt die Tendenz, einen starken, heroischen Modus des Daseins herauszubilden. Die Amazone hat sich in erster Linie mit dem heroisch Männlichen identifiziert, und diese Identifikation muß erkannt und losgelassen werden. Wenn die Amazonenfrau nicht einen Knacks bekommen will, muß sie ihren Panzer erweichen. Dieses Weicherwerden kann ihr eine Hilfe sein, zum Weiblichen in sich selbst und zum Weiblichen in Männern ein schöpferisches Verhältnis zu finden. Dies scheint auch für unsere Zeit ein wichtiges Anliegen zu sein, weil die gepanzerte Frau sich im Kampf um ihre Rechte meistens mit Männern in Beziehung setzen mußte, indem sie deren Macht angriff. Aber dann verfügt sie wie Orual zwar über Schwert, Schild und Maske, bleibt aber ohne Beziehung.

Da sie sich zuerst mit dem Männlichen identifizierte, kann ihr Panzer durch eine liebevolle männliche Figur erweicht werden. Ein solches Bild, »Der Mann mit Herz«, tauchte in einem meiner

Träume auf. In dem Traum war ein junger Mann ohne mein Wissen in mein neues Haus gezogen und hatte sich darin ein Zimmer eingerichtet. Dieser junge Mann liebte die Natur, das Wandern und Reisen und hatte wunderbare bunte, handgewebte Teppiche aus Polen und Mexiko mitgebracht. Die Teppiche hatten Vogel- und Blumenmotive, vorwiegend auf einem Hintergrund von weichem, sanftem Rosa. In diesem Zimmer befanden sich gemütliche Sofas und Sessel, diese schönen Teppiche und eine milde, klare Beleuchtung. Er saß dort ganz bequem in seinem Pyjama auf einem der Sofas, hörte Musik und las ein Buch. In dem Traum verliebte ich mich heftig in ihn. Als ich mitten in der Nacht aufwachte, suchte ich in meinem ganzen Haus nach diesem Zimmer und dem jungen Mann. Aber ich fand sie leider nicht. Zuerst brach mir das Herz, aber dann erkannte ich, daß hier ein Bild war, das mir helfen konnte, in meinem Inneren den Mann zu finden, der Frauen mochte und eine warme, gemütliche Atmosphäre schaffen konnte.
Ein weiteres Beispiel eines männlichen Bildes, das den Panzer einer Frau erweichen kann, ist der große Liebhaber Casanova. In ihrem Züricher Vortrag in Jahre 1975 zum Gedenken an C. G. Jung verglich Hilde Binswanger die beiden berühmten Liebhaber Don Juan und Casanova und sagte, daß sie als zwei unterschiedliche innere Bilder des Männlichen betrachtet werden können. Sie verglich Don Juan, den Liebhaber, der die Frauen verführte und sie dann verbittert und negativ eingestellt gegen alle Männer und ihn selbst verließ, mit dem Wirken des negativen inneren Mannes. Casanova, der Liebhaber, der viele Frauen liebte und jeder das Gefühl vermittelte, daß sie weiblich und geliebt war, faßte sie als das Bild eines positiven inneren Mannes auf, der einer Frau Selbstwertgefühl gibt. Wenn ich an diese Bilder denke, scheint es mir, daß die Frau mit dem Amazonenpanzer das Bild Don Juans bekämpft hat, in dem ich eine Ähnlichkeit mit dem »perversen alten Mann« erkenne, der inneren männlichen Gestalt, die Frauen nicht leiden kann und ständig Schläge führt gegen ihr Selbstwertgefühl und Selbstvertrauen. In diesem Kampf hat sie sich oft selbst verhärtet. Im Gegensatz dazu bezieht Casanova

sich mit zärtlicher Behutsamkeit und Sensibilität auf das Weibliche. Im Umgang mit ihm kann sie schöpferisch und rezeptiv aus dem starken Zentrum ihrer Weiblichkeit reagieren.

Es kann sein, daß dieser sanftere und weichere männliche Aspekt zuerst wie ein »Dummling« erscheint, als der schwache, untüchtige Narr, der sich nicht auskennt. In den Märchen und in der Symbolik des Tarot stolpert der Dummling oder Narr richtungslos umher, doch indem er sein Maß verliert, begegnet ihm oft das Neue und Unbekannte. Eben dieses Neue und Unbekannte fehlt jedoch meistens im Leben der Amazone, weil ihr Panzer sie dagegen abschirmt. Diese Gestalt des Dummlings oder Narren steht in enger Verbindung mit dem Weiblichen und dem Instinkthaften. In den Tarot-Karten von Waite hat er eine Rose in der Hand und einen Hund an der Seite. Im Märchen setzt er sich oft nieder und weint und füttert Tiere, die ihm dann helfen, die Prinzessin zu befreien, die in einem gläsernen Berg oder in einem Turm gefangen ist. Da ich in einem anderen Kapitel näher darauf eingehe, möchte ich in dieser Richtung nur einen Hinweis geben – daß das Bild des Dummlings eine große Hilfe sein kann, den Schatten der Schwäche zu akzeptieren und zu würdigen und eine schöpferische Beziehung zum Weiblichen zu finden.

Im Gegensatz zur *puella,* deren Wandlung dahin gehen muß, daß sie ihre Stärke annimmt und entwickelt, bedeutet Verwandlung für die Amazone, daß sie weicher wird und ihre Empfänglichkeit zuläßt, so daß diese sich mit ihrer bereits entwickelten Stärke im schöpferischen Ausdruck ihres weiblichen Geistes verbinden kann.

5 Der innere Mann

> Ein Volk in seinem Grund zu kennen, bedeutet die Beziehung zwischen seinen Männern und Frauen zu kennen.
>
> Pearl S. Buck

Der Vater ist für eine Frau die erste Erfahrung des Männlichen. Er vermittelt ihr ein wichtiges Vorbild für die Art und Weise, wie sie sich zum Mann und zu ihrer eigenen männlichen Seite verhält. Ich habe immer wiederkehrende Bilder des Männlichen in den Träumen von Frauen mit einer geschädigten Vaterbeziehung gefunden. In den Träumen und in der Erfahrung der Frau, die zum *puella*-Muster des ewigen Mädchens neigt, taucht oft eine Gestalt auf, die ich den »perversen alten Mann« nenne. In den Träumen und in der Erfahrung der geharnischten Amazone kommt dagegen häufig die Gestalt des »zornigen Jungen« vor.

Da die *puella*-Frau dazu neigt, ihre Stärke und Macht zu verleugnen, und statt dessen dem mächtigen, autoritären Männlichen verfällt, findet eine Perversion dieser Macht statt, und sie wird anscheinend das Opfer eines kritischen inneren Richters. Im Gegensatz dazu verleugnet die Amazone ihre spielerische Seite. In der männlichen Form wird diese Seite der Amazone wie ein zorniger, rebellischer Jüngling, der sich behaupten und ihre geharnischte Kontrolle durchbrechen will. Um ein besseres Verhältnis zum inneren und äußeren Männlichen zu gewinnen, muß die Frau sich dieser Figuren in ihrem Inneren und ihrer Auswirkung auf sie bewußt werden. Sobald sie sich diesen Figuren stellt, kann sich eine neue und schöpferische Beziehung zum Männlichen herausbilden.

1. Die puella und der perverse alte Mann

So manche Frau hat im Verlauf einer Analyse zu mir gesagt: »Wie kann ich das? ... Ich bin nichts wert. ... Alles, was ich mache, ist falsch. ... Deshalb gibt es keine Hoffnung ... Niemand wird mich je lieben.« Und da ich mir allzu oft dasselbe eingeredet habe, begann ich mich zu fragen, was hinter einer solchen Mutlosigkeit eigentlich steht. Was liegt einem solchen negativen Selbstverständnis zugrunde? Was bindet diese Frauen so an diesen Mangel an Selbstvertrauen und Sicherheit, daß sie ewige Mädchen bleiben und in dem archetypischen Muster der *puella* gefangen sind?

Plötzlich kam mir ein häufig wiederkehrendes Motiv in den Sinn, ein oft auftretendes Bild in den Träumen vieler Analysandinnen sowie in meinen eigenen Träumen – das Bild eines perversen und sadistischen alten Mannes. Der folgende Traum illustriert dieses Thema.

In dem Traum verfolgt ein sexuell perverser alter Mann ein junges, unschuldiges Mädchen und wartet auf den Augenblick, in dem er sie packen kann. Der Augenblick, sagte er, ist dann gekommen, wenn sie lange Kleider trägt, also in dem Augenblick, wenn sie im Begriff steht, zur Frau zu werden. Dann wollte er sie umbringen. Aber das unschuldige junge Mädchen hat eine Freundin, die sie vor diesem Mann warnt, und so ist sie imstande, ihn direkt zu konfrontieren. Als seine Absicht, sie hinterrücks zu packen, scheitert, wird der perverse alte Mann wütend und stürzt sich auf sie, aber sie gibt ihm einen Tritt in die Leiste, so daß er zurücktaumelt. Noch wütender geworden, hebt der alte Mann einen Eimer mit Schmutzwasser auf, in dem Erdbeeren gewaschen worden sind, und will ihn auf sie werfen. Aber das Mädchen ist schneller, faßt den Eimer und überschüttet ihn mit dem Wasser. Dabei sagte eine Stimme: »Dies ist eine Aufgabe, die in den Märchen vier verschiedener Sprachen vorkommt.«

Dieser Traum zeigt den Zusammenhang zwischen diesen beiden Gestalten: der *puella* und dem perversen alten Mann. Er zeigt auch den Moment, in dem die *puella* erwachsen werden kann, und beleuchtet die Gefahr dieses Augenblicks. Denn da beginnt die bewußte Konfrontation und damit die Möglichkeit, sich mit dieser inneren Gestalt auseinanderzusetzen. Ich werde auf diese Möglichkeit noch zurückkommen, doch zuerst möchte ich diese beiden Gestalten, die *puella* und den perversen alten Mann, etwas näher betrachten und untersuchen, warum und inwiefern sie zusammengehören.

So wie jede Persephone einen Pluto hat, der sie in die Unterwelt hinabzieht, so wohnt der Psyche der *puella* eine krankhafte Manifestation der starren, autoritären Seite des Männlichen inne. Er ist potentiell ein weiser alter Mann, der krank und ekelhaft geworden ist, weil er vernachlässigt wurde. Meiner Ansicht nach kommt diese Vernachlässigung aus einer verwundeten Vaterbeziehung, in der der Vater auf der Ebene des Eros und Logos in verbindlicher und verantwortungsvoller Weise für seine Tochter nicht vorhanden war. Das heißt, der Vater erfüllte seine Funktion als Vater nicht.

Wenn das Vater-Prinzip, das ein Bewußtsein innerer Autorität und Geist vermittelt, fehlt oder verbildet ist, hat der perverse alte Mann die Gelegenheit, aufzutreten. Nach meiner Erfahrung besteht immer dann, wenn ein Potential in der Psyche brachliegt, die Gefahr der Pervertierung. Das Vater-Potential haben wir alle, Frauen und Männer, gleichermaßen in uns. Aber wir bedürfen der Erfahrung, um ein Potential zu entwickeln. Wir müssen immer wieder erforschen und experimentieren, prüfen und versuchen, und auf diese Weise wachsen wir und lernen das zu gebrauchen, was in uns angelegt ist.

Wenn aber der Vater konkret für seine Tochter nicht vorhanden ist oder nur auf negative Weise im Verlauf ihrer Entwicklung, wie soll sie dann diesen Teil ihres Selbst erfahren und etwas darüber lernen? Höchstwahrscheinlich wird sie auf das angewiesen sein, was sie von ihrer Mutter und ihren Verwandten hört, auf kulturelle Eindrücke und die Phantasien, die entstehen, weil die Wirklichkeit fehlt. Wenn der Vater nicht für seine Tochter vorhanden war, dann ist auch zu vermuten, daß er es als Ehemann ebenfalls nicht war. So hat die Mutter wahrscheinlich eine verbitterte oder zynische Auffassung von Männern und einen pervertierten, negativen inneren Mann, das heißt, ein negatives Verhältnis zum Männlichen in sich selbst. Daher überrascht es nicht, daß die Tochter mit derselben negativen Anschauung ihres Vaters und der Männer allgemein aufwächst, sowie mit einem entstellten Verhältnis zum Männlichen in ihrem Inneren. Wenn die Phantasie dann auf vollen Touren läuft, kann leicht ein negatives Bild vom Mann entstehen, ein Ritter Blaubart. Dies kann innerlich oder auch auf der kulturellen Ebene geschehen. Nehmen wir an, eine Frau wächst im Nazi-Deutschland auf – gewiß ein extremes Beispiel, aber eines, in dem eine faschistische, brutale Männlichkeit herrschte. Was für ein Bild von Vater und Geist hätte sie dann? Oder auch in Amerika, wo die Männer so oft pueril bleiben, wo es so viele Scheidungen und so wenig Bindungsfähigkeit, so wenig Beständiges gibt?

Wenn das Vaterbild verletzt ist, dann ist es auch das Bild vom Mann. Die Frau neigt dann dazu, Männer negativ und mit Mißtrauen zu erleben. Aber die Art und Weise, wie das entstellte Bild des Vaters und der Männer sich manifestiert, ist bei der *puella* und bei der Amazone verschieden. Die Amazone neigt dazu, Männer als schwach und unterlegen, als machtlos anzusehen. Sie ist die Starke und Mächtige, sie ist die Selbständige. Männer gelten in ihrer Welt wenig oder gar nichts. Im Gegensatz dazu tritt die *puella* ihre Macht an die Männer ab. Sie ist die Abhängige, das dem mächtigen Mann ausgelieferte Opfer. Er hat alles zu bestimmen, während sie sich willig oder unwillig fügt. Es ist leicht einzusehen, wie hier ein sado-masochistisches Syndrom entstehen kann. Wenn sie alle Macht an den Mann abgetreten hat, bleibt für sie selbst nur noch wenig übrig, und ihr Selbstvertrauen und ihre Selbstachtung sind gering. Im Unbewußten freilich findet vermutlich eine riesige Inflation statt – ein aufgeblähtes, unrealistisches Bild von sich selbst. Sie kommt sich vielleicht wie die Prinzessin auf der Erbse vor, die sich für alles, was unter ihr steht, für zu gut hält. Aber auf der Stufe des Bewußten fühlt sie sich vielleicht wie ein Aschenputtel, vernachlässigt und ausgenützt, zu Schmutz und Asche verbannt. Eine Frau hatte einen Traum, der dies sehr deutlich macht. Ihr Freund pries eine sehr selbstsichere Frau, die in narzißtischer Selbstbetrachtung versunken war, während die Träumerin selbst in der Küche stand und ein Huhn zubereitete. Schließlich konnte die Träumerin das nicht mehr ertragen, sie bekam einen Wutanfall und sagte der anderen Frau, wie aufgeblasen sie war. Genau das mußte sie auch in der Wirklichkeit tun: die unbewußte, aufgeblasene, narzißtische Haltung durchschauen, die sie an ihr Gefühl der Minderwertigkeit gefesselt hatte.

In der Einstellung der *puella* sich selbst gegenüber kann man oft eine schmälernde, zynische Stimme hören, die ihr sagt, daß sie nichts tauge, daß sie nie etwas leisten werde und daß sie unwürdig sei, geliebt zu werden. Wenn sie dieser Stimme Glauben schenkt, setzt sie einen Circulus vitiosus in Gang, der diese negative Anschauung von sich als schwach und wertlos fortsetzt. Daher »versagt« sie tatsächlich oft in der äußeren Welt, aber nur weil sie ihre ganze Macht an diesen sadistischen inneren Mann abgetreten hat, der ihr einredet, sie würde versagen, der aber gleichzeitig ihre Selbstinflation nährt.

Dies wirkt sich in den vier verschiedenen Lebensstilen der *puella* aus: im »Püppchen«, das die Projektionen seines männlichen Partners auslebt; im »Mädchen aus Glas«, das in einer Phantasiewelt lebt und der Wirklichkeit nicht ins Auge sehen kann; der »Höhenfliegerin«, die in ihren Liebesbeziehungen unverbindlich von einem Mann zum anderen flattert; und der »Außenseiterin«, die das schlechte, von der Gesellschaft ausgestoßene Mädchen ist. Im Grunde treibt ein Mangel an Selbstvertrauen, ein Hören auf den brutalen Kerl im Inneren, alle diese Frauen in ein Leben ohne Erfüllung. Eine meiner Analysandinnen hatte einen Traum, in dem sie auf dem Weg zu einer Geburt oder einer Hochzeit in einer Sackgasse parkte, wo ein alter Mann versuchte, ihr Auto zu stehlen. Als sie ihn sah, schlitzte er alle Reifen auf, so daß sie nicht fahren konnte. Kein Wunder, daß sie sich nicht rühren konnte, daß sie die Fülle ihres kreativen Potentials, das in der Tat beträchtlich war, nicht in die Realität umzusetzen vermochte.

Frauen wird oft vorgeworfen, daß sie sich nie bewährt haben. »Wo sind die Frauen in der Geschichte, die ein Werk geschaffen haben?« Diese Frage hört man ständig. Wenn jedoch die Entwicklung, die ich geschildert habe, einigermaßen typisch ist, dann überrascht das nicht. Die *puella* muß mit dem pervertierten alten Mann in ihrem Inneren fertigwerden, der ihr Potential angreift, bevor sie imstande ist, etwas zu schaffen und als Leistung in der Welt zu aktualisieren.

Eine Auswirkung des perversen alten Mannes auf kultureller Ebene ist, wie ich meine, die, daß den Frauen eine männliche Auffassung von Kreativität, eine Tyrannei von Logik und Verstand aufgedrängt wurde. Kein Wunder, daß es so wenige Frauen gibt, die »es geschafft« haben, denn ihr eigener Weg des Schöpferischen ist ihnen versagt worden. Zusätzlich dazu, daß der Kreativität männliche Normen und Urteile unterlegt wurden, hat der perverse alte Mann kulturell auch noch dergestalt gewirkt, daß er Frauen Schuldgefühle vermittelt, wenn sie sich Zeit für eine schöpferische Tätigkeit nehmen. Anaïs Nin, die einen großen Teil ihres Lebens als *puella* lebte und die Tochter eines *puer* war, aber es trotzdem fertigbrachte, schöpferisch zu sein und der Welt etwas zu geben, bringt dies mit folgenden Worten deutlich zum Ausdruck:

> Es gibt auch noch ein besonderes Problem, das Frauen in bezug auf das Schreiben haben und Männer nicht. Das ist das Schuldgefühl. Irgendwie hat die Frau das aktive Handeln, den kreativen Willen immer mit der Vorstellung des Männlichen assoziiert, woraus ihre Befürchtung resultiert, daß Aktivität eine aggressive Handlung sei. Die Kultur hat ja von der Frau keine Leistung gefordert, sie forderte sie vom Mann. Folglich hatte der Mann kein Schuldgefühl, wenn er sich einschloß, einen Roman schrieb und seine Familie drei Monate vernachlässigte. Aber in den Frauen war das Gefühl geradezu herangezüchtet worden, daß ihre oberste Pflicht in ihrem Familienleben läge und daß ihr Schreiben etwas mit Selbstdarstellung zu tun hätte. Sie verwechselten das mit Subjektivität und Narzißmus, während wir nie von einem Schriftsteller als einem Narzißten gesprochen haben.[1]

Es geht mir nicht darum, den Mangel an Kreativität bei Frauen aus diesem Grund zu entschuldigen oder zu rechtfertigen. Ganz und gar nicht, denn das hieße ja, in das Muster der *puella,* des Opfers, des hilflosen Mädchens, das diesen gemeinen alten Männern ausgeliefert ist, zurückzufallen. Meiner Erfahrung nach ist es aber nötig, die Entwicklung eines Lebensmusters zu verstehen, um es zu verändern. Gewöhnlich gibt es in einem destruktiven Lebensmuster eine äußere und eine innere Manifestation, und wenn man dies wahrgenommen hat, muß man sich auf beiden Ebenen damit auseinandersetzen. Im kreativen Bereich ist es von höchster Wichtigkeit, daß Frauen durchschauen, wie diese pervertierte männliche Gestalt sich äußerlich auf der kulturellen Ebene und innerlich in der Psyche ausgewirkt hat.

Außer der Kreativität sind es auch noch die Bereiche von Sexualität und Beziehungen, von denen das sado-masochistische Muster Besitz ergreift. In dem oben erwähnten Traum ist der alte Mann sexuell pervers und das Mädchen ist jung und unschuldig. In seiner sadistischen Art will er sie umbringen. Es ist, als gehörten diese beiden zusammen – Unschuld und Perversion. Nehmen wir das folgende Beispiel: Eine Frau, mit der ich in der Analyse arbeitete, die keinen Vater hatte, zu dem sie in einer echten Beziehung stand, suchte in jedem Mann, der ihr begegnete, den Vater. In den frühen Stadien ihres Lebens war sie von der Sexualität ganz abgeschnitten, denn es ist verboten, mit dem eigenen Vater zu schlafen. Dann holte sie aber bald der Schatten ein, und aus ihrer sexuellen Naivität heraus landete sie in der sexuellen Promiskuität, weil sie einem Mann nie »nein« sagen konnte, auch wenn seine Forderungen ihr gegen den Strich gingen. Die meisten Männer, mit denen sie sich einließ, mochte sie sogar sehr, aber in Wirklichkeit suchte sie immer den Vater. Statt seiner nahm sie mit einem sexuellen Partner vorlieb, da sie über den Sex auch den Mann haben konnte. Auch die Männer waren meistens nicht verfügbar, weil sie gewöhnlich verheiratet waren, und so wiederholte sich die Unverbindlichkeit, die sie mit ihrem Vater erlebt hatte, in diesen Situationen. Weil sie nicht wirklich aus dem Zentrum ihres femininen Eros handelte, sondern aus dem Bedürfnis nach Liebe und Bindung, die ihr Vater ihr nie gegeben hatte, steckte in all diesen Beziehungen eine Art von Selbstverrat, ebenso wie ein Verrat der Männer. Im tiefsten mißtraute sie ihnen, sonst wäre sie imstande gewesen, ihnen ihre wirklichen Gefühle mitzuteilen. Der perverse alte Mann funktionierte bei ihr so, daß er ihr einredete, sie könnte nur dadurch eine Beziehung haben, daß sie ihren Körper zu Markte trug, was ihr Selbstvertrauen nur noch mehr untergrub. Und außerdem führte er sie in Beziehungen mit Männern, die gar nicht erreichbar waren. In ihrer sexuellen »Freiheit« blieb sie daher von einer echten Beziehung und vom Eros so abgeschnitten wie in ihrer früheren Naivität. Aber der perverse alte Mann konnte nur deshalb Kontrolle über sie ausüben und sie von einer sinnvollen Beziehung fernhalten, weil sie ihn dazu ermächtigte – durch ihre Unschuld und mangelnde weibliche Selbstbehauptung, durch die Tatsache, daß sie passiv und abhängig blieb und als Mädchen statt als selbstsichere Frau auftrat.

Dieses Muster ist nicht so ungewöhnlich. Auf der äußeren Ebene braucht man nur das häufige Vorkommen von Kindesmißhandlungen zu betrachten. Frauen, die als junge Mädchen sexuellem Mißbrauch oder sogar einer Vergewaltigung seitens älterer Männer unterworfen waren, haben diese Perversion auf der äußeren Ebene in sehr schlimmer Weise erlebt. Als Folge davon hat ihr Selbstbewußtsein meistens ernsthaften Schaden genommen, und wenn man tief in ihr Inneres blickt, findet man den perversen alten Mann, einen quälenden, negativen Animus, der den Mißbrauch fortsetzt. Ein weiteres Beispiel auf der sozialen Ebene ist die Prostituierte. Untersuchungen haben gezeigt, daß sie häufig von ihrem Vater brutal zurückgewiesen wurde, und daß sie die Ablehnung und den damit Hand in Hand gehenden Haß wiederholt, indem sie sich den Männern verkauft. Aber auch in der scheinbar glücklichen Hausfrau und der flotten, lebenslustigen jungen Frau findet man unter der Oberfläche häufig dieses Muster.

Der Film *Der letzte Tango in Paris* zeigt diese integrale Beziehung zwischen einem sadistischen alten Mann und einer masochistischen jungen Frau im Extrem und weist gleichzeitig auf die Gefahr hin, die sowohl dem Mann als auch der Frau droht. Der

Film beginnt damit, daß ein kaputter, deprimierter älterer Mann bei der Wohnungssuche zufällig einer munteren, jungen Frau begegnet. Ihre Beziehung beginnt sofort auf sexueller Ebene und ist vollkommen unpersönlich – so unpersönlich, daß der Mann erklärt, sie seien für einander nur Sexualobjekte und sollten keine Fragen stellen; sie sollten sich nicht einmal nach ihren Namen erkundigen. Zuerst möchte das Mädchen etwas über ihn wissen, läßt sich dann aber auf seine Forderung ein und geht so weit, daß sie alle Bedingungen, die er stellt, akzeptiert. Was für sie als Laune und flüchtige Begegnung beginnt, verwandelt sich in eine Hörigkeit, die dazu führt, daß sie sich zu einer Reihe demütigender und erniedrigender sexueller Handlungen hergibt. Man könnte erwarten, daß dieses Muster sich unendlich fortsetzt, aber der Spieß wird umgedreht. Irgendwann verliebt der Mann sich in sie und wünscht sich eine persönlichere Beziehung. Aber sobald dies geschieht, besteht das Mädchen ihrerseits auf Unpersönlichkeit. Jetzt ist sie die Abweisende und gewinnt Kontrolle über ihn. Als er weiterhin auf eine persönliche Beziehung drängt und ihren Namen wissen will, weigert sie sich vor Schreck, und als sie ihn schließlich in hysterischer Selbstverteidigung erschießt, sagt sie:

> Ich weiß nicht, wer er ist. Er ist mir auf der Straße nachgelaufen. Er wollte mich vergewaltigen. Ich weiß nicht, wie er heißt. Er ist ein Verrückter. Ich weiß nicht, wie er heißt. Ich weiß nicht, wie er heißt. Ich weiß nicht, wer er ist. Er ist ein Verrückter. Ich weiß nicht, wie er heißt.[2]

Am Ende versucht sie, sich mit ihrer Unschuld und Ahnungslosigkeit zu rechtfertigen und damit, daß sie seinen Namen nicht kannte.

Dieser Film treibt die Interaktion zwischen dem sadistischen Mann und dem masochistischen Mädchen auf die dramatische Spitze. Noch wichtiger ist vielleicht, daß er die Kehrseite des Bildes zeigt, die öfters übersehen wird, nämlich daß auch das Mädchen sadistisch ist, denn sie ist diejenige, die am Schluß den Mann tötet und eine persönliche Beziehung zurückweist. Die Kehrseite ihrer Unterwerfung unter die Männer ist ihr negatives

Gefühl des Mißtrauens, sogar des Hasses auf sie. Alexander Lowen beschreibt in seinem Buch *Liebe und Orgasmus* dieses Muster der abhängigen Tochter aus einer anderen Perspektive. Er meint, eine solche Frau funktioniere als eine psychische Prostituierte, die in ihrer Kindheit abgelehnt wurde und daher ein großes Bedürfnis nach Liebe hat. Um diese Liebe zu bekommen, ist sie zu allem bereit. Aber die Maßlosigkeit dieses Bedürfnisses verschlingt den Mann, mit dem sie es zu tun hat, denn wieviel der Mann ihr auch geben mag, es ist nie genug. Da ihr Bedürfnis unersättlich ist, versagen ihre Liebhaber letztendlich alle und fühlen sich schuldig. Voll Verachtung wirft sie sie weg, weil sie nichts taugen.[3]

Dies ist zwar ein Extrem, aber ich meine, daß in den meisten Mustern von *puella* und perversem alten Mann meist ein Element davon drinsteckt. In dem erstgenannten Traum muß das unschuldige junge Mädchen dem perversen Mann gegenübertreten. Dabei muß sie ihm ihre bewußte Aufmerksamkeit zuwenden und nicht so tun, als gäbe es ihn nicht, wie sie es in ihrer früheren Unschuld tat. Dieses bewußte Erkennen ermöglicht ihr schließlich, sich zu behaupten und damit seine zynische, bedrohende Kontrolle zu überwinden. Daß sie das Schmutzwasser von den Erdbeeren auf ihn zurückwirft ist ihre weibliche Selbstbehauptung, ihre Weigerung, sich mit dem Abwasser der gescheiterten Liebe übergießen zu lassen, und eine Bejahung der Macht ihrer eigenen Liebe. Aber zuerst muß sie dieser Gestalt gegenübertreten, d. h. sie kennenlernen und benennen. Die Tragik im *Letzten Tango in Paris* ereignet sich, als das junge Mädchen sich fürchtet, dem alten Mann wirklich zu begegnen, als sie sich fürchtet zu erfahren, wer er ist, ihn zu identifizieren und seinen Namen zu wissen. In dem Traum sowie in dem Märchen vom Rumpelstilzchen ist es aber gerade die Kenntnis des Namens und die Identifizierung der perversen Gestalt, die die Tragik verhütet und das Mädchen den Klauen der perversen Figur entzieht.

Aber wie geschieht dieses Benennen und Identifizieren der Gestalt? Ein Weg dazu sind unsere Träume, in denen die Gestalten unseres Inneren und die zwischen ihnen waltende Dynamik sich offenbaren. Ein anderer Weg ist das Verstehen unserer Projektionen auf andere Menschen, unsere Wunschvorstellungen von ihnen. Märchen, Mythen, Literatur und Filme geben uns ebenfalls Gelegenheit, uns in den verschiedenen Charakteren und den von ihnen dargestellten Verhaltensmustern selbst zu erkennen. Ein weiterer Weg führt über die »aktive Imagination«, d. h. über den aktiven Dialog mit der inneren Gestalt, um herauszufinden, wer sie ist, warum sie dort ist und sich in dieser Weise verhält. Eine Analysandin berichtete mir von einer aktiven Imagination, in der sie sich mit der Gestalt eines perversen alten Mannes unterhalten habe, der in mehreren Träumen von ihr erschienen war. Als sie ihn fragte, warum er so gemein und ekelhaft zu ihr sei, antwortete er: »Kleines Mädchen, du ärgerst mich mit deiner unschuldsvollen Selbstgerechtigkeit. Du spielst das arme, wehrlose Opfer. Du vernachlässigst mich, und dann gibst du mir die Schuld, aber ich brauche auch Zuwendung, und deshalb plage ich dich. Versteh mich doch und begreife, warum ich so frustriert bin. Deshalb bin ich so eklig zu dir.« Dieser Mann wollte ihr also vermitteln, daß er pervers sei, weil sie ihn ständig ignorierte und so tat, als gäbe es ihn nicht. Sobald sie anfing, ihm Aufmerksamkeit zu schenken, mit ihm zu reden und sich mit ihm zu befreunden, begann er sich zu wandeln.

Wenn die *puella* daher den perversen alten Mann vergißt und vernachlässigt, verharrt sie in ihrer Position der Hilflosigkeit und Wehrlosigkeit. Wie kann diese Gestalt auf der psychischen Ebene vernachlässigt werden? Einmal dadurch, daß ihre Existenz überhaupt nicht zur Kenntnis genommen wird. Ein Beispiel dafür wäre die Haltung des idealistischen, inflationären Optimismus, der keinerlei Grenzen anerkennt, die Attitüde des Höhenflugs, die alle Dinge für möglich hält und sich weigert, die Macht der dämonischen und schattenhaften Aspekte des Daseins anzuerkennen. Ungeduld ist ein Beispiel für die Vernachlässigung seitens der Höhenfliegerin, denn die Ungeduld ignoriert die Grenzen der Zeit und fliegt in die Zukunft, statt das in der Gegenwart Erforderliche zu tun. Das »Püppchen« neigt dazu, in diese Falle zu geraten, weil sie ihre eigene dunkle Seite nicht zur

Kenntnis nimmt, da ihr Vater und ihre Liebhaber ein allzu idealistisches Bild auf sie projiziert haben. Die Kehrseite davon ist, sich wie die Außenseiterin mit der Schattenseite einer rebellischen Haltung zu identifizieren, die den perversen alten Mann nicht konfrontiert, weil sie zu sehr mit ihm identifiziert ist. Extremer Genuß von Drogen, Alkohol und Sex sind Beispiele dafür, da die natürlichen Grenzen des Körpers und des Gefühlslebens hier nicht angenommen werden. Und das Mädchen aus Glas vernachlässigt den perversen alten Mann, indem sie sich in eine Welt der Phantasie zurückzieht.

Der perverse alte Mann kann auch insofern vernachlässigt werden, als die Frau vor ihm davonläuft. Eine meiner Analysandinnen wurde in einem Traum von einem drohenden älteren Mann verfolgt und versuchte, ihm zuvorzukommen. Als sie an einen Zaun gelangten, drehte sie sich um und trat ihn ins Schienbein, worauf er stolperte und in ein Loch fiel, das eine sargähnliche Kiste enthielt. Sie wollte ihn begraben, brachte es aber nicht zu Ende, und bald war er wieder hinter ihr her und sagte ihr, daß sie nicht wegfliegen könne. Sie flog aber doch, und als sie es tat, wurde sie von der Luft in die Leere des Himmels geschleudert. In diesem Fall erfuhr die Frau den perversen alten Mann bewußt als eine zynische, selbstkritische Einstellung, die ihr einredete, daß sie scheitern würde, und die sie mit Schuldgefühlen wegen ihrer »Schlechtigkeit« plagte. Sie hielt sie jahrelang davon ab, einen Bildungsweg anzutreten, und als sie es schließlich mutig riskierte, redete sie ihr ein, daß sie versagen würde. Als ihr der Traum kam, hatte sie bereits damit begonnen, diese innere Gestalt zu konfrontieren, war jedoch noch nicht ans Ende gekommen und versuchte daher immer noch, davonzulaufen. Die Leere des Himmels, die sie anzog, symbolisierte eine Leerstelle in ihrem Inneren, ein Gefühl von Depression und Schuld, weil sie ihr Potential nicht verwirklicht, sondern ihre Kreativität statt dessen auf ihre Freunde projiziert hatte. Als sie im Verlauf der Analyse sich diesem inneren Zynismus stellte und sich dagegen zur Wehr setzte, empfand sie sich immer weniger als ein Opfer der Umstände und übernahm die Verantwortung für ihre Entscheidungen. So stand sie hinter ihrem Entschluß, sich beruflich fortzubilden, und als die zynische, boshafte Stimme ihr zurief: »Du verdienst es nicht, Erfolg zu haben!«, rief sie noch lauter zurück, daß das falsch war, daß sie die Ziele erreichen konnte, die sie sich gesteckt hatte. Als ihr dies gelang, taten sich in der Welt ganz neue Aspekte für sie auf.

Ein Grund, warum man vor einer solchen Figur davonläuft, ist der, daß sie wahrhaft teuflisch werden kann. Der Teufel ist ja der Abgelehnte und Vernachlässigte, jedoch auch der Stolze und Eitle. Und diese beiden Kräfte – Ablehnung und Stolz – wechseln sich in der Psyche meistens ab. In meiner eigenen Erfahrung reagierte ich, wenn ich mich abgelehnt fühlte, indem ich mir sagte: »Gut, dann werde ich eben irgendwo hingehen, wo man mich wirklich schätzt...«. Aber das bedeutet natürlich, daß man der Ablehnung nicht mit einer bewußten Behauptung des eigenen Selbstwerts entgegentritt und daß auf der Ebene der Phantasie eine Kompensation erfolgt in dem Sinn, daß man sich für großartig hält und daß die Dummköpfe nur zu blöd sind, das einzusehen. Andererseits besteht auch die Angst, daß die, die einen ablehnen, in Wirklichkeit doch recht haben.

Dem perversen alten Mann gegenübertreten, heißt, sich mit diesem Komplex von Ablehnung und Inflation auseinanderzusetzen. Es bedeutet, daß man sich mit seiner Identifizierung mit dem Teufel auseinandersetzt, diesem mächtigen und ohnmächtigen Stolz, der behauptet: »Das kann ich nicht«, in der Annahme, man könne selbst darüber entscheiden, was man kann oder nicht kann. Diese Einstellung überläßt nichts den höheren Kräften jenseits des Ich, der inwendigen Kraft der Heilung, denn man versteckt das alles hinter der Erscheinung mädchenhaft-kindlichen Unvermögens. Wer dem perversen alten Mann ins Angesicht blickt, riskiert einen Kampf mit dieser Gestalt – einen Kampf, der zur Entdeckung einer neuen Stärke führen kann, wie bei dem Mädchen in dem Traum, das den Eimer mit Schmutzwasser zurückwarf und die Bestätigung erhielt, daß dies ihre Aufgabe war. Dem perversen alten Mann ins Angesicht blicken, heißt auch die Möglichkeit zulassen, daß in der Perversion eine verborgene

Möglichkeit liegt. Der Teufel ist ja doch ein gefallener Engel, ein hohes Wesen, dessen Potential durch eine Fehlhaltung verdorben wurde.

Die folgende aktive Imagination einer jungen Frau am Anfang einer Analyse gibt ein Bild davon, wie man unter Umständen einen in der Perversion verborgenen Wert finden kann:

Am Ufer stieg ich auf ein Floß, das von einem riesigen Schwan gezogen wurde. Wir glitten über das Meer, vorbei an einer großen, schönen Lotosblüte, und dann tauchte der Schwan zum Eingang einer Höhle hinab. Dort begegnete mir eine Hexe und führte mich durch einige Höhlen an einem wilden Eber vorbei in einen runden Raum, wo sie mir befahl, mit einer riesigen Kakerlake zu tanzen. Zuerst tanzten wir zu dritt, und dann ließ die Hexe mich mit der Kakerlake allein. Ich war entsetzt, und es widerstrebte mir, mit dieser widerwärtigen Riesenkakerlake zu tanzen, aber ich tat es trotzdem, und plötzlich sprang ihr Panzer auf, und ein schöner, junger Prinz kam hervor.

Ihre Assoziation mit der Kakerlake bezog sich auf den Vater, auf den sie als ekelhaft und minderwertig herabsah und dessen Eigenschaften sie zurückwies, weil sie in der Seele verdorben waren. Ihre Erinnerungen an ihn waren hauptsächlich negativ – wie er mitten in der Nacht nach Hause kam, wenn die Kakerlaken zugange waren; wie er oft eine irrationale Gewalttätigkeit an den Tag legte und keine Kontrolle über seine Gefühle hatte. In Wirklicheit war er aber auch ein sehr warmherziger, freundlicher, sensibler Mann mit einer Mutterbindung, der seine eigene Stärke und innere Ordnung nicht gefunden hatte, um seine intensiven Gefühle zu formen. Er stammte selbst aus einem Haus, in dem der Vater seine Funktion nicht erfüllte und die Mutter krank war, so daß er kaum ein Vorbild hatte, an das er sich hätte halten können. Die Tochter, die nur die negative Seite seiner Sensibilität und Gefühlsbetontheit sah, lehnte all das in sich selbst ab. Als sie schließlich den Mut hatte, mit der widerwärtigen Kakerlaken-Seite zu tanzen, und als diese zersprang, hatte sie plötzlich Zugang zu all den positiven Aspekten der Gefühle und der Sensibilität ihres Vaters. Aber um zu dieser Seite in sich selbst zu gelangen, mußte sie zuerst der ablehnenden,

negativen Mutter (der Hexe) und ihrer Wut auf den Vater (den wilden Eber) gegenübertreten. Den riesigen Schwan, der sie dorthin führte, assoziierte sie mit dem Schwan Lohengrins, des Gralshüters. Für sie führte der Weg zum Geist also über den Tanz mit der perversen Gestalt, der Kakerlake.
Eines Tages, als ich gerade das Märchen »Der gelbe Zwerg«[4] las, das eine Frau, Madame d'Aulnoy, geschrieben hat, fiel mir ein, daß diese Erzählung sehr gut die Geschichte einer *puella* und ihrer Gefahren sein könnte, wenn sie nicht ihre Stärke entwickelt und sich bewußt der Gestalt des perversen alten Mannes stellt. Es deutet auch einige Schritte der Wandlung an.

Am Beginn des Märchens kommt eine Königin vor, die eine einzige Tochter hat. Da der König tot ist und die Mutter niemanden hat, den sie liebt, als die kleine Prinzessin, fürchtet die Königin, die Zuneigung ihrer Tochter zu verlieren, und so verwöhnt und verhätschelt sie sie und tadelt sie nie wegen ihrer Fehler. Die Folge ist, daß die heranwachsende Prinzessin sehr hochmütig und eitel wird und so verliebt ist in ihre eigene Schönheit, daß sie jeden anderen Menschen auf der Welt verachtet. Zuerst ist die Königin stolz darauf, daß sich so viele Bewerber um ihre Tochter bemühen, aber dann macht sie sich Sorgen, als die Prinzessin ihr mitteilt, sie wolle nicht heiraten, weil keiner der Bewerber gut genug für sie sei. Die Königin sieht ein, daß es falsch war, ihrer Tochter in allem zu willfahren, und so holt sie sich Rat bei einer Hexe, die »Wüstenfee« heißt. Der Weg zu der Fee führt an schrecklichen Löwen vorbei, so daß die Königin einige Kuchen für sie mitnimmt. Aber unterwegs wird sie müde und schläft unter einem Orangenbaum ein, und jemand stiehlt ihr die Kuchen. Sie erwacht vom Gebrüll der Löwen, und plötzlich sitzt ein gelber Zwerg in dem Baum über ihr und ißt von den Orangen. Er sagt ihr, daß er sie von den Löwen erretten wolle, wenn sie ihm ihre Tochter zur Frau gäbe. In ihrer Angst willigt die Königin ein, obwohl sie von ihm abgestoßen ist. Wieder zu Hause, ist die Königin sehr niedergeschlagen und unglücklich über ihr Versprechen, aber sie erzählt niemandem davon.

Schließlich macht die Prinzessin sich Sorgen um ihre Mutter und beschließt, die Wüstenfee um Rat zu fragen. Auch sie schläft unter dem Orangenbaum ein, und als sie erwacht, findet sie dort den gelben Zwerg. Er sagt ihr, was die Königin ihm versprochen hat, und sie weist ihn entsetzt zurück. Dann erscheinen die Löwen wie bei ihrer Mutter, und um sich zu retten, erklärt sich die Prinzessin bereit, den Zwerg zu heiraten. Die Prinzessin, die Bellissima heißt, kehrt sehr traurig nach Hause zurück.
Nach der Begegnung mit dem gelben Zwerg ist Bellissima weniger hochmütig und beschließt, einen der Bewerber zu heiraten, um dadurch den gelben Zwerg vielleicht loszuwerden. Sie erwählt den König der Goldbergwerke zum Mann, der zuerst unsicher ist und nicht glauben kann, daß sie ihn erkoren hat. Aber dann freut er sich, und bald verliebt sie sich wirklich in ihn. Der Tag der Hochzeit naht, doch bevor sie vollzogen werden kann, platzen zwei Störenfriede in die Gesellschaft – der gelbe Zwerg und die Wüstenfee. Der gelbe Zwerg fordert den König der Goldbergwerke wegen der Prinzessin zum Duell, und die beiden kämpfen. Aber der König verliert Mut und Treffsicherheit, denn er sieht, wie die Wüstenfee, eine häßliche Hexe, um deren Kopf sich Schlangen ringeln, Bellissima bewußtlos gemacht hat und sie entführt. Der König gibt den Kampf mit dem gelben Zwerg auf und eilt zu Bellissima, um sie zu retten oder mit ihr zu sterben. Das Geschehen entsetzt ihn jedoch so sehr, daß er seine Sehkraft und sein Bewußtsein verliert und von der bösen Fee ebenfalls entführt wird.
Inzwischen hat die böse Fee sich in eine schöne Frau verwandelt, und Bellissima ist traurig und eifersüchtig, als sie sieht, wie sie den König entführt. Der König durchschaut jedoch die Verkleidung und weiß, daß er der Fee entfliehen muß, aber dazu bedarf es der Geduld und der List. Durch Schmeicheleien gewinnt er das Vertrauen der Hexe, so daß sie ihn alleine läßt, und dann kommt eine Nixe und verhilft ihm zur Flucht. Die Nixe sagt ihm, daß er mit vielen Feinden kämpfen muß, und gibt ihm ein diamantenes Schwert, mit dessen Hilfe er alle Feinde überwinden wird, aber nur dann, wenn er es nicht fallen läßt.

Der König macht sich auf, um Bellissima zu suchen, und begegnet zuerst vier schrecklichen Sphinxen, die er töten muß, und dann sechs Drachen mit Schuppen, härter als Eisen, die er ebenfalls erschlagen muß. Er vollbringt es, aber dann begegnen ihm vierundzwanzig liebliche Nymphen mit Blumengirlanden, die ihm den Weg versperren. Er tötet auch sie, und dann erblickt er endlich Bellissima. Er eilt zu ihr, aber sie weicht zurück, weil sie meint, er habe sie verraten. Er will ihr seine Liebe zeigen und wirft sich ihr zu Füßen, aber dabei läßt er das Schwert fallen. Darauf erscheint der Zwerg, packt das Schwert und stößt es dem König ins Herz. Als die Prinzessin sieht, daß ihr Geliebter tot ist, stirbt sie an gebrochenem Herzen.

In diesem Märchen gibt es zunächst kein Vaterprinzip, und so könnte die Struktur die Situation einer Tochter mit einem abwesenden oder sie vernachlässigenden Vater wiedergeben, da Autorität und Ermahnungen fehlen. Die Tochter wird verwöhnt und hat kein Gefühl der Verantwortung und bindenden Pflicht. Sie ist Bellissima, die schönste aller Prinzessinnen, aber sie kann nicht lieben. Die erste echte Begegnung mit einem männlichen Prinzip in der Geschichte ist die mit dem gelben Zwerg, eine negative männliche Gestalt. Er erpreßt Mutter und Tochter und will die Tochter besitzen. Bei seinem ersten Erscheinen ißt er außerdem Orangen von dem Baum, unter dem Mutter und Tochter eingeschlafen sind, und wenn wir den Baum als Symbol des Lebens und Wachstums und die Orangen als Symbol der Fruchtbarkeit des Lebens betrachten, dann hat der gelbe Zwerg sie in seinen Besitz gebracht und ißt sie auf. Weder die Mutter noch die Tochter hat in sich Bewußtsein, Disziplin und Mut entwickelt, daher schlafen sie ein, verlieren die Kuchen und fürchten sich so vor dem Löwen, daß sie dem Zwerg zum Opfer fallen. Hier fehlt eine positive männliche Entwicklung, das heißt, die Eigenschaften von Bewußtheit, Disziplin, Mut und Entscheidungskraft. Das männliche Prinzip übte keinen positiven Einfluß aus. Es ist unentwickelt und öffnet daher dem perversen Einfluß des Zwerges, der sich der Frau bemächtigt, die Tür. Die Begegnung mit dem Zwerg ist jedoch nicht vollkommen destruktiv, da sie den Narzißmus und Hochmut der Prinzessin beschneidet. Zum ersten Mal trifft sie eine Entscheidung, indem sie dem König der Goldbergwerke ihr Jawort gibt, der potentiell ein positives männliches Prinzip ist. Er ist seiner selbst jedoch nicht sicher und reagiert so überempfindlich auf den Anblick von Brutalität, daß er das Bewußtsein und die Fähigkeit zu kämpfen verliert. Trotzdem bekommt er noch eine Chance, als die Nixe, ein Symbol weiblicher Weisheit, ihm zur Flucht verhilft und ihm das Schwert gibt. Auch das Schwert hat eine symbolische Funktion und steht für die oben erwähnten Eigenschaften – es durchtrennt, trifft also Unterscheidungen und verleiht die Fähigkeit zu kämpfen. Im tibetischen Buddhismus symbolisiert das Schwert die Eigenschaften des »Vajra-Vertrauens«, das spontan aus der Wesensmitte kommt; und in der christlichen Symbolik ist es ein Attribut des heiligen Georg, des Drachentöters. Es ist außerdem das Schwert, das König Artus seine Macht über die Tafelrunde gibt, den Ort der Vereinigung und Verständigung.

Der König bedient sich des Schwertes, und zuerst gelingt es ihm, seine Feinde zu besiegen: die Sphinxe, Drachen und lieblichen Nymphen, die alle die Gefahren des nicht-integrierten weiblichen Bereichs symbolisieren. Die negative Sphinx-Mutter gibt unlösbare Rätsel auf und leistet daher der Unentschlossenheit Vorschub. Der Drache kann sie mit Depression und Trägheit verschlingen, und die lieblichen, jungen Nymphen verführen durch Naivität und Schönheit. Doch am Ende verliert der König seine Aufgabe aus den Augen, als er die Prinzessin von seiner Liebe überzeugen will und den Versuch macht, ihre verletzten Gefühle zu beschwichtigen. Den Nymphen gegenüber kann er seinen Beschützerinstinkt überwinden, doch nicht der Prinzessin gegenüber. Und so erliegt er ihrem Selbstmitleid und ihrem Gefühl des Verratenseins, läßt das Schwert fallen und büßt damit die ganze Entwicklung und Stärke ein, die er bis dahin erworben hat. Daher gibt es am Ende keine Verwandlung.

Ich meine, daß dieses Märchen ein deutliches Bild davon gibt, wie die unentwickelte, innere männliche Seite in einer *puella* aussehen könnte. Einerseits haben wir den gelben Zwerg, ein Bild des Männlichen in seiner pervertierten Form, eine Gestalt, die mit Selbstzweifel, Selbstmitleid, Narzißmus, Depression, Selbstmordgelüsten, Trägheit usw. plagt. Außerdem gibt es den König der Goldbergwerke, eine Gestalt mit dem Potential, diese Selbstzerstörung zu überwinden, die jedoch zu unentwickelt und zu schwach und sensibel ist, um die Aufgabe zu erfüllen. Es fehlt der bewußte Fokus, die Konzentration auf die Aufgabe und die mutige Stärke, die Geduld und Ausdauer, durchzuhalten, was immer geschieht.

Aus dem Märchen geht hervor, daß die *puella,* unbeschadet ihres spezifischen Musters, den inneren Kämpfer entwickeln und lernen muß, das Schwert festzuhalten. Karin Boye bringt dies in ihrem Gedicht »Ein Schwert«[5] gut zum Ausdruck:

> Ein Schwert
> biegsam, geschmeidig und stark
> ein tanzendes Schwert
> stolz gehorchend den strengen Gesetzen
> den harten Rhythmen im Innern des Stahls.
> Ein Schwert
> sollte ich sein – Seele und Körper.
> Ich hasse meine erbärmliche Seele, Weide,
> die geduldig leidet, geflochten oder gebeugt
> von anderen Händen.
> Ich hasse dich
> meine träge, verträumte Seele.
> Du sollst sterben.
> Hilf mir, Haß, Schwester meiner Sehnsucht
> Hilf mir
> ein Schwert zu sein
> ein tanzendes Schwert aus gehärtetem Stahl.

In meiner Arbeit an der *puella* war Castanedas Schilderung des »Kriegers« für mich von unschätzbarem Wert.[6] Castanedas Bücher beschreiben in meinen Augen viele der typischen puerilen Einstellungen, die bei einzelnen Individuen und in unserer Kultur anzutreffen sind. In den Büchern kommen diese durch die Gestalt Castanedas selbst zum Ausdruck. Sein Lehrer, der Yaqui-Indianer Don Juan, zeigt Castaneda ständig seinen Mangel an Hingabe und Mut und daher seine Unfähigkeit, in der Welt zu handeln und für das Seiende offen zu sein. So spielt Castaneda zum Beispiel dauernd das Opfer, ergeht sich in Selbstmitleid bezüglich der Vergangenheit, romantisiert sich (und nimmt sich dadurch zu wichtig). Er ist ungeduldig, hat Angst davor, für sein Tun Verantwortung zu übernehmen, schlägt die Zeit tot, ohne sie mit Leben zu erfüllen, klagt, langweilt sich, rechtfertigt sich, gibt seiner Sentimentalität nach, macht sich Sorgen, klammert sich an Schuldgefühle usw. Wie die *puella*, deren Gegenstück er als *puer* ist, verschwendet er seine Kraft mit Klagen, Sichgehenlassen und Trägheit. Don Juan sagt Castaneda, daß er all dies tue, um sich vor der Verantwortung für seine Entscheidungen zu drücken. Aber laut Don Juan gibt es keine Zeit für Ängstlichkeit, die sich an die Phantasie klammert und einen daran hindert, im Jetzt zu handeln. Statt zu klagen, sich gehen zu lassen und sich zu bemitleiden, sollte man ein Krieger sein! Sich zu stärken, erfordert nicht mehr Arbeit, als sich elend zu machen, sagt Don Juan. Daher vergeudet der Krieger seine Zeit nicht mit Schwäche, sondern übernimmt die Verantwortung für seine Taten und lebt strategisch, wach für Synchronizitäten und für das Seiende. Der Krieger fürchtet sich nicht, weil er von unbeugsamer Zielstrebigkeit geleitet wird, weil er gesammelt und hellwach ist, und so wird er mit allen Bedrohungen und Schrecknissen fertig. An sich festzuhalten und sich gleichzeitig loszulassen, das ist der Weg des Kriegers. So verkörpert er die Integration von Empfänglichkeit und Kreativität, indem er die Widersprüche des Lebens auslebt und liebt, indem er das Schreckliche und zugleich Wunderbare des Menschseins zum Ausgleich bringt.

Anstatt wie so häufig in das Muster von Unschuld und Verführung der *puella* zu verfallen, hinter dem sich eine versteckte Feindseligkeit und Aggressivität verbirgt, erfordert die direkte Konfrontation eine Selbstbehauptung, die so zielgerichtet und alert ist wie Castanedas Bild des Kriegers: eine Bereitschaft, für sich einzustehen und gegenüber dem Seienden offen zu sein. So wie die Kakerlake sich verwandelte, kann man durch diese Öffnung entdecken, daß der perverse alte Mann nur ein Deckmantel für die jugendliche Kraft und Weisheit des inwendigen Prinzen war, die nur darauf wartete, daß die Frau sich dieser neuentdeckten Stärke annahm. Vielleicht sollte die *puella* sich der Worte Rilkes erinnern, der von einem ähnlichen Muster spricht, wenngleich in der männlichen Psyche:

Wie sollten wir jener alten Mythen vergessen können, die am Anfange aller Völker stehen, der Mythen von den Drachen, die sich im äußersten Augenblick in Prinzessinnen verwandeln; vielleicht sind alle Drachen unseres Lebens Prinzessinnen, die nur darauf warten, uns einmal schön und mutig zu sehen. Vielleicht ist alles Schreckliche im tiefsten Grunde das Hilflose, das von uns Hilfe will.[7]

2. Die Amazone, der zornige Junge und der Dummling

Wenn die geharnischte Amazone eine Frau in ihren Klauen hat, kann der Panzer manchmal zu einer schrecklichen Last werden. Die schwere Bürde von Leistung, Pflicht, Märtyrertum und kämpferischem Geist zu tragen, kann wirklich eine ungeheure Belastung sein. In den Augen des Kollektivs hat die Amazone eine verehrungswürdige Stellung inne. Sie hat gearbeitet und gelitten und ihre eigenen Impulse um eines würdigeren Zieles willen oft verleugnet. Sie war verantwortungsbewußt und rechtschaffen. Wie Atlas trug sie, bildlich gesprochen, die ganze Welt auf ihren Schultern. Es ist daher nicht verwunderlich, daß ihre Schultern und ihr Rücken müde werden, manchmal zusammenbrechen und daß der Panzer Sprünge bekommt. Aber hinter dem Panzer, hinter der starken, eindrucksvollen Persona, entdeckt man in der Tiefe der Psyche oft einen sensiblen, rebellischen und zornigen Jungen: er ist zornig, weil er schwach und vernachlässigt ist und als »Dummling« abgetan wird. Dieses Bild des zornigen Jungen ist eine Gestalt, die ich in der Psyche der geharnischten Amazone oft vorgefunden habe, d. h. in der Frau, deren Ich sich für die Anpassung an das Starke, Männliche entschieden hat.

Kurz bevor ich die Analyse begann, fand ich diese Gestalt einmal in einem meiner Träume. Ich hatte damals gerade die mühevolle

Aufgabe eines Doktorats in Philosophie geschafft. Außerdem war ich verheiratet, aber mein Mann und ich lebten wie zwei »Junggesellen«, die sich auf ihre Arbeit konzentrierten. Ich hatte mir die Auffassung zu eigen gemacht, daß Frauen sich von Männern nicht unterschieden, und weil viele meiner Triebe und Gefühle dieser Vorstellung widersprachen, fühlte ich mich schuldig und unterdrückte sie. Es erübrigt sich zu sagen, daß ich sehr deprimiert war. In dem Traum saß ein rothaariger zwölfjähriger Junge hinter mir auf einem Grashügel und warf kleine, harte, spitze Steine auf mich, die meinen Rücken und meine Schultern trafen. Er war offensichtlich zornig auf mich, wollte meine Aufmerksamkeit erregen, und das gelang ihm auch. Kurz danach ging ich in die Analyse. Die von mir so verteidigte Welt des Berufslebens bekam einen Riß, und ich wurde mit den Gefühlen dieses zornigen Jungen konfrontiert.

Ich spreche hier nicht von der positiven Seite der Amazone, deren Selbstvertrauen, Durchsetzungsvermögen und Errungenschaften in der Welt wirklich von größtem Wert sind. Ich spreche vielmehr von den Frauen, die aus Reaktion gegen einen inadequaten Vater eine amazonenhafte Haltung eingenommen haben, d. h. von Frauen, die die Belastung dieser Rolle empfinden, die vom Kampf und von der Arbeit erschöpft sind und die den Sinn, den sie einmal darin fanden, verloren haben. In diesen Fällen deuten der Sinnverlust und die Erschöpfung darauf hin, daß die Dinge zu starr und ernsthaft geworden sind. Wo sind Spaß, Spiel und Spontaneität geblieben? Die spielerische, jungenhafte Seite scheint verlorengegangen zu sein, aber nach meiner Erfahrung verbirgt sie sich in der Gestalt des zornigen und rebellischen Jungen. Daß die jungenhafte Seite verlorengegangen ist, überrascht nicht, wenn die Erfahrung der Frau mit dieser Seite des Männlichen durch Enttäuschung, Unverläßlichkeit, Sorge oder Scham belastet ist. Wie so oft das Kind mit dem Bade ausgeschüttet wird, so wird ebenso häufig die positive, inspirierende Seite des jugendlichen Mannes aus einer Reaktion auf die gefährliche und widerwärtige Seite abgelehnt. Wie im Fall der *puella* meine ich, daß dies dann geschieht, wenn das Vater-Prinzip als unentwickelt und/oder entstellt erlebt wird. Aber anstatt passiv zu bleiben und dem Vater in jemand anderem zu suchen, bemüht sich die amazonenhafte Frau, ihn in sich zu verkörpern. Indem sie versucht, ihr eigener Vater zu werden, paßt sich ihr Ich dementsprechend dem männlichen Prinzip an. Die Integration des Vaterprinzips ist in der Entwicklung einer Frau zwar wesentlich, aber im Fall der amazonenhaften Reaktion findet die Identifikation nur mit dem Teil des Männlichen statt, der nüchtern und seriös, stark und mächtig, tüchtig und leistungsfähig, pflichtbewußt und verantwortungsvoll ist. Die spielerische, spontane, phantasievolle und unterhaltende jugendliche Seite wird für gewöhnlich vernachlässigt und entwertet. Kein Wunder, daß er dann böse und gemein wird.

Eine Weise des zornigen Jungen, störend in das Leben der Amazone einzugreifen, ist die, daß er sie in Schwierigkeiten mit dem Kollektiv bringt. Oft, wenn man zwanghaft versucht, alles richtig zu machen – z. B. beim Autofahren –, kommt ein Trickster daher, der einen verkehrt in eine Einbahnstraße hineinfahren läßt, und von hinten kommt die Polizei, die einem ein Strafmandat verpaßt. Ein anderer Weg geht über den Körper: wenn der Körper in Form von Symptomen, wie Magengeschwüren, Kolitis, Kopfschmerzen oder einem schmerzenden, verspannten Rücken und Nacken, gegen Überarbeitung rebelliert. Eine Depression, die einem das Arbeiten erschwert, kann ebenfalls einen zornigen Jungen im Hintergrund haben, genauso wie eine Situation, in der man einen Fauxpas begeht und sich damit lächerlich macht. Manchmal erfolgt die Attacke des zornigen Jungen mit Eklat auf der äußeren Ebene.

Einige Stunden nachdem ich gerade über diesen Gegenstand zu schreiben versucht hatte, fuhr ich ganz langsam eine Straße entlang, als zwei halbwüchsige Jungen, die auf der anderen Straßenseite spielten, so plötzlich ein Spielzeugauto unter meinen Wagen rollen ließen, daß es unmöglich war, anzuhalten. Mein Auto fuhr über ihr Spielzeug, und sie waren sehr zornig. Statt daß ich sie mit meinem eigenen Zorn über ihren Leichtsinn konfrontierte und vielleicht ein Verständnis für sie hätte gewinnen können, fuhr ich weiter zum Strand, wohin ich wollte, und parkte mein Auto. Als ich zurückkam, fand ich die Windschutzscheibe und das ganze Auto mit rohen Eiern beschmiert, zweifellos das Werk dieser beiden zornigen Jungen. Ich empfand Zorn, Hilflosigkeit, Demütigung. Als Resultat der Attacke des zornigen Jungen erscheint oft dieses Gefühl der Lächerlichkeit und Verletzlichkeit. Diese zornigen Jungen hatten mich im buchstäblichen Sinn mit »faulen Eiern« beworfen und mich zu meiner Fehlleistung angestiftet. Als ich sie reflektierte, stellte ich fest, daß ich nicht nur ein Spielzeug überfahren hatte, das meine unterdrückte jugendliche Seite symbolisierte, sondern daß ich außerdem Angst vor der kollektiven Autorität, der Polizei, hatte. Denn ich stellte in Gedanken sofort die Frage, ob man für das Überfahren eines Spielzeugs ein Strafmandat bekommen könnte. Ich war von diesen zornigen Jungen zum Narren gehalten worden, hatte aber auch eine Menge über mich selbst gelernt.

In meiner Erfahrung liegt die Wandlung der Gestalt des rebellischen Jungen in dem Bild des »Narren« oder »Dummlings«. Diese Figur tritt in vielen Märchen auf, in denen ein jüngster Sohn vorkommt, der dumm, tölpelhaft und untüchtig erscheint im Vergleich mit seinen älteren Brüdern, die stattlich, stark und tüchtig sind und ihren dümmlichen jüngeren Bruder mit sarkastischem Hohn verspotten. Und doch ist es in den Märchen der Dummling, der die Aufgabe meistert, und nicht die stärkeren Brüder.

Wir werden gleich auf eine solche Geschichte näher eingehen, doch vorerst möchte ich ein konkretes Beispiel geben, wie der Dummling einmal mir geholfen hat. Als ich über die Amazone schrieb, wurde meine eigene amazonenhafte Seite angeregt und damit auch ein innerer rebellischer Junge, der mich in eine Reihe von Unfällen und andere unangenehme und peinliche Vorfälle verwickelte. In dieser Zeit enthüllten meine Träume außerdem einen pathologischen Jugendlichen, der versuchte, in meine Wohnung einzubrechen. Anstatt ihn zu fragen, was er wollte, schleuderte ich ihm Muskatsamen nach, aber sie kamen auch mir in die Augen. Obwohl mir jetzt klar war, daß der zornige Junge es

auf meine Amazone abgesehen hatte, meldete ich mich zu einer anstrengenden, zwanzig Meilen langen Wanderung an. Ich machte mir die Mühe, um sechs Uhr früh aufzustehen, damit ich nur ja rechtzeitig dort wäre. Als ich zum Ausgangspunkt fuhr, beschäftigte mich dieser Konflikt mit dem Jungen, der zornig auf die Amazone war. Durch meine Vorbereitungen kam ich wirklich mehr als rechtzeitig zum Ausgangspunkt, und der Wanderführer gab mir Instruktionen, wo ich mein Auto parken und wie ich an den Ausgangspunkt zurückkommen sollte. Aber trotz der Anweisungen verirrte ich mich, und als ich endlich den Weg zurückgefunden hatte, waren die Wanderkameraden schon fort. Ich war wutentbrannt! War ich nicht heldenhaft gewesen und so früh aufgestanden usw.? Aber dann beschloß ich, selbst einen Spaziergang zu machen, und da fiel mir plötzlich ein, daß diese Wanderung von zwanzig Meilen zur Zeit ein ziemlich amazonenhaftes Unternehmen für mich war. Wieder hatte meine rebellische Jungenseite eingegriffen, diesmal vom Aspekt des Dummlings her, der sich praktischerweise mit meiner geringen Fähigkeit verband, detaillierten Anweisungen zu folgen. Schließlich akzeptierte ich die Situation und setzte mich in die Sonne an einen Fluß und begann zu schreiben – auf eine kreativere Weise als je zuvor. Obwohl also der Dummling die Pläne meines Ich an diesem Tag durchkreuzte, half er mir in Wirklichkeit auf einen kreativeren Weg, den ich von mir aus noch nicht erreicht hatte.
Die amazonenhafte Reaktion auf den negativen Vater verneint der Dummling, wie mir scheint, weil es der »schwache« Aspekt des Männlichen ist, den sie so wenig akzeptieren kann. Daher betont sie das starke, heroische Element in sich selbst. Doch dann büßt sie auch die ganze positive Seite ein – die Spontaneität und sanfte Unberechenbarkeit, die tölpelhaften Fehler, die dem tüchtigen kollektiven Auge dumm erscheinen, die einen jedoch oft gerade an die unerwartete Stelle der Sinngebung führen. Obwohl die Figur des Dummlings im täglichen Leben gewöhnlich vom Kollektiv (dem die Amazone oft dient) lächerlich gemacht wird, ist sie im Film sehr beliebt. Wir brauchen nur an das Beispiel von Charlie Chaplin, Buster Keaton oder Peter Sellers zu denken. Sie

sind nicht nur liebenswerte Gestalten, sondern auch »Helden«, allerdings nicht vom Standpunkt des Kollektivs. Wie der Narr im Tarot sind sie für den Individuationsprozeß wichtig, weil sie die Erfolgsorientiertheit des Ich aufgegeben haben, und dadurch wird es dem neuen kreativen Element möglich hervorzutreten. Wenn alle bekannten Wege versagen, stolpert der Dummling in eine neue Lösung, weil er in seiner Art nicht fixiert ist. Er ist offen!

Betrachtet man Märchen, in denen die Gestalt des Dummlings erscheint, treten einige wesentliche Merkmale zutage. So weiß der Dummling z. B. oft, daß er nicht imstande ist, eine unmögliche Aufgabe zu vollbringen, und statt zu versuchen, sich zu »bewähren«, setzt er sich einfach hin und weint. Er kann seine Schwäche und Verletzlichkeit zugeben und schämt sich ihrer nicht. Gewöhnlich vertraut er darauf, daß Hilfe kommen wird, und er kann warten. Er hat außerdem ein gutes Herz und teilt mit anderen alles, was er besitzt. Die Tiere sind seine Freunde und helfen ihm, weil er wiederum gut zu ihnen ist und ihnen hilft und sie beschenkt, wenn er es vermag. Der Dummling ist auch jeweils der jüngste Bruder, der von den älteren Brüdern verächtlich behandelt wird. Meistens sagt er nichts zu seiner Verteidigung, weil er schweigend abwarten kann. Seine hauptsächliche Eigenschaft ist vielleicht seine Rezeptivität. Er bedarf keiner Kontrolle. Der Dummling folgt der Feder, die, in die Luft geworfen, sich den natürlichen Luftströmungen hingibt. Er ist für die Natur und ihr Fließen offen und empfänglich, er kann warten und braucht die Dinge nicht voranzutreiben. Daher kann er den unbekannten und neuen Dingen gegenüber, die in seinem Blickfeld erscheinen, offen sein. Daß er keine Angst davor hat, in den Augen des Kollektivs als Narr zu erscheinen, macht es ihm möglich, mit Vertrauen zu handeln und für alles, was auf ihn zukommt, empfänglich zu sein.

In dem Grimmschen Märchen »Die goldene Gans« finden wir einen solchen Dummling. Er wird von seiner Familie »Dummling« genannt, ist der jüngste von drei Söhnen und wird »verachtet und verspottet und bei jeder Gelegenheit zurückgesetzt«. Die älteren Brüder sind klug und verständig und richten sich nach den Plänen ihres Ich. Jeder von ihnen geht in den Wald, um Holz zu hauen, und die Mutter gibt ihnen als Wegzehrung Eierkuchen und Wein mit. Die beiden älteren Söhne sind sehr darauf bedacht, ihre Nahrung und ihren Trunk zu bewahren, und als sie einem alten, grauen Männlein begegnen, das sie um Speis und Trank bittet, verweigern sie es ihm. Aber dann schneidet der eine Bruder sich mit der Axt in den Arm und der andere Bruder schneidet sich ins Bein, und beide müssen nach Hause gebracht werden. Dann bittet der Dummling den Vater, ihn auch hinausgehen zu lassen, um Holz zu hauen, aber der Vater sagt, er verstünde nichts davon. Schließlich willigt der Vater ein und meint, daß er durch Schaden klug werden würde. Statt der Eierkuchen und des Weins gibt die Mutter ihm einen mit Wasser in der Asche gebackenen Kuchen und saures Bier, und der Dummling geht in den Wald, wo er dem alten Männlein begegnet, das auch ihn um Speise und Trank bittet. Dummling sagt ihm, was er bei sich hat, aber er ist bereit, mit ihm zu teilen. Als sie ihr Mahl beginnen, hat sich das Essen in Eierkuchen und Wein verwandelt. Weil der Dummling ein gutes Herz hat und alles teilt, was er hat, verspricht das alte Männlein, daß es ihm Glück bringen werde. Und als der Dummling einen Baum abhaut, findet er in seiner Wurzel eine Gans mit goldenen Federn. Er nimmt die goldene Gans mit und zieht eine Reihe von Leuten an, die alle eine goldene Feder haben wollen. Aber wenn sie versuchen, eine Feder zu nehmen, bleibt die Hand an der Gans kleben. Der Dummling achtet der Leute nicht und geht mit der Gans weiter, und bald läuft ein ganzer Schwanz von Menschen hinter ihm her, die alle an der Gans kleben. Er kommt in eine Stadt, über die ein König herrscht, dessen Tochter so ernsthaft ist, daß niemand sie zum Lachen bringen kann. Der besorgte König hat ein Gesetz erlassen, daß derjenige, der seine Tochter zum Lachen bringen kann, sie zur Frau bekommen und das Königreich erben soll. Als der Dummling das hört, bringt er seine Gans und den Schwanz von Menschen vor die Tochter des Königs. Sobald sie ihrer ansichtig wird, fängt sie laut an zu lachen und kann gar nicht wieder aufhören. Der Dummling fordert nun die Hand der Prinzessin, aber der König will den Dummling nicht zum Schwiegersohn haben, und so stellt er ihm verschiedene unmögliche Aufgaben: einen Mann herzubringen, der einen Keller voll Wein austrinken kann; einen anderen Mann zu bringen, der einen Berg von Brot aufessen kann, und schließlich ein Schiff aufzutreiben, das zu Wasser und zu Lande fahren kann. Bei jeder Aufgabe geht der Dummling geradewegs in den Wald, wo er das Männlein findet, dem er geholfen hat, und dafür hilft ihm jetzt das alte Männlein, die Aufgaben zu vollbringen. Nach der Erfüllung der drei Aufgaben sieht der König ein, daß der Dummling mehr vermag, als er dachte, und kann ihm seine Tochter nicht länger vorenthalten. So heiratet der Dummling die Königstochter, die er zum Lachen gebracht hat, und wird schließlich selber König.

Dieses Märchen zeigt das Bild einer Tochter, die in einem Amazonenpanzer steckt: sie ist so ernsthaft, daß sie nicht lachen kann. Ihr Vater setzt den Dummling derart herab, daß dieser sogar dann, als er die Tochter zum Lachen bringt, nicht gut genug für ihn ist. Die Geschichte zeigt auch, daß nur die praktischen und ihrem Ich folgenden männlichen Figuren von den Eltern geschätzt werden – sie vertrauen nur den klugen älteren Brüdern und geben ihnen Eierkuchen und Wein mit. Aber die Geschichte zeigt außerdem, daß die älteren Brüder zwar vernünftig und zielstrebig sein mögen, daß ihre Überbetonung der Leistung ihnen jedoch Schaden zufügt und sie daran hindert, aus dem Wald Holz nach Hause zu bringen. Ebenso findet eine geharnischte, amazonenhafte Frau sich im Wald nicht zurecht (der ein Symbol des Unbewußten oder des inneren Unbekannten ist) und findet den Brennstoff nicht, der ihre Kreativität und Leidenschaft entzünden könnte. Es bedarf der nicht gewürdigten, naiven und angeblich dummen Figur des Dummlings, der in den Wald gehen und den Schatz zurückbringen kann. Er tut dies durch seine Freigebigkeit, die sich nicht an Besitz klammert und kein Ziel oder Objekt verfolgt. Aber das Paradox besteht darin, daß gerade dieses Nichtbesitzergreifen ihm zur Hilfe des alten Männleins und zu dem im Baum verborgenen Schatz den Zugang öffnet. In der Wurzel des Baumes findet er die Gans, deren goldene Federn jeden, der sie sieht, faszinieren. Die Gans gilt ja allgemein als ein dummes Geschöpf, aber dieses Bild zeigt, daß in der Dummheit Gold steckt. Dieses Gold entzieht sich jedoch der Kontrolle des Ich und der Besitzgier, und so bleiben alle, die nach den goldenen Federn der Gans greifen, an ihr hängen. Was für ein bemerkenswertes Bild, das uns zeigt, wie man »hängenbleiben« kann, wenn man die Dinge zu ergreifen und festzuhalten sucht! Es ist gerade diese berechnende Haltung, die sich am Schluß als lächerlich erweist, und nicht die naive Art des Dummlings. Ja, jetzt ist es der Dummling, der die Dinge in der Hand hat und seinen Weg fortsetzt, ungeachtet der Leute, die an der Gans kleben. Hier kann man sehen, daß der Dummling zwar dumm erscheinen mag, daß er in Wirklichkeit aber einen Trickster-Aspekt hat. Er weiß, daß die Leute festkleben, aber er geht einfach weiter. Es fehlt ihm also nicht das Element des Schattens, denn er macht keinen wirklichen Versuch, den festklebenden Menschen zu helfen. Aber manchmal braucht es eben diesen Schattenaspekt, um eine starre Situation aufzusprengen. Genau hier, wo der Dummling den Schwanz der Hängengebliebenen weiterführt, sehe ich im Dummling den Aspekt des zornigen Jungen. Hier wirken sie zusammen, um eine ernsthafte, steife, steckengebliebene Form der Weiblichkeit in eine jugendliche, lachende zu verwandeln. Eine Frau, die in einem Amazonenpanzer steckt, ist meistens zu ernsthaft, um zu lachen. Aber wenn es ihr gelingt, lockerzulassen, den Wert der gänsegleichen Dummheit einzusehen und über die Einstellung derer, die besitzen und kontrollieren und sie dadurch in ihrem Harnisch steckenlassen wollen, zu lachen, dann kann der Amazonenpanzer aufspringen, und die Hochzeit mit dem Dummling wird möglich.

Wie stark der Einfluß des negativen Vaters ist, der zur Bildung des Amazonenpanzers als Reaktion führt, zeigt sich im Märchen daran, daß der Vater, obwohl der Dummling die Prinzessin zum Lachen gebracht hat, ihn immer noch zurückweist und ihm scheinbar noch unmöglichere Aufgaben stellt. Jede Aufgabe hat eine besondere Bedeutung, denn jede erfordert ein Sichgehenlassen und/oder ein Überschreiten von Grenzen, wie das Austrinken eines Weinkellers, das Essen eines Berges von Brot usw. Gerade dieses Überschreiten von Grenzen ist aber etwas, das die Ausrichtung auf überbetonte Kontrolle der Frau, die sich mit diesem Aspekt identifiziert, niemals erlauben würde. In gewissem Sinn ist das vom König personifizierte Vaterprinzip letzten Endes eine Hilfe. Einerseits setzt der König den Dummling herab, aber andererseits verlangt er von ihm Taten, die die alte Identifikation mit dem Heldenhaften karikieren. Diese Taten lockern die einengende Seite auf und lassen die unterhaltsame, genießerische, jugendliche Seite zu. Der Dummling kann diese Taten vollbringen, weil ihm das alte Männlein im Wald, eine weise, alte männliche Gestalt des Unbewußten, zur Seite steht. Hier haben wir also eine psychische Integration des alten Mannes und des Jungen, die bewußt und tatkräftig in der Welt zusammenwirken, im Gegensatz zu dem zornigen und rebellischen Ausbruch einer unterdrückten jungenhaften Seite im Unbewußten als Reaktion auf eine zu starre Ich-Struktur. Durch dieses Zusammenwirken des alten Mannes und des jüngsten Sohnes kann die alte herrschende Struktur von einer neuen abgelöst werden – der Dummling kann zum neuen König werden.

Die Verflechtung von Amazone, zornigem Jungen und Dummling illustriert der folgende Fall einer jungen Schweizerin, die eine Reihe von Jahren in der Analyse mit mir arbeitete. Sie kam aus einer Familie, in der der Vater durch eine Erkrankung der Atemwege schwach und kraftlos war, der aber trotzdem die Familie mit einer patriarchalischen Autorität regierte, die das Weibliche herabsetzte. Der Platz der Frau war »Kirche, Kinder, Küche«, also nur das Haus. Diese Auffassung von der Frau und die Art und Weise, wie sie deshalb behandelt wurde, führte dazu, daß diese junge Frau sich wertlos, gefangen und in der »weiblichen Rolle« unfrei fühlte. Ihre Mutter stand als pflichtbewußte Ehefrau auf der Seite des Vaters und unterwarf sich der patriarchalischen Sicht des Weiblichen, die durch das Schweizer kulturelle Milieu noch verstärkt wurde. Zu dieser Zeit besaßen die Frauen in der Schweiz noch nicht einmal das Wahlrecht. Als junges Mädchen wurde sie in die Rolle der pflichtbewußten Tochter gedrängt, als ihr Vater verlangte, daß sie die Schule verließ und statt dessen eine Lehre zur Ausbildung in Hauswirtschaft antrat. Sie war von der Möglichkeit eines Studiums abgeschnitten, arbeitete hart und stürzte sich zwangsläufig in Verhältnisse mit Studenten, die sie dann finanziell unterstützte. Gleichzeitig lehnte sie sich dagegen und gegen die weibliche Rolle auf, die ihr aufgezwungen worden war. Da sie sich wertlos vorkam, verleugnete sie ihre weibliche Seite. In ihren Einstellungen schwankte sie zwischen dem amazonenhaften Modus von Märtyrerin und Kämpferin und dem *puella*-Modus von Außenseiterin und Höhenfliegerin. Aber sie fuhr fort, ihre Freunde zu unterstützen, und entwickelte sich selbst nicht. Eine Zeitlang hielt sie einen Mann aus, und dann brannte er plötzlich mit einem anderen Mädchen, das immer eine Studentin war, durch. Nach mehreren solcher Erfahrungen kam sie in die Analyse.

Unter der Tünche ihrer tüchtigen, fröhlichen und verantwortungsbewußten Persona war ein sehr verletzliches Mädchen mit viel Wut und Groll. Ihr »zorniger Junge« war schon früh in ihrer Pubertät hervorgetreten, als sie Obst aus dem Familiengarten stiebitzte, wofür ihr autoritärer Vater sie streng bestrafte. Später richtete sich ihr Zorn gegen die Schweizer Regierung und die Polizei. In dieser Zeit nahm sie an verschiedenen Demonstrationen teil und wurde dabei einmal mit Tränengas verletzt. Die resultierende Hilflosigkeit und Demütigung war das, was sie am meisten verwundete. Zum Großteil richtete sich ihr Zorn jedoch gegen sie selbst in Form eines sehr schwachen Selbstimage, das sie daran hinderte, ihr Potential zu entwickeln. Nach Art der Märtyrerinnen arbeitete sie vielmehr weiter und hielt ihre Freunde aus, während diese sich entwickelten. Insgeheim nahm sie es ihnen übel und sah auf sie herab, aber sie fuhr fort zu arbeiten und ihre Bedürfnisse zu verleugnen. Im Lauf der Analyse war sie in der Lage, diesen Zorn heraufzuholen, und entwikkelte ein künsterlisches Talent.

Der Amazonenpanzer dieser jungen Frau verdeckte die Scham über ihre Weiblichkeit, so daß sie die Ansprüche und Bedürfnisse ihres Körpers mißachtete. Sie ließ außerdem die Theorie verlauten, daß zwischen Mann und Frau wirklich kein Unterschied bestand. Und entsprechend ging sie auch mit ihrem Körper um und verleugnete die körperlichen und stimmungsmäßigen Veränderungen, die durch ihre monatliche Regel bedingt waren. Mit stoischer Entschlossenheit zwang sie sich in diesen Zeiten dazu, sogar noch härter zu arbeiten, aber bezeichnenderweise diente diese Arbeit ihren Freunden, nicht ihrer eigenen Selbstentwicklung.

Das Motiv des Dummlings, der die geharnischte Amazone zum Narren hält, tauchte in folgendem Traum auf. Sie überquerte gerade eine zentrale Brücke in Zürich, als ihr plötzlich zu ihrem Erstaunen ein Tampon im Mund steckte. In ihrer Verlegenheit warf sie es schnell rechts über ihre Schulter in den Fluß. Aber dann hörte sie schallendes Gelächter von einer Menschenmenge, die am Ufer des Flusses aufgereiht stand, und die meisten davon waren Studentinnen. Alle lachten und zeigten mit dem Finger auf sie und auf etwas im Fluß. Als sie hinsah, erblickte sie das Tampon, das sich zu riesiger Größe ausgedehnt hatte. Sie konnte die Demütigung nicht ertragen und versuchte wegzulaufen, aber als sie aufwachte, lachten die Leute sie immer noch aus.

Im Traum traten die Dinge klar hervor und zeigten, daß ihre Theorien über die Frau ihren eigenen körperlichen und emotionalen Bedürfnissen nicht entsprachen. Die Tatsache, daß das Tampon nicht an seinem Platz war, also in ihrem Mund statt in ihrer Vagina, deutete darauf hin, daß die Bedürfnisse ihrer weiblichen Natur nicht am richtigen Platz waren. Daß sie das Tampon wegwarf, ist ein Zeichen dafür, daß sie ihre weiblichen Bedürfnisse unterdrückte und sie nicht wahrnehmen wollte. Aber sogar die Frauen, die sie in Wirklichkeit bewunderte und sich zum Vorbild nahm, (die Studentinnen), lachten über diese Leugnung. Die Riesengröße des Tampons deutete an, daß sie durch ihre Leugnung das Problem nur vergrößerte. Während sie sich einbildete, daß das Wesen der Frau dem Mann völlig gleich und daß die

Frau emotional gänzlich unabhängig sei, war sie in Wirklichkeit sehr abhängig von jedem Mann, mit dem sie lebte und dessen Bedürfnisse statt ihre eigenen sie befriedigte. Obwohl sie die Vorstellung ihrer Eltern bezüglich der Rolle der Frau mit Recht kritisierte, lebte sie nach demselben Muster, indem sie ihre Freunde aushielt, statt sich selbst zu entwickeln. Sie war zornig auf das Schweizer Kollektiv wegen seiner Ansicht über Frauen, und ihr Zorn war gerechtfertigt. Weil er aber im Rebellischen erstarrte, richtete er nichts aus. Es bedurfte des Dummlings in ihrem Traum, damit sie all dies einsehen konnte. Kurz nach diesem Traum hatte sie eine Reihe von Träumen, in denen sie schwanger war und ein Kind bekam. Dies brachte auf einer sehr tiefen Ebene ihren Wunsch nach einem Kind zum Ausdruck, aber ihre Vorstellungen über die Frau erlaubten es ihr nicht. Schließlich brach sie aus dem Muster der Märtyrerin und Außenseiterin in ihren Beziehungen aus und heiratete einen Mann, der mehr auf ihre Bedürfnisse einging. Sie bekam in der Folge ein Kind und fuhr fort, an ihrem künstlerischen Potential zu arbeiten.
Der im Amazonenpanzer steckenden Frau verhilft der Dummling dazu, empfänglicher zu sein und loszulassen, und dadurch wird es ihr möglich, die einfachen Dinge zu genießen und mit dem Strom des Lebens zu schwimmen. Ein Haiku von Issa[8] lautet:

> Es wird wieder Frühling . . .
> auch in der zweiten Kindheit
> bin ich ein Narr.

3. Der Mann mit Herz

Wenn die Frau den perversen alten Mann und den zornigen Jungen identifiziert und sich ihnen stellt, und wenn sie die Seite des Kriegers und des Dummlings zuläßt, dann taucht in ihren Träumen und in der Phantasie oft ein neues männliches Bild auf. Häufig erscheint eine solche Gestalt in den Träumen zunächst als ein Eindringling, ein Fremder, der in das Haus der Frau einbricht. Als ich mitten in der Arbeit an diesen Figuren war, indem ich über sie schrieb, träumte ich dreimal hintereinander von einem jungen Eindringling. Er war jeweils mit der Natur verbunden: Ein Mann brachte eine Katze und einen Hund, ein anderer nahm mich zum Schwimmen in einem klaren Bergsee mit, und der dritte schmückte ein neues Zimmer in meinem Haus mit bunten, handgewebten Teppichen mit leuchtenden Blumen- und Vogelmustern, die er von seinen Reisen mitgebracht hatte. Diese Männer im Traum vermittelten mir Herz und ein Gefühl strahlender Wärme. Sie mochten meine weibliche Seite und brachten das mit ihren Gaben zum Ausdruck. Jetzt hatte ich eine männliche Figur in meinem Inneren, die mich als Frau gernhatte. Ich brauchte jetzt nicht mehr die unschuldige, liebe Tochter oder die übertüchtige Superfrau zu sein. Das Männliche war auch nicht mehr auf Sohn und Vater beschränkt, denn jetzt gab es außerdem einen liebevollen Mann.

Ich möchte Ihnen meine Phantasievorstellung des »Mannes mit Herz« mitteilen, denn er ist die positive, *innere* männliche Gestalt, die sich bei einer gesunden Beziehung zum Vater einstellt. Erstens ist er fürsorglich, warmherzig und stark. Er hat keine Angst vor dem Zorn, noch hat er Angst vor Intimität und Liebe. Er sieht über die Verzauberung, über die künstliche defensive Erscheinung hinaus in meinen Wesenskern. Er bleibt bei mir und ist geduldig. Aber er ergreift auch die Initiative, stellt sich den Dingen und kommt voran. Er ist stabil und ausdauernd, doch seine Stabilität kommt daher, daß er mit dem Strom des Lebens schwimmt und im Augenblick lebt. Er spielt und arbeitet und genießt beide Seinsweisen. Er fühlt sich überall zu Hause – im inneren Raum wie in der äußeren Welt. Er ist ein erdhafter Mensch – er ist instinkthaft und sexy. Er ist ein geistiger Mensch – er schwingt sich empor und ist schöpferisch. Er liebt die Natur: die Tiere, Vögel, Blumen, die Wälder und Bergwiesen, die Flüsse und das Meer. Er liebt die Kinder und das inwendige Kind. Er weiß den Zyklus der Jahreszeiten zu schätzen. Er kann die zarten Blüten der ersten Frühlingsblumen genießen, in der größeren Reife des Sommers loslassen und verweilen, im letzten farbenprächtigen Erglühen des Herbstes reif werden und tiefer werden in der Stille des Schnees im Winter und sich der Wiedergeburt des Frühlings wiederum öffnen. Er liebt die Schönheit – die Kunst, das Wort und die Musik. Vielleicht singt er auch, oder er spielt Fagott oder Geige. Er tanzt zu den Rhythmen des Lebens. Er ist der Seelengefährte, der innere Freund und Liebhaber, der eine Frau auf der Reise und dem Abenteuer des Lebens begleitet.

Zweiter Teil: Die Schmerzen

Du stehst an der Tafel, Papi,
Auf dem Bild, vor dem ich dich ruf:
Gespalten nur dein Kinn, nicht dein Huf.
Doch deshalb nicht minder ein Teufel; nein,
Nur ein Teufel, mit Stiefeln beschuht.

Du Schwarzer Mann trankst mein Herzensblut.
Man begrub dich, da war ich zehn. – Doch nie ruht
Der Teufel: Mit zwanzig sucht ich den Tod,
Zurückkehren wollt ich in deine Hut;
Ich dachte, sogar noch die Knochen wär'n gut.

Doch sie holten mich raus aus dem Sack
Und leimten mich wiederum zu.
Seither weiß ich, was ich jetzt tu:
Ich mach ein Modell, das bist du,
Ein Mann in Schwarz mit *Meinkampf*gesicht,

Der die Folter liebt und das Blut.
Und ich sagte, ja, gut, ja, gut.
Nun, Papi, mit uns ist es endgültig aus.
Das schwarze Telefon, das riß ich heraus,
Daß die Stimme auf ewig jetzt ruht.

Wenn ich einen erschlug, schlug ich zwei im Nu –
Den Vampir, der gesagt hat, er war wie du;
Und ein Jahr lang trank er mein Blut,
Sieben Jahre, daß du es nur weißt:
Papi, bleib liegen, du bist ein Geist.

Dein schwarzes Herz durchbohrt jetzt ein Pfahl,
und im Dorf die fanden dich niemals gut.
Sie tanzten und stampfen auf dir, du Graus.
Daß es immerzu *du* warst, das haben sie raus.
Papi, Papi, du Dreckstück, zwischen uns ist es aus.

Sylvia Plath, »Papi«

6 Wut

> Sagt den aufrechten Männern
> in der Welt
> daß sie ernten müssen
> euren gereiften Haß
> und das Feld eurer Wut pflügen müssen
> bevor sie euer Gesicht sehen werden.
>
> Cecil Bødker

Wut kann für die verwundete Frau eine Befreiung sein, denn ihre Wunde hat einen brennenden Mittelpunkt, der sie sticht und schmerzt. Manche Frauen unterdrücken den Schmerz und den Zorn, der damit Hand in Hand geht. Dann wendet sich der Zorn nach innen, vielleicht in Form von körperlichen Symptomen oder depressiven, suizidalen Gedanken, die ihr Leben und ihre Kreativität lähmen. Andere lassen ihre Wut heraus, aber sie überfahren die Menschen damit. Aus ihrer Verletzung heraus verletzen sie andere. Gleichgültig, in welche Richtung die Wut geht, sie ist diffus, formlos und explosiv. Aber sie bringt auch eine gewaltige Energie mit sich, die bei richtigem Einsatz ihr Potential als Frauen freisetzen könnte. Wut kann als zentrale Kraft für die Erlösung des Vaters und die Verwandlung des Weiblichen wirken.

Der folgende Traum zeigt auf dramatische Weise die geballte Wut, die viele Frauen in ihrem Inneren konfrontieren müssen, und außerdem zeigt er die Struktur des Männlichen im Inneren, wenn es destruktiv in zwei zusammenhanglose Gegensätze gespalten ist.

Ein Freund und ich wollten ausreiten. Wir fanden unsere Pferde in der Nähe eines fremden Stalles. Meine Fuchsstute war gesattelt und gezäumt, aber nicht angebunden und ohne Aufsicht. Als ich auf sie zuging, wollte sie weglaufen. Aber sie trat auf die Zügel, und das

Zaumzeug verriß ihr den Kopf. Plötzlich wurde sie von einer Panik ergriffen, und wütend bäumte sie sich auf. Jetzt war sie so groß wie ein Riese, sie war halb Mensch, und ich merkte, daß sie verrückt war. Sie packte ein Mädchen in der Nähe und quetschte sie aus ihrer Haut heraus, wie man eine Wurst ausquetscht. Das Mädchen war tot. Dann stürzte die Stute sich in rasender Wut auf mich. Ich warf meinem Freund einen hilfesuchenden Blick zu, aber er war so entsetzt und hilflos, daß er sich nur erbrechen konnte. Ich rief den Stallburschen, aber der beachtete mich nicht. Ich wachte auf vor Schreck, als die rasende Fuchsstute auf mich zukam.

Die Gewalt und Stärke dieser Wut ist in diesem mächtigen Bild der riesengroßen, halb menschlichen, psychotischen Fuchsstute unmißverständlich. Der Traum zeigt außerdem deutlich zwei unzulängliche Arten der männlichen Reaktion: die in ihrer Gleichgültigkeit brutale Gestalt des Stallburschen und den sensiblen, aber unfähigen Freund. In diesem Traum gibt es keine erlösende männliche Figur. Die einzige andere Gestalt außer der Träumerin ist ein hilfloses junges Mädchen ohne Substanz. Sie hat keinen echten Mittelpunkt und kann daher aus ihrer Haut herausgedrückt werden, wie eine Frau ohne echte innere Stärke zerfallen kann, wenn sie direkt konfrontiert wird. Die Träumerin muß sich der rasenden Fuchsstute unmittelbar stellen. Für die Träumerin war die verrückte Stute ein Bild der ungezügelten Leidenschaft und Wut ihres Vaters, wenn er die Beherrschung verlor. Die Fuchsstute symbolisierte außerdem auch ihre eigene Leidenschaft und Wut. In dem Stallburschen sah sie die brutal gleichgültige Seite ihres Vaters und in dem unfähigen Freund seine schwache, sensible Seite. Doch beides waren auch Seiten von ihr selbst, die mit der rasenden Energie, die sie in sich spürte, nicht zu Rande kamen. Zur Zeit des Traumes hatte der brutal gleichgültige Stallbursche, in Gestalt eines perfektionistischen inneren Richters, die Kontrolle gehabt und gerade eben die Zügel fallengelassen. Das alte angepaßte Ich war am Ende. Der Freund, ein sensibler, einfühlsamer Mann, war noch eine unentwickelte Gestalt in ihrem Inneren und nicht stark genug, um helfen zu können. Die Energie war also eine gewaltige Präsenz, aber sie war noch nicht gelenkt – und daher kam ihr zügelloser, gefährlich rasender Zustand. Weil sie ihren Vater so oft in Raserei, unbeherrscht und unfähig gesehen hatte, in der Welt zurechtzukommen, hatte sie eine schreckliche Angst vor dieser Seite ihrer selbst. Sie fürchtete sich vor einem Zusammenbruch oder daß sie eines Tages verrückt werden würde und litt unter schrecklichen Angstzuständen. Als Kind hatte sie wenig Schutz gegen diesen unbeherrschten Vater gehabt, und so flüchtete sie sich in ein starres Verteidigungssystem, das sie vor der Stärke ihres Gefühls und ihrer Leidenschaft beschützte. Daraus entstand ein hilfloses, gefälliges Mädchen ohne Substanz und eine dünnhäutige Persona, die keinem Streß gewachsen war und deshalb aus ihrer Haut herausgequetscht werden konnte. Als der brutale, gleichgültige Stallbursche die Zügel fallenließ, die ihr Pferd unter Kontrolle hielten, war das Mädchen ohne Substanz dem Untergang geweiht. Etwas Neues mußte mit all dieser rasenden Energie geschehen. Die Träumerin mußte sich bewußt und direkt damit auseinandersetzen! Diese Frau mußte ihre leidenschaftliche, feurige Gefühlsseite zulassen, Verantwortung für sie unternehmen und lernen, sie zu lenken.

Die rasende Fuchsstute symbolisierte die wilde, ungelenkte Energie, und die Träumerin hatte schreckliche Angst davor. Diese Angst vor der Wut teilen viele Frauen. Wenn ihr Vater sich selbst vor Wut verzehrt, dann bleibt die ungelöste Wut des Vaters auf der Tochter sitzen. Vielleicht hat sie erlebt, wie ihr Vater in Wutausbrüchen alle Beherrschung verlor, und wurde davon unmittelbar in Angst versetzt. Oder die Wut des Vaters war vielleicht unterdrückt, entweder in einer passiven, zurückgenommenen Art oder in einer starr kontrollierten Art. In beiden Fällen fehlte das Vorbild eines rechten Verhältnisses zur Wut. Weder die Unterdrückung der Wut noch unkontrollierte Explosionen sind ein wirksamer Träger der vollen Kraft dieser Energie. Der seiner Wut ausgelieferte Vater verrät den Archetyp des Vaters insofern, als die Ordnung, die Stabilität und die vertrauensvolle Beziehung zur Welt, die für gewöhnlich vom Vater kommt, zerstört wird. Das Verhältnis einer Frau zur Sexualität und zu den schöpferischen Kräften des Unbewußten sind oft gleichfalls bedroht. Das »Andere«, das »Unbekannte«, wirkt oft angsterregend statt faszinierend. Die ganze kreative Energie, die von der Sexualität freigesetzt wird, und das geheimnisvolle Unbekannte sind suspekt und oft gelähmt. Wenn eine Frau den Zorn in ihrem Vater als pathologisch erlebt hat, wird sie außerdem den Verdacht haben, daß auch der ihre pathologisch ist. Um eine Konfrontation mit dieser mächtigen und möglicherweise krankhaften Gewalt zu vermeiden, verschleiert sie oft ihre Wut.

Wut kann auf vielerlei Art verschleiert werden, beispielsweise durch eine Sucht. Beim Alkohol kann die Wut herauskommen, wenn man betrunken ist, jedoch ohne sie bewußt und verantwortlich anzunehmen. Freßsucht kann eine andere Art sein, sich »Gewicht zu verleihen«. Oft verbirgt sich die Wut im Körper. Viele Frauen leiden unter Hypochondrie und erleben dabei eine körperliche Schwäche und Krankheiten, die in Wirklichkeit angestaute Energie überdecken. Kopfschmerzen, Rückenschmerzen, Magengeschwüre, Kolitis und andere Magenbeschwerden verschwinden häufig, wenn die Wut akzeptiert wird. Die Depression, ein Zustand, in dem man seine ganze Energie einzubüßen scheint, ist eine andere Form der versteckten Wut. Angstzustände verdecken oft einen Zorn, in dem man vor Hilflosigkeit zittert. Suizidale Tendenzen können einen mörderischen, nach innen gewendeten Zorn verschleiern, und in der Form der gefühlsmäßigen Erpressung versteckt sich der Zorn auf andere. Viele Frauen verschleiern ihre Wut mit sexueller Verführung und/oder Zurückweisung. Manche provozieren Wut in anderen und lassen andere Menschen ihre eigene Wut ausagieren. Die verbitterte, zynische Haltung vieler Frauen, »sich an den Männern schadlos zu halten«, ist ihre Art, den Männern ihre Abhängigkeit von ihnen heimzuzahlen. Das führt oft zu zwanghaftem Einkaufen und Geldausgeben, was Energie und Zeit verschlingt. Besessenheit von Schuldgefühlen verschleiert ebenfalls die Wut, denn damit schlägt man sich unentwegt selber. Eine weitere, häufig vorkommende Art, Zorn zu verschleiern, ist die intellektuelle Haltung, die »über alles Bescheid weiß«, die andere einschüchtert, oder ein kritischer Angriff, der emotional nicht wirklich trifft und die andere Person hilflos macht. Märtyrertum, Askese, ein puritanisches Arbeitsethos, Stolz auf das eigene Pflichtgefühl und Verantwortungsbewußtsein können jeweils eine Art und Weise sein, Zorn zu verbergen. Dasselbe gilt für die freche, selbstgerechte Haltung, die zum anderen sagt: »Ich bin eben so, wie ich bin« und dabei Angst vor dem Risiko hat, sich verletzlich zu zeigen.

Puella-Frauen neigen dazu, vor einer feurigen, wütenden Selbstbehauptung Angst zu haben. Daher versuchen sie oft ihr äußerstes, den anderen zu beschwichtigen und sich anzupassen, wobei sie ihre Wut unter einer gefälligen Persona verbergen, und dann kommt die Wut in einigen der oben erwähnten Formen heraus. Doch am Ende fühlen sie sich von ihrem Selbst entfremdet und betrogen. Indem sie ihre Energie an andere abtreten, verausgaben sie sich, verlieren ihre Mitte und fühlen sich schwach und hilflos. Wut kann auch unter einem Amazonenpanzer unterdrückt werden, der äußerlich stark erscheint und zwischen dem Selbst und den anderen eine Mauer errichtet. Aber die positive Kraft der Wut geht verloren, weil der Panzer im Weg ist. In beiden Fällen muß die Wut anerkannt und freigesetzt werden, bevor sie sich verwandeln kann.

Wenn sehr viel Wut vorhanden ist, die aus einer negativen Vaterbeziehung kommt, dann wendet sich diese Wut häufig auch gegen den Liebhaber. Oft ist es schwer, mit gewöhnlichem Zorn umzugehen wie in dem folgenden Beispiel. Am vergangenen Valentinstag hatten drei Frauen, mit denen ich arbeitete, eine ähnliche Erfahrung: alle wurden auf irgendeine Weise von ihren Liebhabern vernachlässigt. Alle drei waren verletzt und voller Wut. Eine betrank sich und las ihrem Liebhaber zornig die Leviten. Die andere bezwang ihren Zorn und fiel in tiefe Depression und Hoffnungslosigkeit. Die dritte hatte einen hysterischen Anfall. Keiner dieser Wege, Zorn auszudrücken, brachte den Frauen etwas. Keine empfand, daß sie ihren Liebhaber wirklich erreicht hatte. Jede war unfähig, ihren Zorn in einer bewußten und effektiven Weise zu lenken, weil noch eine ungelöste Wut aus der Vergangenheit vorhanden war und sie kein adequates

Vorbild besaßen, das ihnen hätte zeigen können, wie man mit dieser Wut umgeht. Wegen dieser nicht integrierten Wut aus ihrer Kindheit waren sie nicht imstande, mit ihrem gegenwärtigen Zorn auf ihre Liebhaber umzugehen. Wenn die Wut nicht bewußt integriert wird, dann führt sie oft zu einem unbewußten Angriff auf den Partner, in dem der andere unbarmherzig kritisiert und jede Möglichkeit der Liebe zerstört wird.

Hinter der Wut stehen oft Tränen, wie es bei diesen drei Frauen der Fall war. Unterhalb des Zorns liegt eine Verwundbarkeit und die Möglichkeit der Zärtlichkeit und Intimität. Wenn Frauen die Wut ihres Vaters als Ablehnung und Verlassenwerden erlebt haben, dann werden manchmal die Tränen und die Zärtlichkeit zusammen mit der Wut verschleiert. Wenn eine Frau also lernen kann, sich zu ihrer Wut in ein Verhältnis zu setzen, so kann das ihre zärtliche Seite und die Möglichkeit einer intimen Beziehung öffnen. Wenn Frauen ihren Liebhabern gegenüber Zorn zum Ausdruck bringen, öffnen sie sich auch oft sexuell mehr. Wut kann also sowohl auf der physischen wie auf der emotionalen Ebene zu einer tiefen Liebeserfahrung führen.

Manchmal kommt die Wut von der Mutter. In diesen Fällen hat der Vater gewöhnlich Angst vor seiner eigenen Wut und stellt sich nicht der Wut der Mutter. Renes Vater opferte sie auf diese Weise, indem er zu nett und entgegenkommend war. Er setzte sich mit dem Zorn und den selbstzerstörerischen Neigungen der Mutter nicht auseinander. Er liebte seine Tochter, aber das machte die Mutter nur noch eifersüchtiger. Wie ihr Vater versuchte die Tochter, gefällig zu sein, und dies wurde ihr Muster. Aber so sehr sie sich auch bemühte, sie konnte es ihrer Mutter nie recht machen. Vor allem anderen fürchtete Rene den Zorn ihrer Mutter. Als Rene ein Teenager war, begann die Mutter stark zu trinken, sie wurde feindseliger, machte mehrere Selbstmordversuche und bekam schließlich einen Nervenzusammenbruch. Während dieser Zeit trat der Vater zu Hause nicht aktiv in Erscheinung und setzte dem Verhalten der Mutter keine Grenzen. Er war nicht imstande zu sagen: »Nein! Dieses Verhalten lasse ich mir von dir nicht gefallen.«

Rene bewältigte diese Situation dadurch, daß sie sich außerhalb der Familie Ersatzmütter suchte und sehr anpassungsfähig, entgegenkommend und verantwortungsbewußt war. Doch darunter befürchtete sie insgeheim, daß sie wie ihre Mutter wäre. Ihre angenehme Persona und ihr Charme leisteten ihr in den Zwanzigern und Anfang dreißig gute Dienste, als sie mit einem älteren Mann, einem »ewigen Jüngling«, verheiratet war. Die Beziehung war angenehm, und es gab nie Streit, aber es mangelte ihr an Tiefe. Schließlich verloren beide Partner das Interesse daran. Sie ließ sich mit einem ganz anderen Typ von Mann ein, der sehr praktisch war und sie tadelte, wenn sie sich übernahm, wenn sie nicht pünktlich war oder etwas nicht richtig machte. In dieser Beziehung gab es viele Kämpfe. Obwohl sie diesen Mann sehr liebte, konnte sie weder mit seinem noch mit ihrem Zorn umgehen, und aus diesem Grund kam sie in die Analyse. Ihr Muster, sich angenehm zu machen, funktionierte in dieser Beziehung nicht, und sie sah ein, daß sie lernen mußte, sich zur Wehr zu setzen. Aber Kämpfen machte ihr insgeheim Angst, denn sie befürchtete so sehr, wie ihre Mutter zu werden.

Ihr Vater hatte sie nicht darauf vorbereitet und sie nicht angeleitet, mit Aggression umzugehen. Ihr einziges Vorbild war die hysterische Wut ihrer Mutter, die die ganze Familie tyrannisiert hatte. In dieser Zeit träumte sie, daß sie und ihr Vater von grimmigen mittelalterlichen Soldaten gefangengenommen und in einen Graben geworfen wurden, von wo sie einer gräßlichen, blutigen Schlacht zusahen, die über ihnen ausgetragen wurde. Dieser Traum symbolisierte die unkontrollierbare, primitive Wut der Mutter und die Hilflosigkeit, die sie und ihr Vater angesichts dieser Wut empfanden.

Wenn sie mit Zorn konfrontiert war, fiel sie in eine tiefe Depression. Und da sie wenig Selbstvertrauen besaß, gab sie sich selbst die Schuld für den Streit. Sie begann zu kompensieren, indem sie immer verantwortungsbwußter und perfektionistischer in ihrer Beziehung und in ihrer Arbeit wurde. Sie neigte dazu, sich unmögliche Ziele zu stecken und so viele Dinge zu versprechen, daß sie allen ihren Verpflichtungen unmöglich nachkommen

konnte. Die Folge war, daß sie fast vor Angst verging, weil sie fürchtete, sie würde unter dem Druck zusammenbrechen. Hinter all dem stand die Angst, daß sie wie ihre Mutter sein könnte und mit einem Nervenzusammenbruch enden würde, der sie funktionsunfähig machen würde. Ich spürte, daß diese Angst, die von ihrer Tendenz kam, anderen gefällig zu sein und sich zu übernehmen, um Ärger zu vermeiden, eine verborgene Wut verschleierte, mit der sie nie umgehen gelernt hatte. Da sie nur die Hysterie ihrer Mutter und die Hilflosigkeit des Vaters erlebt hatte, besaß sie kein Modell, wie man Zorn in den Griff bekommt. Sie litt außerdem an einem Mangel an Selbstvertrauen, zweifelte an ihrem Wert und hatte daher Angst davor, sich zu behaupten. Diese Frau mußte einsehen lernen, wie wertvoll die Wut war, vor der sie Angst hatte. Rene mußte außerdem lernen, sich selbst und anderen Grenzen zu setzen und: »Nein! Das kann ich nicht!« zu sagen. Aber um Grenzen zu setzen, mußte sie sich selbst einen Wert geben.
Ihre Träume lieferten ihr ein Bild. In einem Traum saß eine elegant gekleidete russische Königin in einer von vier prächtigen, tänzelnden Pferden gezogenen Kutsche. Diese Königin war eine Frau, die wußte, was sie wollte, und keine Angst hatte, sich zu behaupten und ihre Rechte zu fordern. Die Königin wußte, wie sie die Energie der Pferde zu kontrollieren und zu lenken hatte, um dorthin zu gelangen, wo sie hinwollte. In einem früheren Traum war Rene ein riesiger Gorilla erschienen, der sie verfolgt hatte, und sie brauchte nun diese Gegenüberstellung, bevor sie imstande war, die Königin zu sehen. Symbolisch bedeutete dies, daß die Konfrontation mit der mächtigen, gorillahaften Kraft ihrer Aggression nötig war, um mit der königlichen, majestätischen Kraft in Berührung zu kommen, die in ihr steckte.
Diese Frau war auch von ihrer Kraft, Wut auszudrücken – ihrer »Kali-Kraft« – abgeschnitten. Kali ist die Hindu-Göttin der Schöpfung und Zerstörung. Ihre Wut kann zerstören, sie kann aber auch erschaffen, und daher kann sie das Feuer für die Verwandlung verfügbar machen. Die Macht Kalis zu wüten ist eine Kraft, die viele Frauen entwickeln müssen – die Kraft, sich

zu behaupten, ihre eigenen Grenzen zu setzen und nein zu sagen, wenn es nötig ist.[1]
Wut kann auch Geist freisetzen. Manchmal ist es sogar nötig, gegen »Gott« zu wüten, gegen die tragischen Mächte des Schicksals, um das Bewußtsein auf eine höhere Ebene zu heben. Nach Jungs Auffassung wurde nicht nur das Bewußtsein der ganzen Menschheit, sondern auch der Gottheit erhöht, als Hiob nach Jahren des geduldigen Leidens endlich seiner Wut auf die Ungerechtigkeit Gottes Luft machte.[2] Nach meiner Erfahrung gibt Wut auf dieser Ebene sowohl die eigene Verletzlichkeit und Schwäche als auch die eigene Kraft und Stärke zu erkennen. Paradoxerweise vereint sie diese Gegensätze und erreicht damit eine Transformation der früheren Seins- und Bewußtseinsstufe. Meine eigenen rasenden Ausbrüche gegen das destruktive Erbe, das ich von meinem Vater mitbekommen hatte, gaben mir stets die Energie, zu handeln und das negative karmische Muster soweit wie möglich zu ändern. Und sie brachten mich meinem Vater auch näher, denn ich empfand mit mehr Mitgefühl den Kampf auf Leben und Tod, in dem er schließlich unterlag.
Wie kann die verwundete Frau sich mit dieser machtvollen Wut verbinden, statt sie als Bedrohung und Schrecknis zu empfinden? Und wie kann sie die Wut in schöpferische Energie umwandeln? Nach meiner Erfahrung gibt es dabei mindestens zwei Stufen: zuerst kommt das Herauslassen der Wut und dann die Verwandlung dieser Kraft in schöpferische Energie. Das Märchen »Der Froschkönig« zeigt, was passieren kann, wenn die Wut sich einen Weg nach außen bahnt. Und der Mythos »Amor und Psyche« deutet einen Weg zur Verwandlung an.
Sehr oft fürchtet die verwundete Frau sich vor dem Feuer und der rasenden Energie in ihrem Inneren. Vielleicht ist die Art und Weise, wie man Herr eines Waldbrandes wird, eine passende Analogie. In diesem Fall »bekämpft man Feuer mit Feuer«. Die Bekämpfer eines Waldbrandes legen tatsächlich ein Feuer um den gefährlichen Brand, um diesen zu begrenzen. Ebenso kann das Herauslassen der Wut mit einem Gefühlsausbruch die Wut begrenzen, indem man sie freisetzt. Denn Wut kann ein Akt der

Selbstbehauptung sein, die Grenzen setzt und Identität bestimmt, indem sie erklärt: »Ich lasse mir das nicht mehr gefallen!« Die Grimmsche Fassung des Märchens »Der Froschkönig« deutet an, daß man der unterdrückten Wut mit Wut begegnen soll.

In diesem Märchen bittet eine Prinzessin, deren goldener Ball in einen Brunnen gerollt ist, einen Frosch, ihr den Ball heraufzuholen. Der Frosch ist dazu bereit, wenn die Prinzessin ihn dafür füttert und versorgt und ihn in ihrem Bett schlafen läßt. Sobald die Prinzessin ihren Ball wieder hat, vergißt sie ihr Versprechen. Aber während sie mit ihrem Vater zu Tische sitzt, ist vor dem Tor ein lautes Quaken zu hören. Ihr Vater fragt, wer das sei, und als er die Geschichte des Frosches vernimmt, befiehlt er seiner Tochter, ihr Versprechen zu halten. Die Prinzessin ist von dem Frosch abgestoßen, aber sie hebt ihn zu sich herauf und gibt ihm zu essen. Sie ekelt sich zu sehr davor, ihn ins Bett zu nehmen, und so läßt sie ihn auf dem Boden sitzen. Als der Frosch sein Recht, die gesamte Erfüllung des Versprechens, einfordert, wird sie wütend und wirft ihn voll Zorn an die Wand, worauf er sich in einen Prinzen, seine ursprüngliche Gestalt vor seiner Verzauberung, verwandelt.

Hier ist Wut die angemessene Reaktion. Sie befreit den Prinzen aus seiner perversen Froschgestalt. Dieser Weg kann angemessen für die *puella* sein, die sich der Wut stellen muß. Denn indem sie selbst wütend wird, erfährt sie die volle Kraft ihrer eigenen Macht und Stärke, die sie vorher an andere abgetreten hat. Sie trotzt außerdem der patriarchalischen Autorität. Wenn sie den Frosch an die Wand wirft, ist das so, als würde sie Projektionen zurückwerfen, die nicht wirklich auf sie passen, z. B. die negative Projektion, daß Frauen passiv und machtlos sind. Eine oft vorkommende Gefahr für die *puella* ist, daß sie Projektionen ihrer Machtlosigkeit auf sich nimmt. Aber dann degeneriert die Kraft, die sie wirklich besitzt, die Kraft des weiblichen Gefühls und Instinkts, und richtet sich häufig gegen sie. Sie wird über ihren Machtverlust böse werden, aber sich gleichzeitig davor fürchten, das zu zeigen. Um eine Konfrontation mit sich selbst und anderen zu vermeiden, verschleiert sie dann ihre Wut. Aber wenn die Wut verschleiert ist, dann büßt sie ihre Wirksamkeit und Kraft ein.

In dem Märchen »Der Froschkönig« übernimmt die Prinzessin die Verantwortung für ihre Wut, als sie den Frosch an die Wand wirft. Sie achtet auf ihre weiblichen Instinkte und Gefühle und vertraut ihnen, indem sie ihrem Gefühl des Ekels entsprechend handelt und die Befehle ihres Vaters nicht befolgt. Als sie dem Frosch begegnete, war sie ein hilfloses kleines Mädchen, das seinen goldenen Ball fortrollen ließ, wie so viele Frauen den Zugang zum starken Zentrum ihres weiblichen Geistes verlieren. Als hilfloses Mädchen leistete sie ein Versprechen, das sie nicht halten wollte. Wie sehr gilt dies auch für die vielen Frauen, die ihre Unabhängigkeit für das Versprechen von Sicherheit und materiellem Wohlstand eintauschen. Dies geschah auch in dem Märchen »Der gelbe Zwerg«, in dem die Prinzessin sich hilflos fühlt angesichts der Wut der heranspringenden Löwen und den perversen Zwerg zu heiraten verspricht, um ihr Leben zu retten. Aber in diesem Märchen stellt die Prinzessin sich nie unmittelbar den Löwen oder dem Zwerg und ist durch ihr Gefühl der Hilflosigkeit und des Selbstmitleids zur Selbstzerstörung verurteilt. Im »Froschkönig« findet eine Verwandlung statt, weil die Prinzessin schließlich die Verantwortung für ihre weiblichen Gefühle übernimmt und sie durchsetzt. In einem Akt der Wut erlöst sie den Frosch und verwandelt ihn in einen Prinzen. Als sie sich behauptet und den Frosch an die Wand wirft, wird er ihr Geliebter. Zusammen mit der Wut ergibt sich also auch die Möglichkeit einer intimen Beziehung.

Frauen von heute müssen das nicht nur in ihrem persönlichen Leben, sondern auch auf kultureller Ebene tun. Viele Frauen unserer Zeit sind zornig, weil ihre weiblichen Werte herabgesetzt worden sind. Sie müssen sich aufgrund ihrer eigenen weiblichen Erfahrung mit Kraft behaupten, und dazu braucht es vielleicht einige Ausbrüche des Zorns. Einige kulturelle »Frösche« (die Projektionen und Vorurteile) müssen an die Wand geworfen werden. Doch letztendlich muß dieser Ausdruck von Wut nicht nur stark, sondern auch geformt und wirksam gelenkt sein. Diese bewußte Wahrnehmung der eigenen Energie und wie man sie gebrauchen will, kann Frauen davon abhalten, falsche Versprechen zu geben, die sie in der Hilflosigkeit festhalten. Indem sie lernen, sich zu ihrer Wut in ein Verhältnis zu setzen, können sie den Bewußtseinsstand bezüglich der ungelösten kulturellen Wut, die im schlimmsten Fall zu Krieg und Verfolgung führt, auf eine höhere Stufe heben.

»Der Froschkönig« ist die Geschichte eines Ausbruchs von Wut, und diese Wut kann der Beginn von Bewußtheit sein. Aber wenn Frauen anfangen, sich ihrer Wut bewußt zu werden, dann erstreckt ihre Verantwortung sich auch darauf, ihr Form und Gestalt zu geben. Rilke drückt dies treffend in einem Requiem für einen jungen Dichter[3] aus, der seinen gequälten Gefühlen nachgab und Selbstmord beging:

> O alter Fluch der Dichter,
> die sich beklagen, wo sie sagen sollten,
> die immer urteiln über ihr Gefühl
> statt es zu bilden; die noch immer meinen,
> was traurig ist in ihnen oder froh,
> das wüßten sie und dürften im Gedicht
> bedauern oder rühmen. Wie die Kranken
> gebrauchen sie die Sprache voller Wehleid,
> um zu beschreiben, wo es ihnen wehtut,
> statt hart sich in die Worte zu verwandeln,
> wie sich der Steinmetz einer Kathedrale
> verbissen umsetzt in des Steines Gleichmut.
> Dies war die Rettung. Hättest du nur *ein* Mal
> gesehn, wie Schicksal in die Verse eingeht
> und nicht zurückkommt, wie es drinnen Bild wird
> und nichts als Bild, nicht anders als ein Ahnherr,
> der dir im Rahmen, wenn du manchmal aufsiehst,
> zu gleichen scheint und wieder nicht zu gleichen –:
> du hättest ausgeharrt.

Der Mythos von Amor und Psyche gibt einen Hinweis, wie man einen Zugang zur Wut erlangen und sie verwandeln kann. In dem Mythos hat Psyche ihre Beziehung zu Eros, ihrem Geliebten, verloren und versucht, sie wiederzugewinnen, indem sie Aufgaben erfüllt, die Eros' eifersüchtige Mutter Aphrodite ihr stellt.

Eine Aufgabe besteht darin, daß sie ein goldenes Vlies von wilden Widdern bringen sollte. Weil sie meint, daß sie diese Aufgabe unmöglich erfüllen könne, geht sie in ihrer Hoffnungslosigkeit an den Fluß und will sich ertränken. Doch da vernimmt sie eine melodische Stimme, die ihr sagt, daß es einen Weg gebe, um das Vlies von den rasenden Widdern zu gewinnen. Die Stimme ertönt von einem freundlichen, schlichten grünen Schilfrohr am Wasser, der Nährmutter lieblicher Melodien, und spricht:

Psyche, in soviel Mühsal geübte, besudle nicht meine heiligen Wasser mit deinem elenden Tode, noch schaffe dir in dieser Stunde zu den furchtbaren Schafen Zugang, solange sie vom Sieden der Sonne ihre Hitzigkeit borgend zu trotziger Wut hingerissen werden und mit spitzigem Horn und steinerner Stirn und mitunter vergifteten Bissen zur Zerstörung der Sterblichen wüten; wenn aber der Mittag das Feuer der Sonne gedämpft hat und das Vieh durch die Heiterkeit des Fluß-Odems zur Ruhe gekommen ist, kannst du dich unter jener hochgewachsenen Platane, die mit mir zusammen aus einem Flusse trinkt, leicht verbergen. Und sobald die Wut der Schafe besänftigt und ihr Mut entspannt ist, schüttle das Laub des benachbarten Haines auf, und du wirst das wollige Gold finden, das überall an den gebogenen Zweigen hängt.[4]

Das Geheimnis besteht hier also darin, daß man sich den rasenden Widdern nicht unmittelbar nähert, denn ihre Wut ist wild, wahnsinnig und mörderisch. Man bekommt Zugang zu dieser Energie, wenn man geduldig wartet und sich ihr indirekt nähert. Die wütende Kraft der Widder direkt anzugehen, würde Psyches Tod und Zerstörung bedeuten. Manchmal ist die Wut einer Frau wegen ihrer tiefen Wunden so explosiv, daß sie alle Beziehungen zerschlägt. Wie die rasenden Widder geht sie aggressiv auf jeden los, der ihren Weg kreuzt. Eine solche Wut hat oft ihre Wurzel in Gefühlen des Verlassenseins, des Verrats und der Zurückweisung, die auf ihre Beziehung zum Vater zurückgehen können und die in ihren gegenwärtigen Beziehungen immer wieder auftreten. Die Wut ist oft vermischt mit Gefühlen von Eifersucht und Rachsucht, die stark genug sind, um jede Beziehung zu zerstören, und ebenso die Fähigkeit der Frau, sich selbst zu lieben. Ein extremes Beispiel in der griechischen Tragödie ist Medea, die

von ihrem Geliebten, Jason, verraten wurde und aus Rache ihre eigenen Kinder tötet. Viele Frauen zerstören ihre Beziehungen auf diese Weise, durch ständige hysterische Ausbrüche oder Selbstmorddrohungen und -versuche. Psyches Selbstmordanwandlung zeigt, daß sie von dieser tödlichen Aggression, die sich innerlich gegen sie richtet, besessen ist.
Als Psyche wartet, bis sie das goldene Vlies der Widder erlangen kann, ohne durch ihre rasende Energie zerstört zu werden, gewinnt sie Zugang zu ihrer schöpferischen goldenen Energie, jedoch ohne dabei zerstört zu werden. Um die rasende Energie zu formen, ist es notwendig, einen Zugang zu ihr in ihrem nichtaggressiven Aspekt zu gewinnen, so daß man von ihr nicht besessen wird. Dazu bedarf es der Geduld und des Wissens, d. h. man muß warten, bis die rechte Zeit gekommen ist, und man muß sie erkennen. Wenn man von Wut besessen ist und zur unrechten Zeit explodiert, dann ist die Energie gewöhnlich vergeudet und bringt oft die gegenteilige Wirkung hervor. Die andere Person oder Gruppe sieht nur die wilde Reaktion und nicht, was dahinter steht. Es ist sehr wichtig zu wissen, was hinter der Wut steht. Dazu bedarf es einer bewußten Differenzierung der verschiedenen Elemente der Wut. Dazu bedarf es einer Klärung, welcher Teil der Wut der ungelöste Zorn auf den Vater ist und welcher zu der Frau selbst und zu der Situation gehört. Die erste Aufgabe, die Psyche gestellt wurde, war die, daß sie einen riesigen Haufen von Samenkörnern nach ihren verschiedenen Arten sortieren sollte. Der Haufen war so ungeheuer groß, daß die Aufgabe unmöglich schien. Aber dann kamen Ameisen und halfen Psyche dabei. Manchmal ist die Aufgabe, die verschiedenen Elemente der Wut zu sortieren, ebenfalls ungeheuer groß, und sie verlangt viel Mühe und Entschlossenheit. Zu klären, welcher Anteil der Wut wirklich zu einem gehört, welcher der anderen Person oder der ungelösten Wut auf den Vater oder auch der Wut auf die Kultur, ist eine ungeheure Aufgabe. Wenn man sie jedoch nicht leistet, endet man oft in der höllischen Lage der Danaiden in der alten griechischen Sage.
Die Danaiden waren fünfzig Töchter, deren Vater endlich seine

Zustimmung zu ihrer Vermählung mit fünfzig Vettern gab. Er reichte aber jeder Tochter ein Schwert, damit sie in ihrer Hochzeitsnacht ihren Gatten erschlüge. Neunundvierzig der Töchter gebrauchten das Schwert, um ihre Männer zu ermorden, und wurden dann in die Hölle verbannt, wo sie unentwegt eine bodenlose Schale mit Wasser füllen mußten. Da die Schale nie gefüllt werden konnte, war ihre Aufgabe unmöglich und ohne Ende. Die fünfzigste Tochter empfand Mitleid mit ihrem frisch angetrauten Ehemann, verhalf ihm zur Flucht und wurde nicht in die Hölle verbannt. Wenn eine Frau die ungelöste Wut des Vaters ausagiert, ist sie wie eine der Danaiden, die der Vater den unwillkommenen Freiern verspricht, die diese sodann mit der Wut ihres Vaters töten und die schließlich zu einem höllischen, vergeblichen Dasein verdammt werden. Auf persönlicher Ebene kann das geschehen, wenn eine Frau von ungelöstem Zorn besessen ist, der von ihrer Beziehung zum Vater kommt, und diesen Zorn nach innen richtet, vielleicht über den Selbstmord oder ein anderes selbstzerstörerisches Verhalten, und so jede Möglichkeit einer Beziehung tötet. Auf kultureller Ebene kann die ungelöste väterliche Wut auf das Weibliche von Frauen wiederholt werden, die ihren eigenen Weg zur Wertschätzung ihrer Weiblichkeit nicht gefunden haben und, indem sie das Männliche imitieren oder sich daran anpassen, schließlich und endlich nie in der Lage sind, das Weibliche zu gestalten.

Dazu gehört, daß die Frau imstande ist, im Inneren zu besitzen, was gestaltet werden soll, und dies ist auch die dritte Aufgabe, die Psyche auferlegt bekommt. Dies ist außerdem die Aufgabe, zu der die Danaiden unfähig waren. Psyches dritte Aufgabe, nachdem sie das Vlies von den Widdern gewonnen hat, besteht darin, daß sie eine kristallene Schale mit den Wassern einer Quelle füllen soll, welche die Flüsse der Unterwelt speist. Die Quelle entspringt der höchsten Spalte eines Felsengebirges, das von Drachen bewacht wird, und ihre Stimmen warnen Psyche, sie solle auf der Hut sein, denn sie könne die Aufgabe nicht erfüllen. Doch ein von Zeus gesandter hehrer Adler nimmt die kristallene Schale, schwebt empor und füllt die Schale listig mit Wasser.

Wasser zu bergen von dem Strom, der das Höchste (die Bergspitze) und das Niedrigste (die Unterwelt) vereint, bedeutet, die strömende Lebensenergie empfangen zu können, indem man Unbewußtes und Bewußtes verbindet und ihm Gestalt verleiht. Dies erfordert die Kraft, sich zu erheben, die Kraft, seine schöpferische Energie in der Welt zu zeigen, ohne den Stimmen anheimzufallen, die sagen: »Hüte dich, du kannst es nicht.« Die Energie in sich zu haben und zu gestalten, bedeutet, daß man sie nicht in formloser Wut verströmt, sondern sie schöpferisch behauptet. Dies kann durch eine politische Tat, durch ein Kunstwerk, durch die Erziehung eines Kindes, durch eine Beziehung geschehen und vor allem durch das Sein, die Qualität des eigenen Lebens.

Das folgende Gedicht – es heißt »Apotheose«[5] – bringt diese Transformation der Wut zum Ausdruck.

Kein Schmerz
kein anderes Gefühl
nur auf dem First
meines Pulsschlags
eine Gewißheit
daß all dies
eins ist
daß die alte Wut
Liebe und Kraft ist
und dennoch entleert.

Letztlich führt die Transformation der Wut zu einer starken Frau, die mit ihrer schöpferischen Energie und weiblichen Weisheit zum Wachstum ihrer selbst, anderer und der Kultur beitragen kann. Das Annehmen und Transformieren der Wut kann weibliche Stärke und Geist freisetzen und offenbaren, und dadurch kann die verwundete Frau und schließlich auch die verwundete Vater-Tochter-Beziehung geheilt werden.

7 Tränen

Es gibt einen Palast, der sich nur den Tränen öffnet.
Zohar

Zur verwundeten Frau gehören Tränen. Sie können zu Eis erstarrt sein mit den dolchartigen Spitzen und Kanten von Eiszapfen. Oder sie können wie ein Gewitter losbrechen, das den Boden überschwemmt, auf dem die Frau steht. Aber Tränen können auch wie befruchtender Regen fallen, der das Wachstum und die Wiedergeburt des Frühlings ermöglicht.

Wenn Tränen zu dolchartigen Eiszapfen erstarren, dann bewirken sie, daß die Frau und ihre Beziehungen erfrieren. Wie der Anblick der Medusa können diese gefrorenen Tränen einen Mann versteinern, und auch das Herz der Frau kann sich in Stein verwandeln. Tränen in dieser Form können nicht erlösen, denn das Wachstum der Seele ist in bitterem Zorn erfroren.

Andererseits schwemmt eine Tränenflut den Boden unter den Füßen der Frau weg. In dieser schlammigen Erde kann sie steckenbleiben, unfähig, sich zu bewegen und auf die eigenen Füße zu stellen. Eine Tränenflut kann die Frau in einem Morast von Kummer ertränken, der zu Selbstmitleid werden und die Seele überschwemmen kann.

Obwohl die gefrorenen und die sintflutartigen Tränen letztlich nicht erlösen können, so reißen sie als Tränen immerhin die Seele auf und öffnen sie. Zusammen mit der Wut können Tränen für die Frau befreiend sein und zur Heilung und zum Leben mit der Wunde beitragen.

Eine verwundete Vaterbeziehung behindert oft das Verhältnis einer Frau zu ihren Tränen. Manche Väter, die vor ihren eigenen Tränen Angst haben, gestatten auch ihren Frauen oder Töchtern keine Tränen. Ich habe festgestellt, daß bei Frauen häufig

Träume vorkommen mit dem Thema, daß der Vater die Tränen der Tochter verkauft. Eine Art, in der ein Vater die Tränen seiner Tochter verkaufen kann, ist die, daß er eine angenehme Persona aufrechterhält und seine Kinder dazu anhält, fröhlich und optimistisch zu sein. Weinen wird dann als ein Zeichen der Niederlage oder Schwäche angesehen. Andere Väter verbieten Tränen, indem sie Disziplin und Arbeit betonen. Und Väter, die in ihren Säufertränen ertrinken, geben ihren Töchtern vermutlich Anlaß, vor Tränen Angst zu haben.

Der folgende Traum gibt ein Beispiel von der Macht der Tränen:

Ich mußte für eine andere Frau bei einer musikalischen Veranstaltung einspringen. Ich sollte einen Freund auf der Gitarre und mit Gesang begleiten. Ich kannte die Lieder nicht, aber ich war zuversichtlich, daß ich sie würde improvisieren können. Ein kleiner Mann kam hinter der Bühne zu mir, bevor ich auftreten sollte. Während des ganzen Traums war er völlig ohne Ausdruck. Er versuchte, mir roten Wein zu trinken zu geben, denn wenn ich etwas davon auf mich verschüttete, würde ich in seiner Macht sein. Ich trank Weißwein und Perrier und dachte, ich könnte ihm entgehen. Dann war mein Sohn da, und der Mann sagte, wenn mein Sohn sich schneiden und bluten würde, wäre er in seiner Macht. Ich sagte meinem Sohn, daß er sich in acht nehmen sollte, aber der Mann verwandelte sich in ein Kätzchen. Zuerst sagte ich meinem Sohn, er solle das Kätzchen nicht anfassen, aber dann dachte ich, es ist doch nur ein niedliches kleines Kätzchen. Mein Sohn spielte mit ihm, und es kratzte ihn. Dann verwandelte sich das Kätzchen in den Mann zurück, der sagte: »Dein Sohn gehört mir!« Ich wurde böse, und als mein Mann kam, fragte ich ihn: »Das ist doch nicht wahr?« Aber mein Mann meinte, daß der Mann gewonnen habe. Es verging eine Weile, vielleicht wachte ich sogar auf, und dann weinte ich, und der Bann über meinen Sohn war gebrochen. Tränen brachen den Bann!

Dieser Traum war einer in einer Reihe von Tränen über den »Weg des Wassers«, und die Frau wurde darin durch das Wasser erlöst. Vorher hatte sie einen Traum, in dem sie von einem Salzmann verfolgt wurde, den sie als Symbol erkannte für ihre vertrockneten Tränen und ihre Neigung, sich von einer sehr anspruchsvollen und streberischen männlichen inneren Seite in Besitz nehmen zu lassen. Ihr Vater hatte die Familie verlassen, als sie zehn Jahre alt war. Er schrieb nie und schickte nie ein Geschenk, obwohl sie ihm regelmäßig zu Weihnachten und zum Geburtstag schrieb. Im Grunde ignorierte er sie, und sie versuchte, ihn bei sich zu entschuldigen. Als sie die Adoleszenz erreichte, wurde sie rebellisch und ließ sich auf die Existenzweise der Außenseiterin ein. Sie hatte mit Drogen zu tun, und einmal wurde sie beim Autostoppen von einem Mann, der sie mitgenommen hatte, terrorisiert und beinahe ermordet. Sie hatte Schneid und war stark, und die Außenseiterin wurde zur Kämpferin. Da sie außerordentlich intuitiv und obendrein sehr artikuliert war, hatte sie die Tendenz, anderen Leuten zu sagen, was mit ihnen nicht stimmte und wie sie sich ändern sollten. Sie hatte oft recht, aber weil sie nicht in Berührung mit ihrer eigenen Verletzlichkeit und ihrem Gefühl war, das ihr einen sanften Weg und den rechten Zeitpunkt hätte eingeben können, verletzte sie oft die anderen. Und weil andere sie für so hart und stark hielten, erwarteten sie, daß sie auch hart im Nehmen war, und daher wurde sie oft kritisiert, und ihre Verletzlichkeit wurde übersehen. Sie nahm diese Behandlung zwar übel, war aber nicht in der Lage, ihrem Leid und ihren Bedürfnissen Ausdruck zu geben.

Innerlich wurde sie von einem anspruchsvollen inwendigen Mann tyrannisiert, der ständige Perfektion und Streben erwartete und ihr keine Ruhe gönnte. Die Ansprüche dieses inneren Mannes waren so extrem und forderten so viel von ihr, daß sie nicht imstande war, ihre Gaben zu aktualisieren, weil sie seinen übermenschlichen Idealen nicht gewachsen war. Sie erinnerte sich, daß ihr Vater anspruchsvoll und perfektionistisch gewesen war: nichts war gut genug, um ihn entweder erfreuen oder wieder nach Hause zurückbringen zu können. Und jetzt schien es so, als sei sie von demselben harten Perfektionismus besessen, der in ihrem Traum von dem teuflischen Mann mit dem leeren Gesichtsausdruck, der sie in seinen Bann schlagen wollte, symbolisiert war. Der Weg, diesen Bann zu brechen, waren ihre Tränen. Das bedeutete, daß sie ihre Gefühle zulassen und zeigen sollte, statt sie hinter einem harten Äußeren zu verbergen. Das bedeutete auch, milder mit anderen und mit sich selbst umzugehen – mit ihren Ansprüchen an sich selbst sowie mit ihren weiblichen körperlichen Bedürfnissen. Es bedeutete auch, daß sie ihre Wunden und die Macht des Teufels annehmen mußte. Sie meinte, wenn sie sich mit dem Rotwein befleckt hätte, so hätte sie damit ihre Unzulänglichkeit und Demütigung zugegeben. Im Traum vermied sie dies, konnte aber nicht verhindern, daß ihr Sohn blutete. Sie spürte, daß sie die blutende Wunde und die Macht des Mannes über sie anerkennen mußte, bevor der Bann gebrochen werden konnte. Ihre Tränen waren eine konkrete Anerkennung ihrer Wunde.

In der Therapie kommt der Durchbruch für viele Frauen dann, wenn sie einfach loslassen und weinen können und damit ihre Verletzlichkeit und ihre Wunden ausleben. Oft fühlen sie sich beschämt und gedemütigt, wenn sie weinen. Und doch erweist sich dieses Weinen oft als hilfreich und hoffnungsvoll, denn es durchbricht ihre Abwehrhaltung und erkennt ihre Wunden an – die Wunden, in die sie hineingehen, die sie akzeptieren müssen, bevor Heilung stattfinden kann. Wie eine Frau es ausdrückte: »Zu weinen und nicht zu wissen warum, war eine große Erleichterung. Früher meinte ich, ich müßte immer eine Antwort oder eine Erklärung haben. In der Therapie weinen zu können im Beisein eines teilnahmsvollen Menschen, erlaubte mir, meinen Schmerz voll anzuerkennen, meine Wunde zu fühlen.«

Eine andere Frau träumte, daß sie sich in einem schrecklichen Gewitter befand, mit der Gefahr, daß ihr Auto überschwemmt werden würde und sich nicht mehr fortbewegen könnte. Aber als sie in den stürmischen Himmel blickte, schien dort ein durchsichtiges Licht. Hinter dem Sturm ihrer unkontrollierbaren Gefühle war ein Licht, das ihr eine neue Vision ermöglichen würde. Diese Frau hatte ihr Leben hauptsächlich als pflichtbewußte Tochter im Dienst an anderen gelebt. Ihre Mutter war verkrüppelt, und sie mußte sich um sie kümmern. Die Mutter weinte in ihren Schmerzen, während die Tochter sie zu trösten versuchte. Ihr Vater wandte sich physisch – er war schwerhörig – und psychisch von seiner Frau und seiner Tochter ab. Er hörte ihr Schreien nicht. Ihre Großmutter war eine strenge, moralistische Richterin, die den Wert von Gefühlen leugnete. Der Tochter wurde von allen drei Erwachsenen in ihrer Familie emotionale und körperliche Pflege und Zuwendung versagt. Statt dessen wurde sie zur Pflegerin und führte als Kind ein Leben des Dienstes an anderen, bis sie schließlich in ein Kloster ging, wo sie die ersten zwanzig Jahre ihres Erwachsenenlebens verbrachte. Dort entwickelte sie ihre spirituelle und intellektuelle Seite, aber ihr emotionales und sexuelles Leben wurde verleugnet. Nachdem sie aus dem Kloster ausgetreten war, suchte sie verzweifelt nach einer intimen Beziehung. Aber ihr Muster war, anderen gefällig zu sein und ihre Zuneigung zu gewinnen. Wenn sie ihr auf der Ebene der physischen und emotionalen Intimität nicht entgegenkamen, fühlte sie sich verletzt und ausgenützt. All die Jahre, in denen ihr versagt gewesen war, über ihre ungelebte Kindheit und über den Verlust von emotionaler und physischer Nähe zu weinen, mußten herauskommen. Sie mußte die Stürme ihres ungelebten Lebens akzeptieren und durchleben, bevor sie weitergehen konnte. Sie mußte ihren eigenen Schmerz zum Ausdruck bringen. Und wie der Traum enthüllte, waren diese stürmischen Gefühle das Licht, das sie leitete.

Das Bild des erlösenden Regens, der die Tränen der Wandlung symbolisiert, taucht in den Träumen vieler Frauen auf. Er ist auch ein Bild, das häufig in der Vision des Dichters erscheint. Rilke beschließt sein großes dichterisches Werk, die *Duineser Elegien,* mit dem Bild des Regens. Die Elegien erheben die Klage des menschlichen Daseins: »Wer, wenn ich schriee, hörte mich denn aus der Engel Ordnungen? . . . Und so verhalt ich mich denn und verschlucke den Lockruf dunkelen Schluchzens.«[1] In den zehn Elegien bringt Rilke durchwegs die Wunde des menschlichen Daseins zum Ausdruck, die Verzweiflung, die Entfremdung und Hoffnungslosigkeit, die alle Menschen empfinden, wenn sie ihre Vergänglichkeit, ihre Ängste, ihr geteiltes Wesen, ihr Unvermögen, vollkommen zu sein und zu besitzen, was sie sich wünschen, die Travestie von Ungerechtigkeit und Krieg in ihrer persönlichen und kulturellen Geschichte, und schließlich die Tatsache des bevorstehenden Todes erleben. Rilke war selbst in einem Zustand der Verzweiflung, als er die *Duineser Elegien* begann. Er brauchte zehn Jahre, um diesen poetischen Zyklus zu vollenden. Im Verlauf dieser zehn Jahre der Niederschrift wütete und weinte er. Aber schließlich empfing er eine Vision vom Sinn seiner Leiden. Endlich konnte er von der Klage zur Preisung übergehen in der Erkenntnis, daß das Leiden selbst Teil unseres Wachstums ist, eine notwendige Station im Laufe unserer Entwicklung. Rilke erkannte, daß die Quelle von beidem, Leid und Freude, derselbe tragende Strom ist, so wie Leben und Tod die zwei Seiten des ganzen Daseins sind. Obwohl wir dazu neigen, Schmerz, Depression und andere Leiden für einen Abstieg zu halten, dem man aus dem Wege gehen soll, und Glück mit Hochstimmung und Erfolg assoziieren, gehören sie letztendlich zusammen. Der Regen ist ein Bild in diesem Zyklus des Wachsens. Wie Rilke es am Ende der *Duineser Elegien* im Zeichen der Hoffnung und Bejahung ausdrückt:

> Aber erweckten sie uns, die unendlich Toten, ein Gleichnis,
> siehe, sie zeigten vielleicht auf die Kätzchen der leeren Hasel,
> die hängenden, oder
> meinten den Regen, der fällt auf dunkles Erdreich im Frühjahr. –
> Und wir, die an *steigendes* Glück
> denken, empfänden die Rührung,
> die uns beinah bestürzt,
> wenn ein Glückliches *fällt*.[2]

Eine Erlösung durch Tränen gibt es auch in dem Grimmschen Märchen »Das Mädchen ohne Hände«. Außerdem ist dieses Märchen eine Darstellung der verwundeten Vater-Tochter-Beziehung. Darin begegnet ein armer Müller im Walde einem Mann, der ihm unbegrenzten Reichtum verspricht, wenn er ihm das geben wollte, was hinter seiner Mühle steht. Der Müller denkt sich, daß er nichts von Wert besäße und daß hinter der Mühle nur ein Apfelbaum stehe, und so willigt er ein. Doch dann stellt sich heraus, daß die Tochter hinter der Mühle stand und daß der Mann im Walde in Wirklichkeit der Teufel war. So überantwortet der Vater seine Tochter dem Teufel, wie verwundete Väter es öfters tun. Dieser Vater geht auf den Handel ein, weil er meint, er hätte nichts Wertvolles, er hätte nichts zu verlieren, und daher bringt er kein wirkliches Opfer. Aber er vergißt, daß er eine Tochter hat, die einen Wert darstellt, und indem er dies vergißt, entwertet er seine Tochter und sich selbst als Vater.

Als die Tochter von dem Pakt hört, wäscht sie sich rein, um dem Teufel zu entgehen. Der Teufel verlangt, daß alles Wasser von ihr entfernt würde, weil er sonst keine Macht über sie hat. Der Vater gehorcht dem Teufel, aber inzwischen weint das Mädchen, und die Tränen fallen auf ihre Hände. Da der Teufel keinen Menschen ergreifen kann, der so geweint hat, fordert er vom Vater, daß er seiner Tochter die Hände abhackte, und am nächsten Tag würde der Teufel wiederkommen und sie holen. Wenn er sich weigerte, würde der Teufel den Vater selbst holen. Aus Angst um sein eigenes Leben hackt der Vater seiner Tochter die Hände ab. Aber die Tochter weint wieder, und die Tränen fallen auf ihre Armstümpfe. Auch dieses Mal kann der Teufel sie nicht ergreifen. Er geht leer aus, aber das Mädchen ist jetzt ohne Hände. Der Vater versucht sein Unrecht wiedergutzumachen, und sagt, daß er seine Tochter in seinem neuen Reichtum aufs prächtigste halten wolle. Aber die Tochter weigert sich, bei ihrem Vater zu bleiben, und geht allein in den Wald.

Hier ist eine Tochter, die die Schwäche ihres Vaters durchschaut und erkennt, daß sie allein fortgehen muß. Aber weil sie ohne Hände ist, kann sie nicht den Weg der Ich-Aktivität als Kompensation gehen. Ihre Tränen retten sie vor dem Teufel und trennen sie von dem sie vernachlässigenden Vater. Das führt dazu, daß sie allein in den jungfräulichen Wald geht, wo sie um göttliche Hilfe bittet und den heilenden Kräften der Natur vertraut. Ein Engel kommt ihr zu Hilfe, und sie ißt von den Früchten eines Baumes, der einem König gehört. Dieser König verliebt sich in sie, heiratet sie und gibt ihr silberne Hände. Aber dann werden die beiden durch den Krieg getrennt, und der König muß in den Kampf ziehen. Der Teufel mischt sich mit falschen Botschaften ein, und das Mädchen muß mit ihrem neugeborenen Sohn, der den Namen Schmerzenreich trägt, wiederum allein fortgehen. Wieder bittet das Mädchen um Hilfe, und ein Engel bietet ihr eine

Wohnstatt in dem Wald, wo sie sieben Jahre lebt. Während dieser sieben Jahre des Wartens im Walde wachsen ihre natürlichen Hände zurück. Inzwischen sucht der König sie während dieser sieben langen Jahre, und schließlich werden sie durch ihre Geduld und ihr Annehmen des Leidens wieder vereint.

Für mich hatte dieses Märchen einen tiefen Sinn, als ich der Gefahr und der Abwehrhaltung meines Amazonenpanzers bewußt wurde. Ich erkannte, daß alle Anstrengungen meines Ich in Richtung Superleistung und Kontrolle, um die Schwäche meines Vaters zu kompensieren, letztlich nichts nützten. Ich fand mich plötzlich ohne Hände und mußte in dem Wald meiner Einsamkeit und Depression ausharren und lernen, zu warten und zu vertrauen. Während dieser Zeit fielen immer wieder Tränen. Manchmal kehrte ich zu bitterem Zorn über meine ungelebte Kindheit zurück und darüber, daß ich von meinem Vater und mehreren meiner Liebhaber verlassen worden war, und dann verhärteten die Tränen sich zu aggressiven Eiszapfen. Zu anderen Zeiten kamen die sintflutartigen Tränen, und ich fing an, als Opfer darin zu ertrinken. Aber mit diesen Tränen kamen auch die sanfteren, die mich meinen spontanen, instinkthaften Gefühlen öffneten – Gefühlen, die ich lange verdrängt und unterdrückt hatte. Als meine Tränen den Panzer erweichten und mein Herz öffneten, begann ich die heilende Kraft der Natur zu spüren. Ich vermochte immer besser meine Verletzlichkeit auszudrücken, und versuchte nicht mehr, mich mit den akzeptierten, kollektiven Mitteln zu rechtfertigen. Je offener und spontaner ich meine Gefühle anderen zeigte, desto mehr verschwanden meine Angst und meine kontrollierende Abwehrhaltung, und desto mehr schlossen andere sich mir gegenüber auf. Ich stellte fest, daß mein Leiden, meine offene Wunde eine der wichtigsten Brücken zu anderen Menschen war, die ich besaß. Meine Erlösung lag nicht darin, daß ich etwas Besonderes tat, sondern darin, daß ich die heilenden Kräfte der Natur akzeptierte und lernte, zu warten und mich dem zu öffnen, was spontan aus der Tiefe kommt. Für mich, einen Superleistungsmenschen, war das nicht leicht. Aber als die Tränen immer wieder auf mich herabfielen – ja, bis zum

Ende der Niederschrift dieses Buches –, begannen meine Hände natürlich zurückzuwachsen. Und endlich konnte ich beginnen, aus meiner Mitte zu schreiben und zu sprechen.

In mancherlei Hinsicht sehe ich darin die Bedeutung von Psyches Scheitern am Ende ihrer vierten Aufgabe, nach all der Arbeit, die sie zur Erfüllung ihrer Aufgaben geleistet hatte: daß sie den verbotenen Schönheitstrank nimmt und bewußtlos und hilflos wird. Psyche hat diese Aufgaben erfüllt, um ihre Beziehung zu Eros, ihrem Geliebten, wiederherzustellen. Erich Neumann meint, daß sie mit dem Nehmen des verbotenen Schönheitstranks die größte Macht des männlichen Eros anerkennt und sich mit dem Weiblichen in ihrer Natur wiedervereint, indem sie Schönheit der Erkenntnis vorzieht.[3] Viele Frauen unserer Zeit nehmen Anstoß an der Annahme, daß Weiblichkeit in erster Linie Schönheit sei. Ich höre aus Neumanns Interpretation ein Echo der Spaltung zwischen *puella* und Amazone heraus, die das Weibliche auf das Schöne reduziert. Wenn ich Psyches »Scheitern« als einen Aspekt der Wandlung betrachte, sehe ich ihr Aufgeben als eine Unterwerfung unter die größeren Mächte der Psyche, ein Eingeständnis ihrer menschlichen Schwäche und Begrenztheit. Dieses Eingeständnis tut allen Menschen not, nicht nur den Frauen, aber ihr Wert wird oft erstmals vom Weiblichen offenbart.

In gleicher Weise werden fruchtbringende Tränen oft als Versagen gedeutet. Aber sie erweichen den Boden für neues Wachstum und schützen einen davor, sich von teuflischem und rachsüchtigem Tun in Besitz nehmen zu lassen und in hilfloser Passivität zu ertrinken. Das aktive Warten und Annehmen des Leidens, das die Tränen des Mädchens ohne Hände mit sich bringen, rettet sie sowohl vor der Passivität der *puella* als auch vor der Kontrolle der Amazone und ermöglicht ihr die aktive Empfänglichkeit für Glaube, Hoffnung und gläubige Zuversicht, die zur Heilung führen. Es sind Tränen der Wandlung. Hier haben wir ein Bild der verwundeten Frau: zuerst kommt der ganze Schmerz und die Wut gegen die Verwundung; mit dem Annehmen der Wunde kommen sodann die Tränen der Wandlung und eine natürliche Heilung, die zu Liebe und Mitgefühl führen kann.

Dritter Teil: Die Heilung

Daß ich dereinst, an dem Ausgang der grimmigen Einsicht,
Jubel und Ruhm aufsinge zustimmenden Engeln.
Daß von den klar geschlagenen Hämmern des Herzens
keiner versage an weichen, zweifelnden oder
reißenden Saiten. Daß mich mein strömendes Antlitz
glänzender mache; daß das unscheinbare Weinen
blühe. O wie werdet ihr dann, Nächte, mir lieb sein,
gehärmte. Daß ich euch knieender nicht, untröstliche
Schwestern,
hinnahm, nicht in euer gelöstes
Haar mich gelöster ergab. Wir, Vergeuder der Schmerzen.
Wie wir sie absehn voraus, in die traurige Dauer,
ob sie nicht enden vielleicht. Sie aber sind ja
unser winterwähriges Laub, unser dunkles Sinngrün,
eine Zeit –, sind Stelle, Siedelung, Lager, Boden, Wohnort.

Rainer Maria Rilke, Duineser Elegien

8 Facetten des Weiblichen

> Täglich, stündlich müssen wir den Kristall in seiner Klarheit bewahren, damit die Farben in ihre Ordnung treten können. Ich bete darum, meine Aufgabe zu erfüllen, entzieh dich mir jetzt nicht, um meiner Seele willen. Ich muß leben, damit Klarheit die Ordnung der Vielfalt hervorbringt. Nichts Geringeres ist nötig, als alles zu tragen, denn es ist die Schöpfung eines Bewußtseinswandels.
>
> Florida Scott-Maxwell

Nachdem ich die verschiedenen Lebensstile des ewigen Mädchens und der geharnischten Amazone geschildert hatte, erkannte ich, daß ich sie alle zu verschiedenen Zeiten meines Lebens praktiziert hatte und daß jede dieser Daseinsweisen neben den einengenden Aspekten auch ihre konstruktive Seite hat. Mir kam außerdem zu Bewußtsein, daß jede einen Beitrag zur anderen zu leisten hat.

Das Bild, das mir kommt, ist ein Kristall. Ein Kristall hat verschiedene Flächen oder Facetten, und wenn man ihn in der Sonne dreht, zeigt er einmalige Formen von Leuchtkraft. Ebenso ist es mit einer Frau. Indem sie den Kristall ihres Selbst dreht, kann sie zur richtigen Eigenschaft im rechten Augenblick Zugang gewinnen.

Das Püppchen hat zum Beispiel die Stärke, von anderen etwas annehmen zu können. Viele Frauen sind von einem emotional reichen Leben abgeschnitten, weil sie Angst haben, das anzunehmen, was andere ihnen geben können. Das Püppchen kann geben, indem sie empfängt, und sie kann sich dem anderen anpassen und ermöglicht dadurch einen Dialog in der Beziehung. Sie ist außerdem imstande, sich dem Kollektiv anzupassen, und das gibt ihr die Fähigkeit, etwas zu der Gesellschaft beizutragen, in der sie lebt. Wenn sie sich aber von ihrer eigenen Identität abschneidet, indem sie sich dem anpaßt, was der andere wünscht, dann erleidet sie einen Verlust der Beziehung zum Selbst.

Das Mädchen aus Glas hat eine andere Stärke. Sie besitzt eine sensible Verbindung zum innerlichen Leben und dem Reich der Phantasie und Vorstellungskraft. Obgleich sie vor der äußeren Welt Angst haben kann, ist sie in der inneren Welt ebenso abenteuerlustig wie jeder Held. Mit dieser Fähigkeit kann sie Kreativität in anderen wecken und auch selbst schöpferisch sein, wenn sie ihrer Neigung, sich vom Leben zurückzuziehen, nicht nachgibt.

Die Suche der Höhenfliegerin nach Herausforderung und Abenteuer ist eine Stärke, die zur Veränderung und Erkundung neuer Möglichkeiten führt. Sie hat die Kühnheit, etwas Neues zu versuchen, das Unbekannte zu erforschen. Wenn sie sich durch ihre Tendenz, nicht bei einer Sache bleiben zu können, nicht zersplittert, kann sie zu einem Vorbild für Veränderung und Erforschung in unserer Gesellschaft werden.

Die Stärke der Außenseiterin liegt in ihrer Fähigkeit, die etablierten kollektiven Werte in Frage zu stellen. Weil sie dazu tendiert, den Schatten, also die nicht anerkannte Seite der Gesellschaft, auszuleben, steht sie gerade mit den Eigenschaften in Verbindung, die so nötig sind, aber von der Kultur verworfen werden. Wenn sie ihre Neigung, Opfer und entfremdete Außenseiterin zu sein, zu überwinden vermag, kann sie eine wichtige Kraft zur Wandlung der Gesellschaft werden.

So wie jeder Lebensstil der *puella* einen besonderen Beitrag zur ganzen Frau zu leisten hat, so besitzt auch jeder amazonenhafte Lebensstil eine besondere Qualität, durch die eine Frau in ihrer Entwicklung gestärkt wird. Der weibliche Superstar mit seiner Disziplin und Leistungsfähigkeit zeigt der Welt die Stärke und Kompetenz von Frauen. Wenn diese Fähigkeiten aus ihrer weiblichen Mitte kommen statt aus dem Abwehrpanzer ihres Ich, wird sie die Früchte ihrer Arbeit und Kreativität genießen, und zur Gesellschaft einen Beitrag leisten.

Die Fähigkeit der pflichtbewußten Tochter, verantwortlich zu handeln und trotz Schwierigkeiten durchzuhalten, ist eine wesentliche Eigenschaft für die Stabilität von Leben, Arbeit und Beziehungen. Ihr positives Verhältnis zum Gehorsam und ihr Sinn für Gesetz und Ordnung sind für ein gutes Funktionieren in jeder Gesellschaft, Organisation oder Beziehung erforderlich. Wenn Pflichtgefühl und Gehorsam aus einer geerdeten Mitte kommen und sie ihren spontanen Gefühlen nicht entfremden, kann sie die Ausdauer und Hingabe aufbringen, deren es für die Verwirklichung weiblicher Kreativität bedarf.

Die Tendenz der Märtyrerin, zu geben und Opfer zu bringen, ist wesentlich für das schöpferische Leben und für Beziehungen. Historisch gesehen waren die Märtyrerinnen Vorbilder des weiblichen Heldentums, wie z. B. Jeanne d'Arc. Aber das Opfer darf nicht auf Kosten des weiblichen Selbst gebracht werden. Wenn die Märtyrerin lernen kann, zu genießen und sich selbst zu beschenken, dann wird ihre Fähigkeit, anderen zu geben und für andere Opfer zu bringen, keine Selbstverleugnung mehr sein und keine Schuldgefühle hervorrufen, sondern eine Quelle der Inspiration sein.

Die Kriegerkönigin ist in Berührung mit ihrem Zorn und ihrem Willen zur Selbstbehauptung. Sie weiß um ihr Überleben zu kämpfen, und sie kommt für sich selbst auf. Dies ist eine Eigenschaft, die jeder Mensch braucht, doch in unserer Zeit ganz besonders die Frau. Die Kriegerkönigin erlebt eine Entfremdung, wenn sie ihr weibliches Gefühl und ihre Weichheit vergißt und wenn ihr Kämpfen zu einer maschinengewehrartigen Attacke wird. Wenn die Kriegerkönigin in ihrer weiblichen Mitte ruhen und sich zur rechten Zeit behaupten kann, dann könnte sie einen Weg weisen, wie im Leben individueller Frauen und in unserer Kultur weibliche Stärke und Macht zu entwickeln wäre.

Jede dieser Existenzweisen hat den anderen etwas zu offerieren. Gloria, die in erster Linie als Püppchen lebte, lernte die Selbstbehauptung der Kriegerkönigin, um sich gegen die Ansprüche der anderen durchzusetzen, und den Abenteuersinn der Höhenfliegerin, um Neues auszuprobieren. Sie setzte die Fähigkeit der Außenseiterin ein, um den kollektiven Normen, die sie versklavten, eine Absage zu erteilen. Das Mädchen aus Glas lehrte sie ein besseres Verhältnis zu ihrem inneren Selbst, während der Superstar sie ermutigte, ihre Fähigkeiten in der Welt zu beweisen.

Grace war ein Mädchen aus Glas. Sie mußte lernen, sich von Zuversicht emportragen zu lassen und ihre inneren Werte in der Welt zu zeigen wie die Höhenfliegerin und der Superstar, so daß sie ihr besonderes Verhältnis zur Phantasie und zum seelischen Leben zur Gesellschaft beitragen konnte. Als sie sich erlaubte, wie das Püppchen angebetet zu werden, öffnete sie sich der Liebe und Bewunderung, die sie verdiente. Von der Außenseiterin lernte sie, sie selbst zu sein, gleichgültig, wie die Gesellschaft darüber urteilte. Und die Kriegerkönigin gab ihr die Stärke, sich durchzusetzen. Die Ausdauer der pflichtbewußten Tochter vermittelte ihr die Stabilität, um ihre Phantasien zu aktualisieren. Und die Märtyrerin gab ihr die heroische Selbstrechtfertigung, deren sie bedurfte.

Juanita, die Höhenfliegerin, verwirklichte ihre wildesten Intuitionen und ihr kühnes Verhältnis zur Möglichkeit, indem sie das Vertrauensgefühl der pflichtbewußten Tochter, die ausdauernde Stärke der Kriegerkönigin und die Fähigkeit der Märtyrerin, Opfer zu bringen, miteinander verband. Dadurch, daß sie das Mädchen aus Glas kennenlernte, vertiefte sie ihre Beziehung zu ihrer weiblichen Seele. Indem sie das Püppchen schätzen lernte, konnte sie in der verbindlichen Hingabe an einen Partner einen Wert erkennen.

Die Außenseiterin scheint in mancher Hinsicht die schwierigste Existenzform der *puella* zu sein. Doch kraft ihres Mißverhältnisses zur Gesellschaft stellt sie diese in Frage und kann sie daher mit Hilfe der Stärke der Kriegerkönigin, der Ausdauer der pflichtbewußten Tochter und der Fähigkeit der Märtyrerin, Opfer zu bringen, verändern. Jean war eine solche Frau. Sie lernte vom Püppchen, das Kollektiv mehr anzunehmen, so daß sie ein hinreichend gutes Verhältnis zur Gesellschaft gewann, um diese zu verändern. In der Höhenfliegerin fand sie eine optimistische Beziehung zur Möglichkeit, die sie befähigte, sich über den zynischen Pessimismus zu erheben, der ihr zu schaffen machte. Und das Mädchen aus Glas gab ihr die sensible Pflege ihrer

Seele, die ihr erlaubte, mit sich selbst und anderen behutsam umzugehen.
Da der Superstar die Tendenz zum unentwegten Streben in der äußeren Welt hat, mußte Pat die Fähigkeit entwickeln, sich zurückzuziehen und in dem inneren Raum, der dem Mädchen aus Glas so natürlich ist, auszuruhen. Sie bedurfte außerdem der Fähigkeit, wie das Püppchen empfangen zu können, wie die Außenseiterin den Ansprüchen der Gesellschaft auf Wohlverhalten zu trotzen und sich wie die Höhenfliegerin über die Leistungsanforderungen emporzuschwingen. Im allgemeinen fand ich, daß die Lebensweisen der Amazonen einander ähnlicher sind als die der *puella*. So ist der Superstar oft in der Lage, pflichtbewußt und opferbereit zu sein und zu kämpfen. Doch wenn sie diese Eigenschaften als wichtiger annehmen kann als ihr Leistungsbedürfnis, dann können sie ihr eine Stärke geben, die größer ist als der Ehrgeiz des Ich.
Constance, eine pflichtbewußte Tochter, war nicht imstande, loszulassen und zu genießen. Dadurch, daß sie einige ihrer Phantasien ausagierte wie die Höhenfliegerin und manchmal wie die Außenseiterin rebellierte, konnte sie ein Gegengewicht gegen ihren starren Gehorsam setzen. Sie brauchte die Fähigkeit des Püppchens, um ihrer spielerischen Eigenschaften, und nicht um ihrer Tüchtigkeit willen verehrt zu werden. Und das Mädchen aus Glas zeigte ihr, wie sie ihre Unterwürfigkeit anderen gegenüber in eine sensible Hingabe an die Bedürfnisse ihrer inneren Seele umwandeln konnte. Da die pflichtbewußte Tochter zur Bindung an die Gesellschaft neigt, half das Durchsetzungsvermögen der Kriegerkönigin Constance, gegen ihre Tendenzen, die Bedürfnisse der Gesellschaft über ihre eigenen zu stellen, vorzugehen.
Mary neigte zur Selbstverleugnung der Märtyrerin. Als sie die Fähigkeit des Püppchens lernte, Zuneigung anzunehmen, das Vermögen der Höhenfliegerin, Spaß zu haben und Abenteuer zu genießen, und sich den rebellischen Geist der Außenseiterin zu eigen machte, konnte sie die schweren Bürden, die sie bis dahin so stoisch getragen hatte, abwerfen. Die Freuden des inneren Lebens taten sich ihr durch die Beziehung des Mädchens aus Glas

zur Phantasie auf. Da sie eine Neigung hatte, ihre eigenen Aggressionen zu verleugnen und dadurch in Schutz zu nehmen, daß sie anderen Schuldgefühle für ihre Opfer eingab, mußte sie lernen, zu ihrem Selbstbehauptungswillen zu stehen wie die Kriegerkönigin. Die Fähigkeit des Superstars, die Früchte ihrer Leistungen zu empfangen, war ein Gegengewicht zu Marys Tendenz, sich alle Früchte ihrer Arbeit zu versagen.
Jackie hatte die harte, aggressive Haltung der Kriegerkönigin und brauchte etwas von der Weichheit und Empfänglichkeit des Püppchens, um Liebe empfangen zu können. Die Sensibilität des Mädchens aus Glas schloß ihr Innenleben auf, und der Schwung der Höhenfliegerin war ein Gegengewicht zu ihrer Ernsthaftigkeit. Von der Rebellion der Außenseiterin gegen die kollektiven Werte lernte sie, für ihre eigenen, unverwechselbaren Werte einzutreten. Als Kämpferin besaß Jackie die Ausdauer der pflichtbewußten Tochter, und die Leistungsfähigkeit des Superstars, aber sie bedurfte ihrer weniger geharnischten Art. Und von der Märtyrerin, die ihre Ich-Wünsche einer höheren Sache opfert, erfährt die Kämpferin die positive Seite des Todes des Ich zugunsten des höheren weiblichen Selbst.

Eine Beziehung zu finden zu den verschiedenen weiblichen Facetten, die sie in sich trägt, ist für die Frau auf dem Wege zur ganzheitlichen Person unabdingbar, und dies ist gleichzeitig ein Prozeß der Heilung. Für mich ist Heilung wie eine lange Reise. Vor kurzem unternahm ich eine Frühjahrswanderung in den Rocky Mountains mit einem lieben Freund. Wir brachen im warmen Sonnenschein auf und bewunderten die schönen Zitterpappeln mit ihren frischen Knospen. Dann kam die lange und anstrengende Wanderung. Wir gingen durch einen Märchenwald, erreichten eine gewaltige Höhe und waren überwältigt von der Großartigkeit des Raumes und von einer Panik vor der schwindelerregenden Höhe. Dann mußten wir über Schneefelder und Felsen klettern und gelangten schließlich an eine kreisrunde Stelle, wo See, Gebirge und Himmel so dramatisch vereint waren, daß es erschreckend und schön zugleich war, einfach hier zu sein. Es war so, wie Rilke sagte: »Denn das Schöne ist nichts als des Schrecklichen Anfang.« Wir waren stundenlang über unterschiedliches Gelände und ansteigende Höhen gewandert, und als wir den mystischen See erreichten, der von der grandiosen Bergwelt ringsum eingeschlossen war, kam ein Sturm auf. Die Sonne verschwand, die Wolken ballten sich, ein Hagel prasselte herab, und plötzlich schien es, als befänden wir uns in Lebensgefahr. Wir waren Stunden gegangen, um an diesen Ort zu gelangen; wir waren über Fels und Schnee geklettert; und als wir ankamen, wußten wir, daß es ein heiliger Ort ist. Aber wir durften nur eine kurze Zeit verweilen, wenn wir sicher nach Hause zurückkehren wollten. Also stiegen wir wieder ab über Schneefelder und Felsen, über alpine Tundra, zurück durch den Märchenwald und schließlich bis zu unseren schimmernden Zitterpappeln. Wir kämpften uns durch den Hagel und den Regen, und schließlich langten wir zu Hause an. Und trotzdem wußten wir, sobald wir unseren Ausgangspunkt erreicht hatten, daß wir wiederkommen und den Weg noch einmal gehen würden. Wir wußten auch, daß der Weg das nächste Mal ein anderer sein würde.

Eine Reise durch das Gelände der Facetten des Weiblichen hat für mich die gleiche Qualität. Manche Pfade sind leicht und angenehm, wie der von der zarten Schönheit der schimmernden Zitterpappeln gesäumte. Manche führen durch den verzauberten Wald der Kobolde, und manche erfordern den beschwerlichen Aufstieg über Felsen, das Ausrutschen im Schnee, ohne dem Schwindelgefühl zu erliegen. An den mystischen See zu gelangen, zum Kristall des Selbst, stellt die höchsten Anforderungen. Mit der weiblichen Suche nach Ganzheit verhält es sich, wie ich meine, ebenso. Kein Aspekt darf beiseite gelassen werden. Einer Frau wird eine bestimmte Route zusagen, einer anderen Frau gefällt ein anderer Weg, aber letztlich müssen wir durch sämtliche Gelände hindurch. Die Reise des Mannes zur Ganzheit erfordert eine ähnliche Begegnung mit allen Terrains, aber hier

spreche ich von der weiblichen Route, da es diejenige ist, die ich am besten kenne und die von der Kultur in den Hintergrund gedrängt wurde.
Wie der Kristall ist die Reise durch die verschiedenen Facetten des Weiblichen ein weiteres Bild für das Finden der weiblichen Ganzheit. Sie betont die mannigfaltigen Freuden und Leiden auf dem Wege – die Verwundung, den Schmerz, die Heilung, den Kampf, die Vitalität und die ständige Rückkehr.
Den Kristall des weiblichen Selbst so zu drehen, daß diese mannigfaltigen Eigenschaften in ihrer Stärke statt in ihrer Schwäche aufleuchten, ist die Aufgabe der Frau von heute. Die Integration dieser vielen Facetten kann die Grundlage für sie sein, ihren weiblichen Geist zu finden.

9 Die Erlösung des Vaters

> Wenn wir von Männern erwarten, daß sie sich ihren unsichtbaren weiblichen Eigenschaften zuwenden, wäre es natürlich, daß Frauen ihnen ein Beispiel geben und den Männern in ihrem eigenen Leben zeigen, was »Weiblichkeit« bedeuten könnte.
>
> Hilde Binswanger

Die Frage »Wo sind die Mythen und Sagen, die von der Suche und der Tapferkeit der Frau handeln?« wird von Frauen oft gestellt. Wo gibt es Modelle der weiblichen Entwicklung? Eine Geschichte, die mir auf meiner Suche half, ist ein Märchen von einem tapferen Mädchen, das auf die Suche geht nach einer Medizin, die ihren blinden, kranken Vater heilen könnte. Durch ihre Reise ermöglicht sie ihrem Vater, wieder zu sehen und dem Weiblichen einen Wert zu geben. Sie führt auch zu ihrer Heirat mit einem Mann, der ihre Klugheit, ihren Mut und ihre Freundlichkeit bewundert, lauter Eigenschaften, die es ihr möglich machten, ihre Erlösungstat zu vollbringen. Die Geschichte stammt aus Tadschikistan, einem Land, das im Süden an Afghanistan und im Osten an China grenzt und dessen Kultur und Sprache eine Verwandtschaft mit Persien aufweisen. Das Märchen heißt »Das tapfere Mädchen«.[1]

Ein alter Mann, der sich einen Sohn wünschte, jedoch drei Töchter hat, wird krank und erblindet. In einem fernen Land gibt es einen Arzt, der eine Medizin besitzt, die Blindheit heilen kann. Der Vater klagt, daß er keine Söhne hat, die ihm das Heilmittel beschaffen können, denn er traut seinen Töchtern diese Aufgabe nicht zu. Als aber die älteste Tochter ihn bittet, sie ausziehen zu lassen, willigt er ein. In Männerkleidung bricht sie zu ihrer Reise auf und begegnet einer kranken alten Frau, der sie zu essen gibt.

Die alte Frau sagt ihr, es sei unmöglich, der Medizin habhaft zu werden, denn alle tapferen Burschen, die es versucht hätten, seien dabei umgekommen. Als sie dies hört, verliert die älteste Tochter alle Hoffnung und kehrt nach Hause zurück. Dann will die zweite Tochter es versuchen, und obwohl der Vater sie davon abbringen will, bricht auch sie – ebenfalls in Männerkleidung – zur Reise auf. Auch sie begegnet der kranken alten Frau und gibt ihr etwas zu essen, und die alte Frau sagt ihr, wie schwer es sei, dieses Ziel zu erreichen, und daß sie vergeblich umkommen würde. So verliert auch die zweite Tochter den Mut und kehrt nach Hause zurück. Darauf sagt der Vater seufzend: »Wie traurig ist es um einen Mann bestellt, der keine Söhne hat!«
Das Herz der jüngsten Tochter ist von diesen Worten bewegt, und sie fleht ihren Vater an, sie ebenfalls ziehen zu lassen. Zuerst sagt der Vater, es wäre besser, wenn sie zu Hause bliebe, als vergeblich auszuziehen, aber schließlich gibt er noch einmal seine Einwilligung. Also legt die jüngste Tochter Männerkleidung an und macht sich auf die Reise, um die heilende Medizin zu holen. Als sie der alten Frau begegnet, grüßt sie höflich, hilft ihr beim Waschen und gibt ihr gerne zu essen. Die alte Frau ist angetan von der sanften und angenehmen Art dieses Jünglings, aber sie sagt, er sollte lieber bei ihr bleiben oder nach Hause zurückkehren, da einem so zarten Jüngling nicht gelingen könne, woran so viele große, starke Männer gescheitert waren. Aber das Mädchen weigert sich umzukehren. Wegen der Freundlichkeit und Tapferkeit des vermeintlichen Jungen enthüllt die alte Frau, wie er die Medizin bekommen könne.
Der Arzt, der im Besitz der Medizin ist, verlangt den Samen eines Baumes, dessen Früchte große Heilkraft haben. Doch dieser Baum gehört einem Dev, einem dreiköpfigen Ungeheuer. Um den Baum zu erreichen, muß das Mädchen sich gegen seine Tiere und Diener freundlich erweisen und dann eine Frucht nehmen, während der Dev schläft. Zum Schutz gegen den Dev, im Falle er sie verfolgte, gab die alte Frau ihr einen Spiegel, einen Kamm und einen Wetzstein, die sollte sie rückwärts über ihre Schulter werfen, dann könnte der Dev ihr nicht mehr folgen. Als die

jüngste Tochter die Wohnung des Devs erreicht, sieht sie, daß das Tor schmutzig und verbogen ist, und so säubert sie es schnell und hängt es gerade. Im Inneren sieht sie mehrere riesige Hunde und Pferde, die an verschiedenen Mauern angekettet sind, aber das Heu liegt vor den Hunden und die Knochen vor den Pferden. Sie legt das Heu vor die Pferde hin und die Knochen vor die Hunde und geht weiter. Dann begegnet sie einigen Dienerinnen, deren nackte Arme verbrannt sind, weil sie in einen glühend heißen Ofen langen müssen, um die Mahlzeit für den Dev zu braten. Sie freundet sich mit den Dienerinnen an und näht für jede einen Schutzärmel. Dankbar erzählen sie ihr, daß der Baum keine Früchte trägt, daß jedoch ein Sack mit den Samen des Baumes unter dem Kopfkissen des Dev läge. Wenn alle seine Augen offen sind, bedeutet dies, daß er schläft, und dann kann sie den Sack nehmen. Das Mädchen findet den Dev schlafend vor, und nimmt die Samen, aber der Dev erwacht und ruft die Dienerinnen und die Pferde und Hunde, damit sie den Dieb fangen, und läßt das Tor schließen. Weil das Mädchen allen geholfen hat, verweigern sie den Gehorsam, und so macht sich der Dev selber auf, um das Mädchen zu verfolgen. Sie wirft den Spiegel über ihre Schulter, und er verwandelt sich in einen strömenden Fluß und hält den Dev eine Weile auf. Doch bald holt er sie ein, und da wirft sie den Wetzstein hinter sich, der sich in einen Berg verwandelt und sich dem Dev in den Weg stellt. Als er sie wiederum einholt, wirft sie den Kamm über ihre Schulter, und dieser verwandelt sich in einen riesenhaften, dichten Wald, der so groß ist, daß der Dev nicht durchkann, und so gibt er die Verfolgung auf und kehrt nach Hause zurück.
Schließlich erreicht das Mädchen das Haus des Arztes. Weil sie im Besitz der Samen und »ein kühner, tapferer Jüngling« ist, gibt er ihr die Medizin zur Heilung der Augen ihres Vaters und obendrein die Hälfte der Samen. Das Mädchen dankt ihm aus tiefstem Herzensgrund, und der Arzt lädt sie ein, einige Tage als Gast bei ihm zu verweilen. Doch ein Freund des Arztes ahnt ihre wahre Identität, nämlich daß sie ein verkleidetes Mädchen ist. Der Arzt kann nicht glauben, daß ein so kühner, tapferer Held,

der eine so wunderbare Tat vollbracht hat, ein Mädchen sein könnte, und da schlägt ihm der Freund die folgende Probe vor: man solle beiden, dem Sohn des Arztes und dem Mädchen, die beide im selben Raum schliefen, weiße Chrysanthemen unter das Kissen legen. Wenn der kühne Held ein Mädchen sei, würden die Blumen verwelken, sagte der Freund, wäre aber der Held ein junger Mann, dann würden die Blumen frisch bleiben. Das Mädchen errät die List, bleibt die ganze Nacht wach, und kurz vor Morgengrauen findet sie die verwelkten Blumen unter ihrem Kopfkissen und ersetzt sie durch frische aus dem Garten. Als der Arzt die Blumen am nächsten Tag findet, sind beide Sträuße frisch. Aber der Sohn des Arztes war in der Nacht wach gewesen und hatte alles gesehen, was der Besuch getan hatte, und er beschließt voll Neugier, den Besuch nach Hause zu geleiten.
Als das Mädchen ihre Heimat erreicht, ist der Vater in seinem Schmerz völlig bettlägrig geworden, und es reut ihn der Tag, an dem er seine Tochter ziehen ließ, um die Medizin für ihn zu holen. Doch als die jüngste Tochter nun ihrem Vater die Medizin bringt, ist er alsbald von seiner Blindheit und all seinen anderen Leiden geheilt. Als sie ihm erzählt, welche Abenteuer sie zu bestehen hatte, um die heilende Medizin zu holen, weint der Vater vor Freude und sagt, er wolle sich nie mehr beklagen, daß er keinen Sohn habe, denn seine Tochter habe ihm die Ergebenheit von zehn Söhnen erwiesen und ihn geheilt. Als der Sohn des Arztes erkennt, daß sein Gefährte ein Mädchen ist, erklärt er ihr seine Liebe und hält um ihre Hand an. Und als die Tochter ihrem Vater sagt, daß ein tiefes Band der Freundschaft sie verbinde, ist er voll Freude. So vermählen sich die furchtlose, kluge Jungfrau und der Sohn des gelehrten Arztes und lebten glücklich bis zum Ende ihrer Tage.

Dieses Märchen stellt einen Vater dar, der krank und blind ist, der den ganzen Wert des Weiblichen nicht erkennen kann. Obwohl er seine Töchter von Herzen liebt, traut er ihnen nicht zu, daß sie in die Welt hinausgehen und ihm die Medizin holen können. Die einzige Vertreterin des weiblichen Geistes ist eine kranke alte

Frau, die zwar weiß, wie man die Medizin bekommt, die aber die Aufgabe sogar für Männer für unmöglich hält. Die drei Töchter wollen den Versuch wagen. Hier ist das Bild eines verwundeten Vaters, dessen Verhältnis zum Weiblichen beschädigt ist, aber nur das Weibliche kann ihn retten: die alte Frau besitzt das Wissen, und die Töchter haben den Mut und die Motivation. Die Töchter müssen Männerkleidung anlegen, um sich auf die Reise zu begeben, und dies zeigt die geringe Achtung und das Mißtrauen gegenüber dem Weiblichen. Wenn sie sich als Frauen zeigten, würden sie höchstwahrscheinlich sofort eine Niederlage erfahren. Die erste Phase der Befreiung der Frau in unserer Kultur verlangte ebenso, daß eine Frau sich wie ein Mann verhält, um in der Welt Erfolg zu haben. Weder von Männern noch Frauen wurden in den meisten Berufen Frauen aufgrund ihres eigenen weiblichen Beitrags akzeptiert. Obwohl die ersten beiden Töchter aufgeben und nach Hause zurückkehren, gibt es trotzdem einen gewissen Fortschritt. Sie sind alle bereit, in die Welt hinauszugehen und es zu versuchen. Und obgleich die alte Frau der ältesten Tochter sagt, daß die Aufgabe »unmöglich« sei, ändert sie ihren Spruch bei der zweiten Tochter und erklärt nunmehr, daß die Aufgabe »sehr schwierig« sei. Als die dritte Tochter kommt, will die alte Frau sie zwar zunächst auch von ihrem Vorhaben abbringen, aber schließlich teilt sie ihr doch das Wissen mit, das nötig ist, um die Aufgabe zu vollbringen. Da die Töchter es immer wieder versuchen, wird die ältere Frau optimistischer und teilt schließlich ihr Wissen und ihre Weisheit mit. Dies entspricht symbolisch dem allmählichen Fortschritt, den Frauen durch ihre vereinten Bemühungen um Anerkennung und den Kampf um ihre Rechte zu verzeichnen haben. Obwohl die jüngste Tochter noch als Mann verkleidet ist, als die alte Frau ihr sagt, wie sie die Medizin bekommen könne, hat sie die Frau durch ihre sanfte Liebenswürdigkeit, gepaart mit schneidiger Tapferkeit, beeindruckt – zwei Eigenschaften, die oft als gegensätzlich gelten, von denen die erstere von der Kultur den Frauen zugeschrieben wird und die letztere den Männern. Indem sie beide kombiniert, zeigt die jüngste Tochter die Möglichkeit ihrer

Integration. Und über diese Integration erfährt sie, wie sie zur heilenden Kraft Zugang gewinnen kann.
Der Baum mit der heilenden Frucht ist im Besitz des Dev, eines rasenden Ungeheuers. Die jüngste Tochter muß der Wut und Macht dieser destruktiven männlichen Gestalt gegenübertreten, um Zugang zur heilenden Kraft zu gewinnen. Die Erlösung des Vaters scheint durchwegs zu verlangen, daß die Frau sich der monströsen Wut und Aggression stellt, und zwar ihrer eigenen und derjenigen, die der Vater nicht zu integrieren vermochte. Auf der kulturellen Ebene war die Auseinandersetzung mit der Wut gegenüber den kulturellen Vätern nötig, um weibliche Bedürfnisse und Werte bekannt zu machen. Die Art und Weise, wie die Tochter dem wütenden Ungeheuer die heilenden Samen abringt, ist nicht ein Frontalangriff. Sie ist rücksichtsvoll, freundlich und hilfsbereit; sie schmiert die Angeln des Tores (des Eingangs), füttert die Tiere (Instinkte) und schützt die verbrannten Arme der Dienerinnen (das Weibliche) – lauter Aspekte, die das Ungeheuer vernachlässigt hat. Und weil sie ihnen geholfen hat, stehen sie dem Mädchen zur Seite, und nicht dem Ungeheuer. All dies sind Aspekte der Vater-Tochter-Beziehung, die der Heilung bedürfen. Das Eingangstor des Mädchens zur Welt ist nicht gepflegt worden, die weiblichen Instinkte sind angekettet und bekommen nicht die richtige Nahrung, und die weibliche Fähigkeit, die Welt zu handhaben (die Arme), wurde versengt, indem die Frauen auf den Stand von Dienerinnen herabgesetzt wurden. Indem sie sich ihrer annimmt, ist das freundliche, tapfere Mädchen in der Lage, dem Ungeheuer die heilenden Samen zu entwenden. Sie muß den Dev jedoch noch aufhalten, als er sie zurückzugewinnen versucht, wie viele Frauen, die einen wichtigen ersten Schritt zu Selbstheilung und Wachstum getan haben, wieder von den alten, monströsen Kräften angegriffen werden können. Das heißt, daß sie sich weiterhin anstrengen müssen, um ihre errungene Entwicklung zu bewahren und nicht in die alte passive Art zurückzufallen. Gegen die Verfolgung des Ungeheuers hat das Mädchen von der alten Frau Geschenke bekommen – Spiegel, Wetzstein und Kamm. Der Spiegel wirft einem ein

klares Bild seiner selbst zurück, der Wetzstein wird zur Schärfung von Werkzeugen benützt, und der Kamm zur Entwirrung und Formgebung des Haares, das einen Rahmen für das Gesicht und die Identität abgibt. Wenn das Weibliche so geformt ist, werden diese Gegenstände zu natürlichen Kräften, die den Angriff des Ungeheuers aufhalten.
Obwohl das tapfere Mädchen dem Monster die heilenden Samen entrissen hat und sie dem Arzt überreicht, der ihr dafür die Medizin zur Heilung der Augen ihres Vaters gibt, muß sie noch eine Probe bestehen, bevor sie den Vater erlösen kann. Sie hat jetzt eine Beziehung zum heilenden Arzt, aber sie kann noch nicht enthüllen, daß sie ein Mädchen ist. An einem bestimmten Punkt in der Entwicklung einer Frau und um bestimmte Aufgaben zu vollbringen, ist es nötig, daß sie ihre männliche Seite einsetzt. Unter den gesellschaftlichen Gegebenheiten mußte das tapfere Mädchen ihre Verkleidung als Jüngling beibehalten und die anderen irreführen, so daß der Wert des Weiblichen am Ende sichtbar wird. Würde das Mädchen zu diesem Zeitpunkt enthüllen, daß sie kein Mann ist, könnte dies die Vollendung der Aufgabe – die Heilung des Vaters – stören. Denn es sind gerade die weibliche Tapferkeit und Fähigkeit, die der Vater und die Kultur nicht zu erkennen vermochten. Dies klingt in der Ungläubigkeit des Arztes an, daß eine solche Heldentat von einem Mädchen hätte vollbracht werden können. Oft werfen Frauen, die Zugang zu ihrer eigenen Stärke und Fähigkeit gewinnen wollen, die Flinte ins Korn, bevor sie ans Ende gekommen sind, manchmal indem sie sich auf eine Liebesbeziehung einlassen und ihre neuerworbene Stärke und Macht wieder auf den Partner projizieren und sie dadurch für sich selbst verlieren. Diese Möglichkeit ist für das tapfere Mädchen gegeben, da der Sohn des Arztes ein potentieller Partner ist. Aber sie ist sich dieser Gefahr bewußt. Die Fragilität und Vergänglichkeit der weiblichen Kraft werden durch die welkenden Blumen symbolisiert, und das Mädchen bleibt die ganze Nacht wach und holt frische Blumen. Dies entspricht der Bewußtheit und Tatkraft, die Frauen haben müssen, um zu zeigen, daß ihre weibliche Stärke und

Tapferkeit kein flüchtiges oder vorübergehendes Ereignis, sondern von Dauer sind. Der Sohn des Arztes beobachtet diese einzigartige Handlungsweise, die das Interesse in ihm weckt, diese Person näher kennenzulernen, und so beschließt er, sie nach Hause zu begleiten. Als das Mädchen mit der Medizin nach Hause zurückkehrt und der Vater wieder sehen kann, erkennt er, daß er die Macht seiner Töchter in ihrem Wert herabgesetzt hat, und weinend vor Freude erkennt er jetzt den Wert des Weiblichen und erklärt, daß er nie mehr darüber klagen wolle, daß er keine Söhne habe. Der Sohn des Arztes, der eine tiefe Zuneigung zu seinem neuen Freund gefaßt hat, hält um ihre Hand an, nachdem sie sich als Mädchen entpuppt hat. Und als das Mädchen ihrem Vater von dem tiefen Freundschaftsbund zwischen ihnen berichtet, gibt er voll Freude seine Zustimmung zur Heirat.

Nachdem das Mädchen also den Vater erlöst hat, der daraufhin den Wert des Weiblichen erkennt, ist das Mädchen zur Ehe befreit – einer Ehe, die nicht auf kulturellen Projektionen des Weiblichen beruht, sondern auf einem tiefen, gegenseitigen Band der Freundschaft und auf der Liebe eines Mannes und seiner Bewunderung für die Tapferkeit und das Wissen der Frau. Die Erlösung des Vaters, auf persönlicher sowie auf kultureller Ebene, kann zu diesem Potential führen – zu der reifen Vereinigung des Männlichen und Weiblichen. Und das Mädchen kann mit dieser Vereinigung in ihrer ursprünglichen weiblichen Gestalt handeln und deren ganze Stärke und Geist zeigen!

Hier haben wir es mit einem Märchen zu tun, das ein Bild des Weges entwirft, wie eine Tochter die Wunde ihres Vaters heilen kann. Und in diesem Heilungsprozeß gewinnt die Tochter eine tiefe Verbindung mit ihrer eigenen Stärke und Tapferkeit, mit der Macht ihres weiblichen Geistes, und eine liebende Beziehung zum Männlichen. Wie könnte sich dieser Prozeß der Erlösung des Vaters auf der persönlichen und kulturellen Ebene manifestieren?

Auf der persönlichen Ebene kann die Erlösung vielleicht nur innerlich erfolgen, weil der wirkliche Vater vielleicht tot oder für eine neue Beziehung nicht offen ist, aber das verringert nicht die Bedeutung dieser Aufgabe. Wie die Hauptgestalt in dem Schauspiel *I Never Sang for My Father* (»Ich sang nie für meinen Vater«) sagt: »Der Tod beendet ein Leben, aber er beendet nicht eine Beziehung.«[2] Die Beziehung zum inneren Vater muß trotzdem noch verwandelt werden, denn sonst gehen die alten destruktiven Muster aufgrund der beschädigten Beziehung weiter. Zu diesem Wandlungsprozeß gehört, daß man die destruktiven Muster sieht und erkennt, wie sie sich im Leben ausgewirkt haben. Dazu gehört auch, daß die Frau den Wert des Vaters sieht, denn wenn sie zur positiven Seite des Vaters keine Beziehung hat, dann bleibt dieser Aspekt der Psyche abgeschnitten, unintegriert und für ihr Leben potentiell zerstörerisch. Auch auf der kulturellen Ebene verlangt die Erlösung des Vaters, daß die Frau beide Aspekte des Vaters sieht, den positiven und den negativen. Das verlangt außerdem die Veränderung der kulturellen Normen, so daß beides, Weibliches und Männliches, gleichermaßen bewertet werden und dasselbe Gewicht haben.

Die Erlösung des Vaters war für mich das zentrale Thema in meiner persönlichen und spirituellen Entwicklung. Denn die verwundete Vaterbeziehung beeinträchtigte so viele wichtige Lebensgebiete – meine Weiblichkeit, meine Beziehung zu Männern, zum Spiel, zur Sexualität, zur Kreativität und eine vertrauensvolle Weise in der Welt zu sein. Als Therapeutin konnte ich feststellen, daß das Finden einer neuen Beziehung zum Vater für jede Frau mit einer verwundeten Vaterbeziehung ein wichtiges Thema ist. Auf kultureller Ebene halte ich es für ein Thema jeder Frau, da die Beziehung zu den kulturell herrschenden Vätern der Wandlung bedarf.

In meinem eigenen Leben war die Erlösung des Vaters ein langwieriger Prozeß. Er begann, als ich in eine Jungsche Analyse kam. Mit der Hilfe einer gütigen, unterstützenden Analytikerin, bei der die hervorbrechenden Energien wie in einem warmen, schützenden Gefäß aufgehoben waren, betrat ich einen neuen Raum – die symbolische Welt der Träume. Hier lernte ich Seiten von mir kennen, von deren Vorhandensein ich nichts gewußt hatte. Hier entdeckte ich auch meinen Vater wieder – den Vater, den ich vor langer Zeit abgelehnt hatte. Ich kam drauf, daß in mir nicht nur der persönliche Vater steckte, an den ich mich erinnerte. Ich fand eine Vielfalt von väterlichen Gestalten, Bildern des archetypischen Vaters. Dieser Vater hatte mehr Gesichter, als ich mir je hätte vorstellen können, und diese Erkenntnis war furchteinflößend. Sie erschreckte mich, gab mir aber auch Hoffnung. Meine Ich-Identität, meine Vorstellungen über mich selbst zerbröckelten. Es gab eine Macht in mir, die stärker war als mein bewußt anerkanntes Selbst. Diese Macht überrollte meine Versuche, mein Leben und die Ereignisse um mich herum zu kontrollieren, wie eine Lawine einen Berghang überrollt und verändert. Von da an forderte mein Leben, daß ich zu dieser größeren Macht Beziehung aufnahm.

Indem ich meinen Vater zurückwies, hatte ich meine eigene Macht verleugnet, denn die Ablehnung meines Vaters bedeutete, daß ich alle seine positiven Eigenschaften zusammen mit seinen negativen verleugnete. Zusammen mit der Verantwortungslosigkeit und der irrationalen Dimension, die ich verleugnet hatte, verlor ich gleichzeitig den Zugang zu meiner Kreativität, meiner Spontaneität und meinem weiblichen Gefühl. Meine Träume wiesen mich wiederholt darauf hin. Ein Traum besagte, daß mein Vater sehr reich war und einen großen, palastartigen tibetischen Tempel besaß. Ein anderer besagte, daß er ein spanischer König war. Dies widersprach dem Bild des armen, verkommenen Mannes, den ich als »Vater« gekannt hatte. Was meine eigenen Kräfte betrifft, so zeigten mir meine Träume, daß ich auch sie verleugnete. In einem Traum verlieh ein magischer Hund mir die Macht, magische Opale herzustellen. Ich fertigte die Opale an und hielt sie in meiner Hand, aber dann schenkte ich sie weg und behielt keinen für mich. In einem anderen Traum sagte mir ein Meditationslehrer: »Du bist schön, aber du erkennst es nicht.« In einem weiteren Traum sagte eine Stimme zu mir: »Du hast den Schlüssel zu medialem Wissen, und du mußt ihn gebrauchen.« Ich wachte schreiend vor Entsetzen auf, weil ich die Verantwortung nicht übernehmen wollte. Ich sah eine Ironie darin, daß ich meinen Vater dafür kritisierte und haßte, daß er so verantwortungslos war und sein Potential verkommen ließ, daß ich aber

genau dasselbe tat. Ich maß mir selbst und dem, was ich zu bieten hatte, keinen wirklichen Wert bei. Statt dessen schwankte ich in meinem Verhalten zwischen der unsicheren, zerbrechlichen, gefälligen *puella* und der pflichtbewußten, leistungsorientierten geharnischten Amazone.
Weil ich meinen Vater verworfen hatte, war mein Leben in eine Anzahl von nicht integrierten und widerstreitenden Figuren gespalten, von denen jede die Oberhand haben wollte. Das führt letzten Endes zu einer explosiven Situation. Eine lange Zeit war ich nicht imstande, diese individuellen Identitäten sterben zu lassen um der größeren unbekannten Einheit willen, die meine Zauberkraft erden konnte – in dem geheimnisvollen Grund meines Wesens, in dem ich später die Quelle der Heilkraft fand. Und so erlebte ich diesen mächtigen Grund meines Wesens in der Form von Angstzuständen. Weil ich nicht freiwillig losließ und mich den größeren Mächten öffnete, überwältigten sie mich und zeigten mir ihr drohendes Antlitz. Sie trafen mich plötzlich und wiederholt in meinem Wesenskern, sie erschütterten meine kontrollierenden Muster, wie Blitzschläge eine zur Faust geschlossene, zupackende Hand aufreißen. Jetzt wußte ich, eine wie geringe Hilfe meine Abwehrhaltung war. Plötzlich stand ich im Angesicht der Leere. Ich fragte mich, ob mein Vater sie auch erfahren hatte und ob sein Trinken ein Versuch war, sie abzuwehren. Vielleicht war der alkoholische »Geist«, der sein Wesen beherrschte, ein Ersatz für die größeren Geister, vielleicht sogar ihre Abwehr, weil sie so nahe waren. Da ich meinem Vater jeden Wert abgesprochen hatte, seit er in dem irrationalen, dionysischen Bereich »ertrunken« war, mußte ich lernen, in diesem von mir abgelehnten Bereich einen Wert zu erkennen, indem ich das Bedürfnis nach Kontrolle losließ. Doch dies erforderte eine Erfahrung der negativen Seite; ich mußte in das unkontrollierbare Chaos von Gefühlen und Trieben, in die dunklen Tiefen, wo der unbekannte Schatz verborgen lag, eintauchen. Zur Erlösung des Vaters war es letztlich nötig, daß ich die Unterwelt betrat, daß ich diesem abgelehnten Bereich in mir selbst Wert gab. Und dies führte dazu, daß ich die Geister honorierte. Auf diesen Weg

brachte mich die Jungsche Analyse, und die Niederschrift dieses Buches förderte den Prozeß.
Das Schreiben war für mich ein Weg, meinen Vater zu erlösen. Ich wollte immer Schriftstellerin werden. Daß ich schließlich das Risiko einging, meine Erkenntnisse zu Papier zu bringen, verlangte eine Menge Selbstvertrauen und Courage. Die Stärke des geschriebenen Wortes verlangt, daß der Verfasser dahintersteht. Das Schreiben verlangte von mir, daß ich die Beziehung zu meinem Vater in den Blick faßte und mich verbindlich mit ihr auseinandersetzte. Ich war gezwungen, ihn wirklich anzuschauen und zu versuchen, seine Seite der Geschichte, seine Sehnsüchte und seine Verzweiflung zu verstehen. Ich konnte ihn nicht mehr aus meinem Leben streichen, als könnte ich der Vergangenheit und seinem Einfluß ganz entrinnen. Ich konnte ihm auch nicht einfach die Schuld für alle meine Schwierigkeiten zuschieben. Durch mein Schreiben standen wir uns jetzt plötzlich von Angesicht zu Angesicht gegenüber. Wie Orual in *Till We Have Faces* (»Bis wir Gesichter haben«) sah ich das Gesicht meines Vaters, wenn ich in den Spiegel blickte. Das war unglaublich schmerzhaft, denn mein Vater trug die Schattenseite meiner Existenz, alles, was dunkel, erschreckend und schlecht war. Doch seltsamerweise war dies auch eine Quelle des Lichts und der Hoffnung, denn in all dieser Dunkelheit schien das schöpferische Licht der imaginativen Kräfte der Unterwelt. Und ich verspürte auch die Kraft ihrer männlichen Energie. Ungefähr ein Jahr, nachdem ich begonnen hatte, zu schreiben und mich mit meinem Vater wirklich auseinanderzusetzen, hatte ich folgenden Traum:

Ich sah schöne Mohnblumen, die in roter, oranger und gelber Farbe leuchteten, und ich wünschte, meine Mutter-Analytikerin wäre hier, um sie mit mir zu sehen. Ich ging durch das Mohnblumenfeld und überquerte einen Fluß. Plötzlich befand ich mich in der Unterwelt an einer festlichen Tafel mit vielen Männern. Roter Wein strömte, und ich beschloß, noch ein Glas zu trinken. Da hoben die Männer ihre Weingläser und tranken auf meine Gesundheit, und mir wurde warm und wohl ums Herz bei ihrer liebevollen Huldigung.

Der Traum markierte meine Initiation in der Unterwelt. Ich war von der hellen Welt der Mutter in das Reich des dunklen Vater-Geliebten übergegangen. Doch auch dort wurde ich begrüßt. Dies war natürlich eine inzestuöse Situation, die für mich dennoch sehr nötig war. Zur Rolle des Vaters gehört laut Kohut, daß er sich von seiner Tochter idealisieren läßt und ihr dann allmählich erlaubt, seine realistischen Grenzen zu entdecken, ohne sich von ihr zurückzuziehen.[3] Diese ideale Projektion ist natürlich von einer tiefen Liebe begleitet. In meiner Entwicklung verwandelte sich diese Liebe in Haß, und das frühere Idealbild meines Vaters wurde zurückgewiesen. Ich mußte lernen, meinen Vater wieder zu lieben, so daß ich mich mit seiner positiven Seite wieder verbinden konnte. Ich mußte lernen, der spielerischen, spontanen, magischen Seite meines Vaters einen Wert zu geben, aber ich mußte auch ihre Grenzen sehen und lernen, wie ich die positiven Aspekte in meinem Leben verwirklichen konnte. Dazu mußte ich zuerst den Wert meines Vaters sehen und dann erkennen, daß er mir gehörte. Dies löste das unbewußte inzestuöse Band und befreite mich für meine eigene Beziehung zu den transzendenten Kräften meines Selbst.

Für verwundete Töchter, die zu anderen Seiten des Vaters ein schlechtes Verhältnis haben, mögen die Einzelheiten der Erlösung verschieden sein, aber das zentrale Thema ist dasselbe. Die Erlösung des Vaters erfordert, daß sie den verborgenen Wert, den der Vater zu bieten hat, erkennt. So werden zum Beispiel Töchter, die gegen einen zu autoritären Vater reagiert haben, Probleme mit dem Annehmen ihrer eigenen Autorität haben. Solche Frauen neigen dazu, sich anzupassen oder rebellisch zu reagieren. Sie müssen einen Wert in ihrem eigenen Verantwortungsbewußtsein sehen und ihre eigene Macht und Stärke akzeptieren. Sie müssen Grenzen ihren Wert zugestehen, bis an die Grenze gehen, aber auch wissen, wann sie über die Stränge schlagen. Sie müssen wissen, wann sie nein und wann sie ja sagen sollen. Das bedeutet, daß sie realistische Ideale haben und ihre eigenen sowie die Grenzen der Situation kennen. Sie müssen, um einen Terminus Freuds zu gebrauchen, ein positives Verhältnis zu ihrem »Über-Ich« gewinnen, zu der inneren

Stimme der Wertschätzung, des verantwortlichen Urteils und der Entschlußkraft. Diese Stimme ist dann konstruktiv, wenn sie weder zu kritisch und streng noch zu nachsichtig ist, so daß sie objektiv sehen und hören können, was vorhanden ist. Eine Frau drückte es folgendermaßen aus: »Ich muß die Stimme meines Vaters in meinem Inneren hören, die mir auf freundliche Weise sagt, wenn ich etwas gut mache, aber auch, wenn etwas daneben geht.« Die Erlösung dieses Aspekts des Vaters bedeutet eine Verwandlung des kritischen Richters, der ständig einen Schuldspruch fällt, sowie des Verteidigers, der mit Selbstrechtfertigung antwortet. Statt dessen findet sie in ihm einen freundlichen, objektiven Schiedsrichter. Das bedeutet, daß sie ihren eigenen inneren Sinn für Werte besitzt und nicht außerhalb nach Billigung sucht. Statt den kulturellen kollektiven Projektionen, die auf sie nicht zutreffen, zum Opfer zu fallen, bedeutet dies, daß sie weiß, wer sie ist, und echte Möglichkeiten aktualisiert. Auf der kulturellen Ebene heißt das, daß sie das Weibliche hoch genug einschätzt, um gegen die kollektive Anschauung, was das Weibliche sein »solle«, dafür einzustehen.

Töchtern, die zu ihrem Vater eine »zu positive« Beziehung hatten, obliegt es, wiederum einen anderen Aspekt des Vaters zu erlösen. Wenn das Verhältnis zum Vater zu positiv ist, werden die Töchter wahrscheinlich eine zu starke Vaterbindung haben, weil sie ihn überidealisiert und ihrer eigenen inneren Vaterstärke erlaubt haben, in der äußeren Projektion auf den Vater zu verharren. Oft sind ihre Beziehungen zu Männern dadurch beeinträchtigt, weil kein Mann an den Vater heranreicht. In diesem Fall sind sie in ähnlicher Weise an ihren Vater gebunden wie Frauen, die an einen »Schattengeliebten« gebunden sind. (Oft wird auch unbewußt eine idealisierte Beziehung zum Vater aufgebaut, wenn kein Vater vorhanden ist.) Ein zu positives Verhältnis zum Vater kann sie von einer echten Beziehung zu Männern und sehr häufig auch von ihren beruflichen Möglichkeiten abschneiden. Weil sie den äußeren Vater so idealistisch verklären, sind sie nicht in der Lage, den Wert ihres eigenen Beitrags zur Welt zu erkennen. Um den Vater in sich selbst zu erlösen, müssen sie

seine negative Seite anerkennen. Sie müssen ihren Vater als eine menschliche, nicht als idealisierte Gestalt sehen, damit sie das Vaterprinzip in sich verinnerlichen können.
In mancherlei Hinsicht sehe ich in dem Märchen »La belle et la bête« eine Geschichte dieser Art von Erlösung. Das schöne Mädchen liebte ihren Vater so sehr! Aber weil sie um eine so schlichte Gabe, eine Rose, gebeten hat, die ihr Vater aus dem Garten des wilden Tieres (bête) stehlen mußte, war sie gezwungen, mit dem wilden Tier zu leben, um das Leben ihres Vaters zu retten. Und das war etwas ungeheuer Schreckliches für sie. Aber als sie lernte, das Biest zu schätzen und zu lieben, wurde es in den Prinzen, sein ursprüngliches Potential, verwandelt, und das Leben des Vaters war gerettet.
Die Erlösung des Vaters bedeutet letzten Endes, daß die Frau das inwendige Männliche umgestaltet, daß sie dieser Seite in ihr einen Vater gibt. Statt des »perversen, alten Mannes« und des »zornigen, rebellischen Jungen« müssen Frauen den »Mann mit Herz« finden, den inneren Mann, der ein gutes Verhältnis zum Weiblichen hat.
Die kulturelle Aufgabe von Frauen heute dreht sich um denselben Prozeß. Der Wert des Vaterprinzips muß eingesehen und seine Grenzen müssen anerkannt werden. Zu dieser Aufgabe gehört, daß die Frau das Wesentliche des Vaters von dem trennt, was die Kultur ihr künstlich übergestülpt hat. Am häufigsten wurde das Vaterprinzip in zwei widerstreitende Gegensätze gespalten – den starren, alten autoritären Herrscher und den spielerischen, verantwortungslosen ewigen Jüngling. In der westlichen Kultur wurde die autoritäre Seite des Vaters bewußt geschätzt und akzeptiert, und die spielerische, jungenhafte Seite wurde unterdrückt oder bewußt entwertet. Auf kultureller Ebene führte dies zu der Situation, die wir in *Iphigenie in Aulis* vorfinden. Die Seite der autoritären Macht trifft die Entscheidungen (Agamemnon) und opfert die Tochter, aber der ursprüngliche Grund der Opferung ist die Eifersucht des jünglingshaften Bruders (Menelaos). Diese zwei Seiten sind auf der bewußten Ebene Gegensätze, aber im Unbewußten fallen sie durch ihr Besitzstreben in

der Opferung der Tochter zusammen, also des werdenden, jungen Weiblichen. Frauen heute müssen diese Spaltung des Vaterprinzips konfrontieren und zu ihrer Heilung beitragen. In diesem Sinne könnte die Erlösung des Vaters ein »Neu-Träumen« des Vaters sein, eine weibliche Phantasie dessen, was ein Vater sein und tun könnte. Ich bin von Iphigenie insofern enttäuscht, als sie am Ende freiwillig in den Tod geht. Obwohl die äußere Situation des Opfers, das durch das Dilemma des Vaters bedingt ist, unausweichlich schien, hätte sie aus ihrem weiblichen Instinkt und ihrer weiblichen Weisheit sprechen und dem Vater sagen können, was möglich gewesen wäre. Dies hätte im männlichen Bewußtsein eine Veränderung bewirken können. Frauen beginnen erst heute, dies zu tun – sie fangen an, ihre Gefühle und Phantasievorstellungen mitzuteilen und sie an die Öffentlichkeit zu bringen. Frauen müssen ihre Geschichte erzählen. Sie müssen den Männern sagen, was sie von ihnen erwarten. Sie müssen es aus ihrem Instinkt heraus sagen, ohne zu versuchen, ihre Gefühle auf dem Boden des Männlichen zu rechtfertigen. Sie müssen aber auch im Geist des Mitgefühls, nicht aus der bitteren Niederlage über sich berichten. Viele Frauen bleiben im Faktischen ihres Lebens befangen und sehen ihre Möglichkeiten nicht. Dies führt zu Bitterkeit und Zynismus. Hier kann der Wert der *puella* erlösend wirken, denn ihre tiefe Verbindung zum Bereich des Möglichen und zur Phantasie kann zu neuen Wegen des Sehens und Tuns und zu einer neuen Wertschätzung des Weiblichen führen. Wenn diese schöpferische Vision sich mit der Stärke und gesammelten Kraft der amazonenhaften Frau verbindet, kann ein neues Verständnis und ein neues Gefühl für den Vater entstehen.
Vor kurzem forderte ich eine Gruppe von Studenten auf, ihre Phantasievorstellung von einem guten Vater niederzuschreiben. Die Gruppe bestand vorwiegend aus Frauen in den Zwanzigern und Anfang dreißig, aber es waren auch einige Männer dabei. Zusammen ergeben ihre Vorstellungen das folgende Bild: Der Vater ist ein Mann, der stark, stabil, verläßlich, fest, aktiv und abenteuerlustig ist; aber er ist auch warmherzig, liebevoll, mitfühlend, zärtlich, erziehend, sorgend und anteilnehmend. Ihre

Phantasievorstellung des Vaters war also eine androgyne Person, d. h. ein Mensch, der die männlichen und weiblichen Elemente in sich integriert hat.
Ein wichtiges Thema, das immer wieder auftauchte, war, daß der Vater in der äußeren wie in der inneren Welt Führung geben sollte, jedoch ohne zu dozieren oder Forderungen zu stellen. »Führe und lehre, aber dränge und predige nicht«, das war die Art und Weise, wie sie wünschten, daß der Vater ihnen helfen sollte, ihre eigenen Grenzen, Grundsätze und Werte zu setzen und den Ausgleich zu finden zwischen Disziplin und Vergnügen. Sie betonen, daß der Vater sie durch sein Beispiel anleiten und ein Vorbild *sein* sollte für das Selbstvertrauen des Erwachsenen, für Ehrlichkeit, Kompetenz, Autorität, Mut, Glauben, Liebe, Mitgefühl, Verständnis und Großzügigkeit auf dem Gebiet der Arbeit, der Kreativität, der sozialen, ethischen und liebenden Hingabe. Gleichzeitig würde er seine Werte als die seinen anerkennen und sie weder seiner Tochter aufdrängen noch sie als die »einzig wahren« hinstellen. In seiner Führung würde er zugleich Erziehung und Beratung anbieten, jedoch seine Tochter ermutigen, selbständig zu sein und die Dinge selbst zu erforschen. Auf der praktischen Ebene würde er sie ermutigen und ihr beibringen, mit Geld umzugehen, und sie in jedem beruflichen Streben unterstützen. Da er an ihre Stärke, Schönheit, Intelligenz und Fähigkeit glaubt, wäre er stolz auf sie. Aber er würde nicht seine eigenen unerfüllten Wünsche auf die Tochter projizieren und von ihr abhängig oder überfürsorglich sein. Er würde im Gegenteil die einmalige, individuelle Seinsweise seiner Tochter bejahen, sie als Person achten und wertschätzen, sie aber nicht mit Verantwortungen belasten, die über ihr Alter hinausgehen. Er wäre sensibel und emotional verfügbar, wenn sie ihn im Verlauf ihrer Entwicklung braucht. Und mit diesem Gefühl für die rechte Zeit und seinem intuitiven Verständnis für seine Tochter könnte er ihr den Schutz und die Führung bieten, die sie zur rechten Zeit bräuchte. Aber wenn sie reif wäre, eine erwachsene Frau zu werden, würde er auch das spüren und von der Rolle des Vaters zu einer gegenseitigen Freundschaft mit der notwendi-

gen Achtung und Liebe übergehen. So würde er auch von ihr lernen wollen und dazu imstande sein. Letztlich könnten Vater und Tochter miteinander reden und einander zuhören, sich ihre Lebenserfahrung mitteilen und voneinander lernen.

Das eigene Leben des Vaters, seine Freuden, seine Befriedigung und Kreativität war diesen Töchtern wichtig. Sie wollten, daß ihr Vater sich ein gutes Leben aufbaute, das ihn befriedigte und forderte – ein Leben, in dem er sich erprobte und aus dem er ruhig, geordnet, solide, fest und zuverlässig hervorging, aber auch liebevoll und fähig, seine Gefühle offen auszusprechen und seine Wünsche und Bedürfnisse auszudrücken. Ein wünschenswerter Vater würde in emotionaler, physischer, schöpferischer und spiritueller Hinsicht Sorge für sich tragen. Und dieses Sorgen für sich selbst wäre der Boden seiner Fürsorge für seine Tochter.

Für diese Töchter war es von entscheidender Bedeutung, daß der Vater imstande war, um Hilfe zu bitten, wenn er Hilfe brauchte. Es war wesentlich für sie, daß er imstande war, seine Verletzlichkeit zu zeigen, daß er seine Gefühle offen und ehrlich zum Ausdruck bringen konnte, statt in ihnen zu schmoren und über sie zu brüten oder mit ihnen zu explodieren. Entscheidend war außerdem, daß der Vater in der Lage war, die Liebe seiner Tochter zu ihm anzunehmen.

Ein weiterer, äußerst wichtiger Aspekt war der, daß er seine primäre emotionale Beziehung zu seiner Frau, und nicht zu seiner Tochter hatte, so daß die Tochter nicht gezwungen war, seine emotionalen Bedürfnisse zu befriedigen, und frei war, selbst zu wachsen. Wenn der Vater seine Frau als eine starke, unabhängige, kompetente Partnerin respektierte und sie weder als eine Tochter behandelte durch autoritäres Verhalten, noch als eine Mutter durch unterwürfiges Verhalten, so könnte dies ein Vorbild einer guten ehelichen Beziehung für die Tochter sein und zugleich ein Vorbild für die Achtung, die Mann und Frau einander entgegenbringen können. So würde er ihr durch die Art seines Verhältnisses zu ihrer Mutter zeigen, in was für einer Beziehung ein Mann zu einer reifen Frau stehen kann.

Die Brücke zu einer sexuellen Beziehung war ein weiterer,

ungemein wichtiger Bereich. Der Vater gibt ihr eine sichere, geborgene Beziehung zum anderen Geschlecht, zum Mann. Wenn er im richtigen Stadium den Unterschied seiner Tochter und ihre weibliche Sexualität würdigen und mit ihr sogar in einer ungefährlichen Weise flirten kann, dann könnte er ihr helfen, später eine Brücke zu einer gesunden, sexuellen Beziehung zu schlagen. Indem er sie nicht als seinen Besitz betrachtet und ihr Bestreben, zu Männern in Beziehung zu treten, unterstützt, könnte er ihr Wachstum in diesem Bereich fördern.

Eine gute Beziehung zu seinem eigenen inneren Kind und Humor waren ebenfalls wesentliche Eigenschaften, die diese Frauen sich in ihren Vätern wünschten: daß sie spielen und sich an der Welt der Tochter freuen konnten, aber selbst keine Kinder blieben. Am wichtigsten war, daß der Vater für sie da war, wenn sie ihn brauchten, daß er Beständigkeit und Vertrauen vermittelte, daß er ehrlich und zuverlässig war und sein Wort hielt.

Es sieht vielleicht so aus, als wäre die Integration all dieser Eigenschaften eine überwältigende und übermenschliche Aufgabe, aber zugleich wollten diese Töchter nicht, daß ihre Väter »vollkommen« seien. Wie eine es ausdrückte: »Vater soll menschlich sein und ein Recht auf alle Gefühle haben wie jeder andere Mensch. Wenn er etwas nicht weiß, dann soll er zugeben können, daß er es nicht weiß.« Nachdem eine andere Kursteilnehmerin ihre Schilderung niedergeschrieben hatte, sagte sie: »Das ist zu ideal. Das macht mich nervös.« Eine andere sagte, daß ihre Entwicklung dadurch beeinträchtigt worden sei, daß sie einen »perfekten Vater« hatte. Weil andere Männer nicht das gleiche Maß an Hingabe hatten wie er, war es schwer für sie, eine befriedigende Beziehung zu anderen Männern zu gewinnen. Mit ihren Worten: »Mein Vater ermutigt mich und glaubt, daß ich alles kann. Manchmal bin ich in dem Wahn befangen, daß er recht hat.«

Die Erlösung des Vaters erfordert auch die Erlösung des Weiblichen im eigenen Inneren – die echte Wertschätzung dieser Seinswerte. Zum Problem des verwundeten Vaters gehört, daß er selbst kein Verhältnis zum Weiblichen hat. Entweder er ist davon abgeschnitten und entwertet es, indem er den Weg des strengen Patriarchen einschlägt, oder er steht zu sehr unter der Macht des Weiblichen wie im Fall des ewigen Jünglings, der seine Fähigkeit zu handeln verliert und passiv wird. Der erstere ignoriert die Macht des Weiblichen, und der andere verleiht ihr zu viel Macht, indem er sie auf einen Sockel hebt und dadurch paradoxerweise ebenfalls ihren echten Wert herabsetzt.

Wenn eine Frau ihren Selbstwert wirklich erkennt und aus dem unverwechselbaren Raum ihrer Bedürfnisse, Gefühle und Intuitionen handelt, wenn sie auf ihre eigene Weise schöpferisch ist und ihre Autorität erfährt, dann ist sie imstande, mit dem Männlichen wirklich in Dialog zu treten. Sie verhält sich weder unterwürfig zum Männlichen, noch imitiert sie es. Das wertzuschätzen, was im weiblichen Bereich wirklich zu ihr gehört, ist in der Tat schwer, denn es bedeutet, daß sie dem Kollektiv gegenübertritt als diejenige, die sie ist. Die *puella* neigt dazu, eine kollektive Anschauung des Weiblichen zu übernehmen, indem sie deren Projektionen akzeptiert und so ist, wie andere sie haben wollen. Aber auch die geharnischte Amazone, die das Männliche imitiert, entwertet das Weibliche, indem sie stillschweigend das Männliche als das Überlegene akzeptiert.

Was ist denn überhaupt das Weibliche? Nach meiner Erfahrung ist dies eine Frage, die Frauen jetzt stellen. Sie sind auf der Suche, sie sprechen miteinander und versuchen, ihre Erfahrungen zu artikulieren. Viele Frauen spüren und erfahren das Weibliche, aber sie haben die Worte nicht, es auszudrücken, da unsere Sprache und unsere Begriffe auf männlichen Modellen beruhen. Die Erlösung des Weiblichen ist daher gerade jetzt Forderung und Aufgabe der Frau. Sie ist bereits im Gange. Sie geschieht bereits. Wie Muriel Rukeyser es in ihrem Gedicht »Käthe Kollwitz« ausdrückte:

> Was würde geschehen, wenn eine Frau
> die Wahrheit über ihr Leben erzählte?
> Die Welt würde bersten.[4]

10 Die Entdeckung des weiblichen Geistes

Und wir, die schreibenden Frauen und seltsamen Ungeheuer,
suchen noch immer in unserem Herzen die schwierigen
Antworten,
hoffen noch immer, daß wir lernen, unsere Hände
sanfter, feiner auf den glühenden Sand zu legen,
daß wir durch unser Schaffen einfacher menschlich werden,
daß wir die tiefe Stelle erreichen, wo die Dichterin Frau wird,
wo wir auf nichts verzichten, nichts entsagen müssen
im reinen Licht, das vom Geliebten ausstrahlt,
im warmen Licht, das Früchte und Blumen bringt
und das große Heil, die Sonne: die weibliche Macht.
May Sarton

Als ich dieses Buch zu schreiben begann, dachte ich, daß die Niederschrift des Kapitels »Die Erlösung des Vaters« die tiefe Wunde heilen würde, unter der ich so viele Jahre gelitten hatte. Ich hoffte, daß der Schmerz zu einer blassen Erinnerung aus der Vergangenheit werden würde. Doch meine Erfahrung war eine andere: ich empfand noch mehr Schmerz; ich spürte die Wunde noch tiefer. Ich war verletzlicher und offener gegenüber meinen Gefühlen von Schmerz und Zorn geworden. Noch einmal wurde ich in die Vater-Tochter-Wunde zurückgerissen.
Inmitten dieses inneren Aufruhrs, als ich eben das vorgesehene letzte Kapitel meines Buches (»Die Erlösung des Vaters«) schrieb, hatte ich zwei Träume. Der erste kam mir ein oder zwei Tage, bevor ich dieses Kapitel begann. Es war ein schrecklicher Traum, und als ich erwachte, weinte ich stundenlang. Meine erste Analytikerin, die Frau, die ich am meisten liebte, die mir Mutter und Vorbild gewesen war, war gestorben. Sie hatte eine Botin von Europa geschickt, die mir drei Geschenke überreichen sollte. Das Hauptgeschenk war eine riesige, handgearbeitete goldene Toilettenmuschel, die jedoch eher wie ein Kelch aussah.

Dieses kostbare Geschenk sollte in meinem Wohnzimmer stehen. Sie schenkte mir außerdem verschiedene Bilder von mir, die aufgenommen worden waren, als ich mit der Analyse begann. Das dritte Geschenk waren Zeitungsausschnitte. Ich schluchzte und sagte immer wieder: das kann doch nicht wahr sein. Meine Analytikerin konnte nicht tot sein. Ich wollte in der Schweiz anrufen und mich erkundigen. Aber der Traum wiederholte sich. Nach dem anfänglichen Schock ging mir die symbolische innere Bedeutung des Traumes auf. Der Tod dieser Analytikerin, die mir eine Mutter und ein weibliches Vorbild gewesen war, hatte mich allein zurückgelassen. Aber ich hatte ihre Geschenke, die ich mitnehmen durfte. Die Fotos erinnerten mich daran, wie ich aussah, als ich den Prozeß der Analyse begann. Die Zeitungsausschnitte waren Berichte über das, was geschehen war. Und die schöne, handgefertigte goldene kelchartige Toilettenmuschel war das größte Geschenk, das sie mir hätte machen können, denn es symbolisierte die Einheit des »Höchsten und Niedrigsten«. Meine Analytikerin hatte mir dadurch, daß sie mich angenommen hatte und mir ein Beispiel war, die Möglichkeit gegeben, die vorher abgelehnten Teile meiner selbst – meine Wut und meine Tränen – sowie meine unterdrückte Sehnsucht nach der positiven spirituellen Seite meines Vaters als Werte zu sehen und in mir zu bergen. Der Taum zeigte deutlich, wie wichtig dieses Geschenk für mein Leben war: ich sollte es in den Mittelpunkt meines Hauses, in das Wohnzimmer, stellen und es nicht an einen hinteren Winkel verweisen. Der Traum vermittelte mir ein Bild, wie ich meinem weiblichen Geist Form geben und ihn in mir bergen konnte.

Der zweite Traum kam an meinem Geburtstag, einige Tage nachdem ich das Kapitel »Die Erlösung des Vaters« beendet hatte. In diesem Traum hatte ich eine andere Analytikerin, bei der ich zur Zeit in Analyse war, gebeten, mein Haar zu schneiden und in Dauerwellen zu legen, damit es mehr Körper und Fülle bekäme. Für mich bedeutete dies das Formen meiner weiblichen Identität, daß sie mehr Dauer und Substanz verliehen bekam.

Die Erlösung des Vaters war nicht der letzte Schritt im Heilungsprozeß meiner Wunde. Meine Träume sagten mir, daß das letzte Geheimnis nicht im Männlichen, sondern im Weiblichen lag. Das Paradox der Erlösung des Vaters bestand darin, daß ich letztlich aufhören mußte, Geist auf den Vater zu projizieren, sondern ihn im Weiblichen finden sollte. Den Vater zu erlösen bedeutete, den weiblichen Geist in mir selbst zu finden.

Mir fiel ein, daß mein Modell der Heilung der Wunde zum Teil ein männliches gewesen war: die lineare Vorstellung, daß Fortschritt sich stetig in einer geraden, harten Linie auf ein Endziel zubewegt. Meine eigene Erfahrung dagegen war immer die, daß der Weg der Wandlung vielmehr wie eine kreisende Spirale verläuft. So landete ich unweigerlich immer wieder bei den hauptsächlichen Wunden und Konflikten, und jedesmal schien die Erfahrung noch schmerzlicher als die letzte zu sein. Der Unterschied war der, daß die Perioden des Schmerzes kürzer wurden und daß ich am Ende mehr Stärke, Mut und Fähigkeit besaß, mit diesen schmerzhaften Themen fertigzuwerden.

Den Wert solchen Leidens bringt Robert Bly in seinem Gedicht »Wozu die Schmerzen?«[1] zum Ausdruck:

> Wozu die Schmerzen? Sie sind ein Speicher
> von Weizen, Gerste, Korn und Tränen.
> Man kommt ans Tor auf einem runden Stein.
> Der Speicher füttert alle Vögel der Schmerzen.
> Und ich fragte mich: Willst du am Ende
> Schmerzen haben? Ach was, sei fröhlich im Herbst,
> sei stoisch, ja, gelassen und ruhig,
> oder breite die Flügel im Tal der Schmerzen aus.

Meine Schmerzen waren in der Tat ein Speicher, denn nach jedem Rückfall war meine Erfahrung tiefer, empfänglicher, spontaner und freudiger. Ich spürte, daß die Qualität meines Lebens jedesmal, wenn ich eine Runde zurückgelegt hatte, harmonischer wurde. Das Bild von Psyches dritter Aufgabe, daß sie aus dem Strom, der zwischen der höchsten Bergspitze und den Tiefen der Unterwelt floß, Wasser schöpfen mußte, war jetzt ein lebendiges Bild für mich. Wie der Philosoph Heidegger, der mein geistiger Vater gewesen war, es ausgedrückt hatte: das Bild des menschlichen Seins ist kreisförmig. Wir leben unser praktisches Leben in der Uhrzeit, sagte er. Aber wir wissen alle, daß die gelebte Zeit nicht primär geradlinig verläuft. Eine Stunde, die wir bei einem erregenden Symphoniekonzert, in der Liebe, im Spiel oder mit etwas verbringen, das uns tief beschäftigt, kann als ein intensiver Augenblick erlebt werden, während fünf Minuten eines langweiligen Vortrags oder jeder anderen beziehungslosen Tätigkeit unendlich lang erscheinen können. Die Zeit ist wie eine sich unaufhörlich drehende Spirale. Die Zukunft kommt ständig auf uns zu, aber in jedem Augenblick der unmittelbaren Gegenwart begegnet sie uns mit unserer Vergangenheit. In diesem Prozeß sind wir jedesmal mit geheimnisvollen, neuen Seinsebenen konfrontiert. Wir müssen der unbekannten Zukunft begegnen, indem wir alles zum Tragen bringen, was durch die Vergangenheit in uns gestaltet wurde.

Dieses Bild des in einer zyklischen Zeit verlaufenden Heilungsprozesses befreite mich von der Erwartung meines Ich, daß ich meine Probleme für immer los wäre, wenn ich die Schritte A, B, C usw. unternahm. Es ermöglichte mir eine rundere, mildere Anschauung meiner selbst und meines Lebenslaufs. Ich erinnerte mich auch, daß ich einmal den *I Ging* nach einem Bild der Wandlung der Vater-Tochter-Wunde befragt hatte. Das erste Hexagramm, das ich bekam, war »Die Umwälzung« (Nr. 49), und die zweite, bewegte Linie führte zu Hexagramm 18, »Die Arbeit am Verdorbenen«. Dieses letztere Hexagramm handelt von dem ursprünglichen Verderben des elterlichen Bildes. Dies war die Arbeit, die zu leisten war.

Das Hexagramm »Die Umwälzung« weist spezifisch auf die Zeiten der Wandlung hin. Das Bild soll den Kalender in Ordnung bringen und die Jahreszeiten klären. »Der Mensch wird Herr über den Wechsel der Natur, wenn er seine Regelmäßigkeit erkennt und den Zeitverlauf entsprechend einteilt«[2] und sich daher angemessen auf jede Jahreszeit einstellt. Dem Lauf der natürlichen Jahreszeiten zu folgen, war also das Bild, das ich zur Erläuterung der Wandlung der Vater-Tochter-Verwundung und als Hinweis, wie der weibliche Geist zu finden war, empfing.

Innerlich bedeutet dies, daß wir jede Jahreszeit, so wie sie kommt, annehmen müssen. Während ich dies schreibe, ist es Herbst – der Augenblick, in dem wir das letzte, glühende Reifen der goldenen Stunden des Nachsommers genießen. Aber wir empfinden auch die Schatten der bevorstehenden kalten Zeit des Todes und der Begrenzung, die den neuerlichen Abstieg in die Finsternis ahnen läßt, die der frohen Wiedergeburt vorausgehen muß. Bald wird es Winter sein, die Zeit, in der wir die Kälte annehmen und nach innen gehen müssen, die Zeit des Überwinterns und geduldigen Wartens, das nicht von Sieg sprechen, aber durchhalten und die Finsternis ertragen kann. Manchmal spürt man, wie das Leben sich regt, aber man kann nie wissen, ob die Geburt erfolgen wird. Im Winter muß man das »Nichtwissen« akzeptieren und das Leben ohne Resultate, das Leben an sich und von sich aus bejahen. Und dann kommt der Frühling, wenn das Leben wieder keimt und die ersten grünen Triebe erscheinen. Man möchte meinen, daß diese Jahreszeit des Möglichen am leichtesten anzunehmen wäre, und trotzdem wissen wir, daß die Selbstmordrate im Frühjahr besonders hoch ist. Wenn man sich auf den Winter nicht richtig eingestellt hat, wenn man sich gegen ihn auflehnt und die Möglichkeit der Geburt sowie des Todes nicht wirklich akzeptiert hat, oder wenn man sich zu tief auf ihn eingelassen hat, dann kann man das Neue vielleicht nicht annehmen und wird aus Angst vor Veränderung an der Depression und am Alten festhalten. Viele Frauen verschwenden Jahres ihres Lebens, geben sich der Depression und Verzweiflung hin und akzeptieren nie ihre Möglichkeiten, weil sie sich weigern, in die Welt hineinzugehen, weil sie den Frühling verweigern. Frühling bedeutet, die neuen Möglichkeiten während ihres Wachsens zu hegen, zu bewässern, zu nähren. Schließlich kommt der Sommer – das Reifen all dieser Möglichkeiten, daß man es verwirklicht, dafür einsteht und sich daran freut. Dies, scheint mir, ist die zentrale Herausforderung für Frauen: daß sie ganz sind, was sie sind, daß sie Licht und Dunkel und den neuen Zyklus der Jahreszeiten, der kommen wird, akzeptieren. Die Wunde ist da als ein Teil unserer Erfahrung, und so müssen wir lernen, sie anzunehmen und mit ihr zu leben und uns trotzdem auf die neuen Möglichkeiten der Heilung zu beziehen. Dazu bedarf es der aktiven Bemühung, der Bereitschaft, in unsere Tiefen zu gehen und zu horchen und aus unserer weiblichen Erfahrung heraus zu sprechen.

In dem Märchen »Das tapfere Mädchen« fiel mir auf, wie wichtig es war, Männerkleidung zu tragen, um die Medizin zu bekommen, die den blinden Vater zu heilen vermochte. Andere Heldinnen, wie z. B. Jeanne d'Arc, hielten es auch für nötig, Männerkleidung zu tragen, um ihr Ziel zu erreichen. Dieses bewußte Anlegen von »Männerkleidern« unterscheidet sich vom Harnisch der Amazone. Denn wenn die Verkleidung bewußt gewählt wird, dann kann sie auch bewußt wieder abgelegt werden. Manchmal ist es nötig, sich als Mann zu verkleiden, um sich zu schützen, wenn die Frau in die Welt hinausgehen und weibliche Werte bestätigen will. Ich denke an Rosalinde, die Heldin von Shakespeares Komödie *Wie es euch gefällt*. Sie mußte sich verkleiden, um ihr Leben vor den bösen Machenschaften des Herzogs zu retten, der ihren Vater in die Verbannung trieb. Und sie faßte den Entschluß, die Verkleidung beizubehalten, um die Liebe Orlandos auf die Probe zu stellen, statt ihn durch das Annehmen seiner weiblichen Projektionen verführen zu wollen. Wenn eine Frau als Mann verkleidet ist, sieht sie, wie ihr potentieller Liebhaber sich als Freund zu ihr verhält. Sie sieht außerdem, wie ihre Arbeit von der Kultur betrachtet wird, wenn keine kollektiven Projektionen auf sie angewandt werden. Wie Rosalinde sagt[3], als sie sich anschickt, Männerkleidung anzulegen:

> Doch ach, was für Gefahr wird es uns bringen,
> So weit zu reisen, Mädchen wie wir sind?
> Schönheit lockt Diebe schneller noch als Gold.
> ...
> Wär's nicht besser,
> weil ich von mehr doch als gemeinem Wuchs,
> Daß ich mich trüge völlig wie ein Mann?
> Den schmucken kurzen Säbel an der Hüfte,
> Den Jagdspieß in der Hand, und – läg im Herzen
> Auch noch so viele Weiberfurcht versteckt –

Wir sehen kriegerisch und prahlend drein,
Wie manche andere Männermemmen auch,
Die mit dem Ansehn es zu zwingen wissen.

So notwendig in meinen Augen dieser Schritt für die Befreiung der Frauen auch war, so meine ich doch, daß jetzt für Frauen die Zeit gekommen ist, ihre eigenen Kleider zu tragen und aus ihrer weiblichen Weisheit und Stärke heraus zu sprechen. Das Weibliche – was ist das? Ich glaube nicht, daß wir es definieren können. Aber wir können es erfahren und aus dieser Erfahrung heraus versuchen, es durch Symbole und Bilder auszudrücken, Kunstformen, durch die wir im Mysterium dieser Erfahrung sein und sie auch irgendwie artikulieren können. Vor kurzem sagte mir eine Frau, daß sie zum ersten Mal in ihrem Leben erfahren hatte, was das Weibliche ist. Aber sie konnte diese Erfahrung nicht artikulieren. Die Worte und Bilder waren ihr noch nicht gekommen, doch das negierte nicht den Wert, die Intensität und die Wahrnehmung dieser Erfahrung. Eine der Aufgaben für Frauen heute ist es, der Erfahrung des Weiblichen gegenüber nicht nur offen zu sein, sondern auch zu versuchen, es auf ihre eigene Weise auszudrücken.

Vor kurzem forderte ich eine Gruppe von Studenten auf, ihr Bild und ihre Erfahrung des weiblichen Geistes zu beschreiben. Es war dieselbe Gruppe, die am Anfang des Semesters ihre Vorstellung des guten Vaters geschildert hatte. Das fiel ihnen nicht schwer, und ihre Schilderungen des guten Vaters glichen sich in erstaunlichem Maß. Aber als sie den weiblichen Geist beschreiben sollten, waren sie zunächst blockiert. Die Schilderungen fielen völlig unterschiedlich aus. Die eine gemeinsame Erfahrung war die, daß keine dieser Frauen der Ansicht war, ihre Mutter könne ein Vorbild für sie sein. Sie mußten sich selbst befragen und versuchen, ihre eigene Erfahrung herauszubringen. Frauen begreifen allmählich, daß Männer bisher das Weibliche definiert haben – durch ihre bewußten Erwartungen dessen, was Frauen können und nicht können und durch ihre unbewußten Projektionen auf Frauen. Dies hat zu einer verzerrten Anschauung nicht nur der Frau, sondern auch der inneren weiblichen Seite des Mannes geführt. Frauen müssen sich dieser Definitionen und Projektionen erst bewußt werden und feststellen, welche sie richtig beschreiben und welche nicht. Auch Männer können bei diesem Prozeß behilflich sein. Denn wenn sie sensibel für das Weibliche und empfänglich sind und zuhören können, dann können sie ihre Erfahrung des Weiblichen unserem Verständnis hinzufügen. Der Dichter Rainer Maria Rilke war dem Bereich des Weiblichen gegenüber sehr sensibel und erkannte bereits vor langer Zeit die spezifische Stärke und die einmaligen Eigenschaften des weiblichen Geistes. Aber letztlich müssen Frauen ihre eigenen Geschichten aus ihrer eigenen persönlichen Erfahrung und ihrem Gefühl heraus erzählen und dabei auch das Universelle im Blick behalten.

Wenn Frauen anfangen, Selbstvertrauen zu haben und die Werte ihrer eigenen Seinsweise auszudrücken, dann werden sie die Heilung des Männlichen ermöglichen. Das Männliche in der Frau, sowie in den Männern selbst und in der Kultur ist verwundet aufgrund seiner schlechten Beziehung zum Weiblichen. Betrachten wir den folgenden Traum einer Frau, deren Verhältnis zum Vater verwundet war.

Ich bin eine Krankenschwester in einem Hospital. Der Patient ist ein attraktiver Mann, der im Bett liegt. Ihm fehlt der linke Arm. Aber statt eine Behinderung zu sein, hat dieser fehlende Arm etwas Magisches an sich. Nach der Anweisung des Mannes befestige ich einen Arm an ihm. Ich empfinde nichts als Liebe. Als ich erwachte, hatte ich das Gefühl, ein Ganzes zu sein.

Dieser Traum zeigt der Träumerin ihre Kraft, das Männliche in ihr zu heilen. Sie hatte eine verwundete Beziehung zum Vater, die sich auf ihre Beziehung zum Männlichen auswirkte, aber trotzdem besaß sie im Inneren die Kraft, diese Wunde zu heilen. In diesem Fall erfolgt die Heilung durch die gemeinsame Anstrengung des Mannes und ihrer selbst.

Ein anderer Traum, der eines Mannes, zeigt die Kraft des Weiblichen, das verwundete Männliche in individuellen Männern sowie in unserer Kultur zu heilen. Der Träumer war ein warmherziger, sich in Beziehung zu den Dingen fühlender

Mann, der das Weibliche in Frauen und in sich selbst in hohem Maße schätzte. Der Traum enthüllt die Wunde des Männlichen auf einer archetypischen Ebene und ihre kulturelle Auswirkung.

Ich ging durch das Haus einer unbekannten dunkelhaarigen Frau. Ich begehrte sie und dachte nur an Sex. Als sie die Türe öffnete, wußte ich sofort, daß sie ungewöhnlich war und daß ich etwas von ihr lernen konnte. Aber trotzdem fragte ich sie, ob sie mit mir schlafen wollte, und sie sah mich an, als wollte sie sagen: »Okay, wenn das alles ist, was du kennst.« Dann wechselte die Szene, und ich befand mich auf dem Begräbnis von Präsident Kennedy. Seine Leiche lag im Sarg, und seine Hände, Arme, Beine und Füße waren zerstückelt. Da trat plötzlich die dunkelhaarige Frau vor und setzte die Teile seines Körpers zusammen und heilte ihn.

Dieser Traum enthüllt die Wunde im Männlichen. Die Heilkraft des Weiblichen, die von der unbekannten dunkelhaarigen Frau symbolisiert wird, ist anwesend, aber der Träumer erkennt es zuerst nicht und verhält sich zu ihr in der alten männlichen Weise des sexuellen Besitzergreifens. Dennoch weiß er auf einer tieferen Ebene, daß sie ihm etwas zu bieten hat. Die erlösende Kraft der Heilung durch das Weibliche wird am Ende des Traumes dramatisch offenbar, als die unbekannte Frau den zerstückelten Leib des Präsidenten, des kulturellen Herrschers des Landes, wieder zusammensetzt.

Dies erinnert an die Mythologie der Antike, in der diese Heilkraft des Weiblichen anerkannt war. Isis, die Königin von Ägypten, fand die zerstückelten Körperteile des Königs Osiris, ihres Gemahls, und setzte sie wieder zusammen und heilte ihn. Doch es fehlte ein Teil, der Phallus. Da bildete Isis einen neuen Phallus aus Holz und befestigte ihn am Leib des Osiris. Darin sehe ich eine Parallele zum Märchen vom »Mädchen ohne Hände«. So wie ihre Arme abgehackt wurden und ein Mann ihr künstliche Silberarme gab, bis sich ihre eigenen durch ihre Fähigkeiten, Schmerzen anzunehmen, auf natürliche Weise regenerierten, so bedurfte der schöpferische Phallus des Osiris zu seiner Regeneration der Hilfe einer Frau. In unserem Zeitalter der Technik mit seiner Betonung von Leistung und Kontrolle ist es, als sei der schöpferische Phallus verlorengegangen und als hätten Männer ihre inneren Töchter durch ihre besitzergreifende Haltung dem Teufel geopfert. Oft haben sie Angst davor, ihre Wunden anzuerkennen, und haben keinen Zugang mehr zu ihren Tränen. Der weibliche Geist, der den Mut aufbringt, sich der Wunde sowie der Macht von Wut und Tränen zu stellen, kann dadurch heilen, daß er die natürliche, zyklische Kraft des jahreszeitlichen Wachstums und die Fähigkeit der Erde, neue Samen des Schöpferischen zu empfangen, zu würdigen weiß.

Anhang

Anmerkungen

Zu Kapitel 1:

[1] Eine Beschreibung der symbolischen Auffassung des Weiblichen im Gegensatz zur biologischen und kulturellen Auffassung findet sich bei Ann Ulanov, *The Feminine in Jungian Psychology and in Christian Theology* (Northwestern University Press, Evanston 1971), S. 137ff.

[2] Nach Jungs Anschauung symbolisiert der Vater ein archetypisches Bild. Eine Funktionsweise des Vater-Archetyps ist als Bild der patriarchalischen Kultur, in der Frauen des Westens leben müssen. In ähnlicher Weise kann der Tochter-Archetyp als kulturelles Bild des Weiblichen fungieren und nimmt in einer patriarchalischen Kultur einen untergeordneten Rang ein. Wenn es so häufig zu Verwundungen zwischen den persönlichen Vätern und Töchtern in unserer Kultur kommt, so reflektiert dies ein Problem zwischen dem dominierenden Vaterprinzip und der Unterordnung des weiblichen Tochterprinzips in unserer gesamten Kultur. Die kulturelle Manifestation der Beziehung zwischen dem Vater- und Tochterprinzip ist möglicherweise eine Verzerrung ihrer innerlich angelegten Beziehung.

[3] Vera von der Heydt hat in ihrem Aufsatz »On the Father in Psychotherapy«, in: *Fathers and Mothers* (Spring Publications, Zürich 1973), S. 133ff., die Rolle des Vaters und seine Funktionsweise vis-à-vis seinen Kindern von einem Jungianischen Gesichtspunkt geschildert. Von einem anderen Standpunkt stellt Heinz Kohut in *Narzißmus* (Suhrkamp, Frankfurt a. M. 1973) den Entwicklungsprozeß dar, durch den der Vater traditionsgemäß das Ideal-Selbst der Tochter auf sie projiziert.

[4] Den Terminus »puer aeternus« oder ewiger Jüngling hat Jung aus Ovid entlehnt, der einen schalkhaften, verführerischen jungen Gott so benannte. Marie Louise von Franz hat dieses Verhaltensmuster in ihrem Buch *Puer Aeternus* dargestellt (Spring Publications, Zürich 1970; Neuausgabe Sigo Press, Boston 1981).

[5] M. Esther Harding beschrieb den »Schattengeliebten« in ihrem Buch *Der Weg der Frau* (Rhein-Verlag, Zürich 1939), S. 60–101.

[6] Anaïs Nin, *Die Tagebücher der Anaïs Nin,* Bd. I (Wegner, Hamburg 1968), S. 199.

[7] James Hillman schildert diese beiden Extreme und ihre geheime Interaktion in seinem Artikel »Senex and Puer: An Aspect of the Historical and Psychological Present«, *Eranos Jahrbuch XXXVI,* 1967.

[8] Die Rolle der Mutter in der weiblichen Entwicklung ist ein weites Feld, über das bereits sehr viel geschrieben wurde. So untersucht z. B. Nancy Friday in *Wie meine Mutter* (Goverts, Frankfurt a. M. 1980) die Auswirkung der Mutter auf die Identitätssuche der Tochter. Von einem Jungianischen Standpunkt analysiert Erich Neumann den Archetyp der »Großen Mutter« und seine Beziehung zur Entwicklung des Unbewußten in *Die Große Mutter* (Rhein-Verlag, Zürich 1956).

[9] »Puella«, lat. Mädchen. Die »puella aeterna« (ewiges Mädchen) ist der dem männlichen »puer aeternus« entsprechende weibliche Modus.
[10] Sören Kierkegaard, *Furcht und Zittern. Die Krankheit zum Tode* (Rowohlt, Reinbek 1961, 1962).

Zu Kapitel 2

[1] Eine ausführliche Darlegung findet sich bei Ulanov, *The Feminine.*
[2] Euripides, *Orestes. Iphigenie in Aulis* (übertragen von Ernst Buschor, C. H. Beck, München 1960), S. 205.
[3] In der maßgeblichen deutschen Übertragung von Ernst Buschor, der sich seine eigenen Textfassungen zurechtlegte, fehlt eine Stelle mit diesem Wortlaut. Ich halte mich daher bei diesem Zitat an die von der Autorin benützte englische Fassung (*»Iphigenia in Aulis«*, in: *Orestes and Other Plays,* Penguin Books, Baltimore 1972, S. 419). [Anm. d. Übers.].
[4] In manchen Fassungen wird berichtet, daß Iphigenie im letzten Augenblick von Artemis gerettet wurde und dieser amazonenhaften Göttin als Priesterin diente. Damit ist eine Kompensation vorweggenommen, die in unserer heutigen Gesellschaft vorherrscht.
[5] Ebd., S. 193.
[6] Ebd., S. 150.
[7] Ebd., S. 192.
[8] Ebd., S. 210.
[9] Ebd.
[10] Siehe das Drama *Elektra* von Euripides.
[11] Richard Wilhelm, *I Ging. Das Buch der Wandlungen* (Eugen Diederichs, Düsseldorf–Köln 1970), S. 66.
[12] Larousse, *World Mythology* (Hamlyn Publishing Group, New York 1973), S. 125–127. Dies deutet auf eine Opposition zwischen der lunaren, die Macht des weiblichen Geistes verkörpernden Artemis und dem männlichen Wind-Geist.
[13] Esther Harding untersuchte das Bild der Jungfrau in bezug auf die alten Göttinnen und wies darauf hin, daß symbolisch gesprochen jede Frau aus der Macht und Stärke ihrer eigenen unverwechselbaren weiblichen Weisheit fühlen und handeln will, statt diese Macht auf Männer zu projizieren. Siehe *Frauen-Mysterien einst und jetzt* (Rascher, Zürich 1949), S. 95–96.
[14] Robert Bly, *News of the Universe* (Sierra Club Books, San Francisco 1980), S. 256.
[15] Ebd., S. 277.

Zu Kapitel 3

[1] Henrik Ibsen, *Ein Puppenheim* (Insel Verlag, Frankfurt a. M. 1979), S. 98–99.
[2] Ebd., S. 94–95.
[3] Ebd., S. 100–101.
[4] Tennessee Williams, *Endstation Sehnsucht. Die Glasmenagerie* (Fischer Bücherei, Frankfurt a. M. 1954), S. 129.

[5] Anaïs Nin, *Ein Spion im Haus der Liebe* (dtv, München 1972), S. 79.
[6] Ebd., S. 96.
[7] Arthur Miller, *Nach dem Sündenfall* (Fischer, Frankfurt a. M. 1964), S. 81.
[8] Ebd., S. 108–109.
[9] Kierkegaard, *Die Krankheit zum Tode* (Rowohlt, Reinbek 1962), S. 34.

Zu Kapitel 4

[1] June Singer, *Nur Frau – nur Mann?* (Pfeiffer, München 1981), S. 84.
[2] Rainer Maria Rilke, *Briefe an einen jungen Dichter* (Insel-Verlag, Frankfurt a. M. 1958), S. 38f.
[3] Mein Blickwinkel unterscheidet sich hier von Toni Wolffs Schilderung der »Amazone« als Typus. Siehe Ulanovs Besprechung dieses Themas in *The Feminine,* S. 205–207.
[4] Sylvia Plath, *Die Glasglocke* (Suhrkamp, Frankfurt a. M. 1982), S. 8.
[5] Ebd., S. 62.
[6] Ebd., S. 106.
[7] Ebd., S. 227.
[8] Ingmar Bergman, *Von Angesicht zu Angesicht* (Hoffmann und Campe, Hamburg 1976), S. 151.
[9] Federico Fellini, *Julia und die Geister;* zitiert nach *Juliet of the Spirits* (Ballantine Books, New York 1966), S. 62. Im folgenden kontrastiert Fellini echte weibliche Unabhängigkeit mit der Vermännlichung der Frau: »Die Vermännlichung der Frau ist eines der denkbar schrecklichsten Dinge. Nein, keine Frau darf sich zur Nachahmung emanzipieren – die eine Entwicklung innerhalb der Projektion des berühmten männlichen Schattens wäre –, sondern sie muß ihre eigene, andersartige Wirklichkeit entdecken. Mir scheint, sie unterscheidet sich von derjenigen des Mannes, verhält sich jedoch zu dieser in einem tiefen Sinn komplementär und integral. Es wäre ein Schritt zu einer glücklicheren Menschheit.« (S. 62).
[10] C. G. Jung, *Gesammelte Werke II* (Walter, Olten–Freiburg 1979), S. 491 ff.
[11] Alexander Lowen, *Liebe und Orgasmus* (Kösel, München 1980), S. 286.
[12] C. S. Lewis, *Till We Have Faces* (Wm. B. Eerdman's Publishing Co., Grand Rapids 1956), S. 80–81.
[13] Ebd., S. 184.
[14] Kierkegaard, *Die Krankheit zum Tode,* S. 32.
[15] Ebd., S. 65.
[16] Wilhelm, *I Ging,* S. 146.
[17] Ebd., S. 147.

Zu Kapitel 5

[1] Anaïs Nin, *Sanftmut des Zorns. Was es heißt, Frau zu sein.* Vorträge, Seminare und Interviews, hrsg. von Evelyn J. Hinz (Scherz, Bern–München 1981), S. 106–107.
[2] Bernardo Bertolucci, *Last Tango in Paris* (Dell Publishing Co., New York 1973), S. 197.
[3] Lowen, *Liebe und Orgasmus,* S. 341 ff.

[4] Andrew Lang, Hrsg., *The Blue Fairy Book* (Dover Publications, New York 1965), S. 30–50.
[5] Bankier, Cosman, Earnshaw, Keefe, Lashgari, Weaver (Hrsg.), *The Other Voice* (W. W. Norton, New York 1976), S. 28.
[6] Carlos Castaneda spricht in vielen seiner Bücher über das Thema des Kriegers, z. B. in *Der Ring der Kraft* (Fischer, Frankfurt a. M. 1974).
[7] Rilke, *Briefe an einen jungen Dichter,* S. 45f.
[8] Peter Beilensen (Übers.), *Lotus Blossoms* (The Peter Pauper Press, New York 1970), S. 13.

Zu Kapitel 6

[1] Robert Bly sprach in vielen seiner Workshops über die Macht der Kali. Ann Ulanov entwickelte diese Idee aus einer anderen Perspektive in ihren Vorträgen über »die Hexe«.
[2] Siehe C. G. Jung, »Antwort auf Hiob«, *Gesammelte Werke XI,* S. 385–506.
[3] Rainer Maria Rilke, »Requiem für Wolf Graf von Kalckreuth«, *Gesammelte Gedichte* (Insel-Verlag, Frankfurt a. M. 1962), S. 419.
[4] Erich Neumann, *Amor und Psyche* (Walter, Olten–Freiburg 1979), S. 51.
[5] Dawn Brett, »Apotheosis« (unveröffentlichtes Gedicht).

Zu Kapitel 7

[1] Rainer Maria Rilke, »Duineser Elegien«, *Gesammelte Gedichte,* S. 441 (die erste Elegie).
[2] Ebd., S. 482.
[3] Neumann, *Amor und Psyche,* S. 134.

Zu Kapitel 9

[1] »The Courageous Girl«, in: *The Sandalwood Box: Folktales from Tadzhikistan* (Charles Scribner's Sons, New York), S. 16–25.
[2] Robert Anderson, *I Never Sang for My Father:* in: *The Best Plays of 1967–1968* (Dodd, Mead, and Co., New York 1968), S. 281.
[3] H. Kohut, *Narzißmus* (Suhrkamp, Frankfurt a. M. 1973), S. 60f.
[4] Howe and Bass, Hrsg., *No More Masks* (Doubleday-Anchor Books, New York 1973), S. 103.

Zu Kapitel 10

[1] Robert Bly, »What is Sorrow For?« (unveröffentlichtes Gedicht).
[2] Wilhelm, *I Ging,* S. 183.
[3] *Wie es euch gefällt,* 1. Akt, 3. Szene.

Dank

So viele Menschen haben mir in den sechs Jahren der Niederschrift dieses Buches geholfen – Klienten, Studenten, Kollegen, Freunde –, und ich möchte all diesen Frauen und Männern, die mir ihre Erfahrungen und ihr Verständnis der Vater-Tochter-Beziehung mitgeteilt haben, meinen Dank aussprechen.
Insbesondere danke ich dem C. G. Jung Institut von San Francisco für das Stipendium, womit einige Schreibarbeiten für dieses Buch finanziert werden konnten; der Redaktion von *Psychological Perspectives,* die vier in diesem Buch verarbeitete Artikel erstmals veröffentlichten; und mein besonderer Dank gilt William Walcott, Russell Lockhart und Al Kreinheder für ihre Unterstützung und redaktionelle Hilfe; sowie Donna Ippolito von Swallow Press, deren Vorschläge zur endgültigen Textgestalt mir ungemein wertvoll waren; Mary Ann Mattoon, die mich als erste einlud, öffentlich über die verwundete Vater-Tochter-Beziehung zu sprechen, später das Manuskript las und mich beriet; meiner Schriftstellergruppe, John Beebe, Neill Russack und Karen Signell, die einige Kapitel in ihrer ursprünglichen Form gehört und mir neue Perspektiven und konstruktive Kritik gegeben haben; Peer Hultberg, John Beebe und Kirsten Rasmussen, die das ganze Manuskript lasen und mir wertvolle Ratschläge gaben; meinen Studenten an der California School of Professional Psychology in Berkeley, die mir ihre Vorstellungen über Vaterschaft und Weiblichkeit mitteilten; Hilde Binswanger, die mir die Anregung gab, etwas über die verwundete Vater-Tochter-Beziehung zu schreiben; Jane und Jo Wheelwright, Janine und Steve Hunter, sowie Gloria Gregg, die mir während der kritischen Phasen im Prozeß des Schreibens beistand und mich beriet; und insbesondere meiner Mutter, Virginia Schierse, die mir ihre Erfahrung und ihre Erinnerungen an meinen Vater mitteilte.

Die Frau in der Gesellschaft

Maya Angelou
Ich weiß, daß der gefangene Vogel singt
Band 4742

Shulamit Arnon
Die gläserne Brücke
Roman. Band 4723

Mariama Bâ
Der scharlach-rote Gesang
Roman. Band 3746

Gisela Brinker Gabler
Deutsche Dichterinnen vom 16. Jahrhundert bis zur Gegenwart
Gedichte und Lebensläufe. Band 3701

Martine Carton
Etwas Besseres als einen Ehemann findest du allemal
Roman. Band 4718

Dagmar Chidolue
Annas Reise
Roman. Band 3755

Janina David
Leben aus zweiter Hand
Roman. Band 4744

M. Rosine De Dijn
Die Unfähigkeit
Band 3797

Anna Dünnebier
Eva und die Fälscher
Roman. Band 4728

Ursula Eisenberg
Tochter eines Richters
Roman. Band 10622

Oriana Fallaci
Brief an ein nie geborenes Kind
Band 3706

Maria Frisé
Montagsmänner und andere Frauengeschichten
Band 3782

M. Gabriele Göbel
Amanda oder Der Hunger nach Verwandlung
Erzählungen
Band 3760

Christine Grän
Die kleine Schwester der Wahrheit
Roman. Band 10866

Agnes-Marie Grisebach
Eine Frau Jahrgang 13
Roman einer unfreiwilligen Emanzipation
Band 10468
Eine Frau im Westen
Roman eines Neuanfangs
Band 10467

Helga Häsing
Unsere Kinder, unsere Träume
Band 3707

Helga Häsing / Ingeborg Mues (Hg.)
Du gehst fort, und ich bleib da
Gedichte und Geschichten von Abschied und Trennung
Band 4722

Bessie Head / Ellen Kuzwayo / Nadine Gordimer u.a.
Wenn der Regen fällt
Erzählungen aus Südafrika
Herausgegeben von Ann Oosthuizen
Band 4758

Fischer Taschenbuch Verlag

fi 20 / 18 a

Die Frau in der Gesellschaft

Jutta Heinrich
Alles ist Körper
Extreme Texte
Band 10505

Das Geschlecht der Gedanken
Roman. Band 4711

Eva Heller
Beim nächsten Mann wird alles anders
Roman. Band 3787

Irma Hildebrandt / Eva Zeller (Hg.)
Das Kind, in dem ich stak
Gedichte und Geschichten über die Kindheit. Band 10429

Claudia Keller
Windeln, Wut und wilde Träume
Briefe einer verhinderten Emanze
Band 4721

Kinder, Küche und Karriere
Neue Briefe einer verhinderten Emanze
Band 10137

Claudia Keller
Der Flop
Roman. Band 4753

Frisch befreit ist halb gewonnen
Reisebriefe einer verhinderten Emanze
Band 10752

Sibylle Knauss
Erlkönigs Töchter
Roman. Band 4704

Christine Kraft
Schattenkind
Erzählung. Band 3750

Fern Kupfer
Zwei Freundinnen
Roman. Band 10795

Jeannette Lander
Ich, allein
Roman. Band 4724

Rosamond Lehmann
Aufforderung zum Tanz
Roman. Band 3773

Der begrabene Tag
Roman. Band 3767

Rosamond Lehmann
Dunkle Antwort
Roman. Band 3771

Der Schwan am Abend
Fragmente eines Lebens
Band 3772

Wie Wind in den Straßen
Roman. Band 10042

Doris Lerche
Eine Nacht mit Valentin
Erzählungen
Band 4743

Dorothée Letessier
Auf der Suche nach Loïca
Roman. Band 3785

Eine kurze Reise
Aufzeichnungen einer Frau. Band 3775

Hera Lind
Ein Mann für jede Tonart
Roman. Band 4750

Frau zu sein bedarf es wenig
Roman. Band 11057

Fischer Taschenbuch Verlag

fi 20/20b

Die Frau in der Gesellschaft

Elisabeth Beck-Gernsheim

Das halbierte Leben
Männerwelt Beruf – Frauenwelt Familie
Band 3713

Vom Geburtenrückgang zur Neuen Mütterlichkeit?
Band 3754

Mutterwerden – der Sprung in ein anderes Leben
Band 4731

Renate Berger (Hg.)
Und ich sehe nichts, nichts als die Malerei
Autobiographische Texte von Künstlerinnen des 18.-20. Jahrhunderts
Band 3722

Gisela Breitling
Der verborgene Eros
Weiblichkeit und Männlichkeit im Zerrspiegel der Künste
Band 4740

Gisela Breitling
Die Spuren des Schiffs in den Wellen
Eine autobiographische Suche nach den Frauen in der Kunstgeschichte
Band 3780

Susan Brownmiller

Gegen unseren Willen
Vergewaltigung und Männerherrschaft
Band 3712

Weiblichkeit
Band 4703

Roswitha Burgard / Birgit Rommelspacher (Hg.)
Leiden macht keine Lust
Der Mythos vom weiblichen Masochismus
Band 11020

Eva Dane / Renate Schmidt (Hg.)
Frauen & Männer und Pornographie
Ansichten – Absichten – Einsichten
Band 10149

Andrea Dworkin
Pornogaphie
Männer beherrschen Frauen. Band 4730

Richard Fester / Marie E.P. König / Doris F. Jonas / A. David Jonas
Weib und Macht
Fünf Millionen Jahre Urgeschichte der Frau
Band 3716

Karin Flothmann / Jochen Dilling
Vergewaltigung: Erfahrungen danach
Band 3781

Sylvia Fraser
Meines Vaters Haus
Geschichte eines Inzests
Band 4751

Nancy Friday
Wie meine Mutter
My Mother my self
Band 3726

Signe Hammer
Töchter und Mütter
Über die Schwierigkeiten einer Beziehung
Band 3705

Fischer Taschenbuch Verlag

fi 14 / 16 a

Die Frau in der Gesellschaft

Ursula Scheu
Wir werden nicht als Mädchen geboren – wir werden dazu gemacht
Zur frühkindlichen Erziehung in unserer Gesellschaft
Band 1857

Eva Schindele
Gläserne Gebär-Mütter
Vorgeburtliche Diagnostik – Fluch oder Segen
Band 4759

Alice Schwarzer
Der »kleine« Unterschied und seine großen Folgen
Frauen über sich – Beginn einer Befreiung
Band 1805

Alice Schwarzer
Warum gerade sie?
Weibliche Rebellen
Begegnungen mit berühmten Frauen
Band 10838

Alice Schwarzer (Hg.)
Krieg – Was Männerwahn anrichtet
und Wie Frauen Widerstand leisten
Band 11135

Lynne Segal
Ist die Zukunft weiblich?
Probleme des Feminismus heute
Band 4725

Miriam Tlali
Soweto Stories
Mit einer Einleitung von Lauretta Ngcobo
Band 10558

Senta Trömel-Plötz
Frauensprache – Sprache der Veränderung
Band 3725

Senta Trömel-Plötz (Hg.)
Gewalt durch Sprache
Die Vergewaltigung von Frauen in Gesprächen
Band 3745

Hedi Wyss
Das rosarote Mädchenbuch
Ermutigung zu einem neuen Bewußtsein
Band 1763

Ursula Ziebarth
Eine Frau aus Gold
Über das Zutrauen zum Weiblichen
Band 10880

Fischer Taschenbuch Verlag

fi 15 / 4 b

Die Frau in der Gesellschaft

Sigrid Arnade
Weder Küsse noch Karriere
Erfahrungen behinderter Frauen
Band 10624

Joëlle Augerolles
Mein Analytiker und ich
Tagebuch einer verhängnisvollen Beziehung. Band 10401

Monika Beckerle
Depression: Leben mit dem Gesicht zur Wand
Erfahrungen von Frauen
Band 4726

Dagmar Bielstein
Von verrückten Frauen
Notizen aus der Psychiatrie
Band 10261

Ingeborg Bruns
Als Vater aus dem Krieg heimkehrte
Töchter erinnern sich
Band 10300

Anne Finger
Lebenswert
Eine behinderte Frau bekommt ein Kind
Band 10828

Gaby Franger
Wir haben es uns anders vorgestellt
Türkische Frauen in der Bundesrepublik
Band 3753

Gisela Friedrichsen
Abtreibung
Der Kreuzzug von Memmingen
Band 10625

Maria Frisé
Auskünfte über das Leben zu zweit
Band 3758

Dietrich Gronau / Anita Jagota
Über alle Grenzen verliebt
Beziehungen zwischen deutschen Frauen und Ausländern
Band 10148

Imme de Haen
»Aber die Jüngste war die Allerschönste«
Schwesternerfahrungen und weibliche Rolle
Band 3744

Helga Häsing
Mutter hat einen Freund
Alleinerziehende Frauen berichten
Band 3742

Katharina Höcker
Durststrecken
Zwischen Abhängigkeit und Alkohol
Frauen und Alkohol
Band 4717

Fischer Taschenbuch Verlag

fi 404 / 11 a